BVT

Wenn es prickelt, wenn es knistert – dann ist Erotik im Spiel. In Erzählungen und Romanauszügen von Joanot Martorell bis Javier Marías präsentiert diese Sammlung einen reichen Spannungsbogen all dessen, was im katholischen Spanien vom Mittelalter bis in die Gegenwart an erotischer Literatur entstanden ist. Teils subversiv und romantisch, teils aggressiv und ironisch. Vorgestellt werden sowohl die berühmteste Kupplerin als auch die berühmteste Dirne der spanischen Literatur: La Celestina und Lozana, die schöne Andalusierin. Wir verfolgen Anas Verführung im großen Klassiker des 19. Jahrhunderts, in Claríns *Die Präsidentin*. Wir lernen Teresas magnolienschöne Brüste kennen und erfahren, wie Blicke eine andere Teresa im Roman von Rosa Chacel blitzartig erotisieren. Und höchste Liebeslust scheint in der spanischen Gegenwart immer die unmöglichste Liebe zu entfachen.

Hans-Jürgen Schmitt war Verlagslektor und Rundfunkredakteur. Er lebt als freier Publizist in Frankfurt/Main und Torre Simona (Montras), Spanien.

Sturz in den Himmel

Erotische Texte Spaniens
von Joanot Martorell bis Javier Marías

Herausgegeben und mit einem Nachwort
von Hans-Jürgen Schmitt

Berliner Taschenbuch Verlag

Originalausgabe
Februar 2004
BvT Berliner Taschenbuch Verlags GmbH, Berlin

Umschlaggestaltung: Nina Rothfos und Patrick Gabler, Hamburg,
unter Verwendung des Bildes »La brune et la blonde«, 1941,
von Francis Picabia, © VG Bild-Kunst, Bonn 2003
Gesetzt aus der Bembo durch psb, Berlin
Druck und Bindung: Clausen & Bosse, Leck
Printed in Germany · ISBN 3-8333-0040-X

Inhalt

Francisco Delgado
Was zwischen Lozana und ihrem künftigen Diener im Bett vorgegangen 9

Mercè Rodoreda
*Sofias Hochzeitsnacht** 17

Cristina Peri Rossi
Ich liebkose mit dem Mund deine Kleidung 25

Antonio Muñoz Molina
Eine unmögliche Liebe 37

Joanot Martorell
Der Traum von Wonnemeineslebens 45

Fernando de Rojas
*Celestina, die geniale Kupplerin** 57

Miguel Delibes
*Geliebte Amme** 69

Clarín
*Ein Sturz in den Himmel** 75

Rosa Chacel
*Erwiderte Blicke** 81

Luis Martín-Santos
*Goldene Reflexe im Schaukelstuhl** 95

Ramón Gómez de la Serna
Leopoldo und Teresa 111

Max Aub
Ein Bombardement erlaubt kein Mittelmaß 137

Julio Llamazares
Im magischen Gegenlicht des Feuers 147

Juan Goytisolo
*Dolores. Eine Rettung in Paris** 153

Juan Marsé
*Klassenliebe** 161

J.V. Foix
Sie stand allein im Bus 187

Terenci Moix
Lili Barcelona 189

Esther Tusquets
Giselle 213

Manuel Vázquez Montalbán
Liebesgeschichte der Bernsteindame 239

Juan José Millas
*Sie kam zart, frivol und schlank** 253

José María Guelbenzu
*Die Erotik erleuchteter Fenster** 263

Ana Rossetti
Der Zauberring 275

Julián Ríos
M 291

Javier Marías
*Ende einer Hochzeitsreise** 299

Nachwort
Himmelsstürze und befreite Magnolien 315

Bibliographische Angaben und
Quellenverzeichnis 325

* Vom Herausgeber formulierte Titel.

Francisco Delgado

Was zwischen Lozana und ihrem zukünftigen Diener im Bett vorgegangen

Francisco Delgado, ein Priester aus Córdoba, ließ seinen erotischen Roman *Die schöne Andalusierin* 1528 anonym in Venedig drucken. Lozana, die aus Córdoba stammt und in Rom lebt, ist eine findige, spitzbübische und überaus ideenreiche Spanierin von großem Selbstbewusstsein. Die Anziehungskraft, die der junge Rampín auf sie ausübt, entspricht ihrer erotischen Neigung für Diener und Zuhälter. Wenn sie sich seine Dienste kauft, besitzt sie ihn, indem sie gleichzeitig besessen wird. Rampín wird zum Objekt ihrer Begierde und zugleich beschützt er sie. Seine erotischen Vorzüge sind so außergewöhnlich, dass die souveräne Verführerin Lozana beschließt, Rampín solle sie in Zukunft bedienen.

DIE TANTE: Sag mir, Neffe, wirst du bei ihr schlafen? Sie hat mir nichts gesagt. Sie hat wirklich einen prächtigen Körper.

RAMPIN: Oh, Ihr hättet sie in der Badestube nackt sehen müssen.

DIE TANTE: Ich möchte ein Mann sein, so gut hat sie mir gefallen. Was für ein schönes Weib! Und ihr Esel von Mann lässt sie hier ganz allein im Lande der Hörnerträger. Der muss ein großer Schafskopf sein. Sie muss wahrhaftig schmackhaft sein.

RAMPIN: Ich werde es diese Nacht erfahren. Wenn es geht, rechne ich darauf, mit ihren Reizen vertraut zu werden.

DIE TANTE: Sie brauchte einen andern als dich, der besser den hübschen Platz zu finden und auszufüllen verstände.

RAMPIN: Still, kein Wort mehr! Da unten ist schon ein guter Trinker, wie man sagt.

Die Tante: Gut, ich habe das Licht dagelassen. Geh sachte, sie schläft schon, und schließe die Türe.

Rampin: Ich werde es tun. Gute Nacht!

Die Tante: Viel Glück!

Lozana: Holla, Junge, Ihr legt Euch neben mich? Nun, dann schlaft und deckt Euch zu. Die Decke langt ja! Was macht Ihr? Bedenkt, ich bin verheiratet.

Rampin: Euer Mann ist ja nicht hier und sieht uns nicht.

Lozana: Er wird es aber erfahren.

Rampin: Ach wo! Seid eine Minute still!

Lozana: Ach der kleine Schelm! Also so seid Ihr? Ich muss wahrhaftig aufstehen.

Rampin: Bleibt doch liegen, ich will Euch nur zeigen, dass ich kein Kapaun bin, ich will Euch ja nur zwei Wörtchen mit dem Gockel da sagen.

Lozana: Nein, ich will nicht, ich sage Euch wahr und wahrhaftig, ich bin Jungfrau.

Rampin: Geht, Señora, Ihr seht nicht nach einer Jungfrau aus. Lasst mich doch machen, Ihr werdet gar nicht merken, dass ich Euch berühre.

Lozana: Oh, oh, Ihr seid sehr jung, und ich möchte Euch keinen Schaden tun.

Rampin: Ihr werdet es auch nicht. Mir hat man schon lange die Zunge gelöst.

Lozana: Genügt es Euch nicht, wenn Ihr mich küsst und so mit mir spielt, wollt Ihr wirklich noch allen Faden am Rocken? Ihr erstickt mich ja. Glaubt Ihr es wirklich allein zu finden? Ihr könnt Euch doch denken, dass Euer Frettchen noch nicht in dem Wald da zu jagen versteht.

Rampin: So öffnet ihm das Tor, es wird dann schon nach Kräften seine Pflicht tun.

Lozana: Für einmal bin ich's zufrieden. Bist du da, mein Kleiner? Man sagt wirklich mit Recht: Nehmt euch vor dem Burschen in Acht, wenn ihn der Hafer sticht. Hätte ich das gewusst, so hätte ich meine Lust mehr gezügelt. Sachte, hübsch sachte, drückt nicht so. Verliert nicht den Weg, kommt hier auf diese Seite mit mir … O wie eilig Ihr es habt! Ihr kümmert Euch nicht darum, dass noch ein anderer wie Ihr auch sein Vergnügen haben will. Ich gehöre nicht zu denen, die im Hintertreffen bleiben. Halt, ich will Euch küssen, so, so! Nun seid Ihr durch. Seht Ihr, wie hübsch es geht? Ihr habt es nicht zu machen gewusst, jetzt dürft Ihr es nicht mehr vergessen. Vorwärts, Herr, wir wollen sehen, wer die Lanze bricht. Wir brauchen nicht so früh aufzustehen, die Dämmerung kommt nicht so rasch. Jetzt halte ich dich in der Arena. Die Lanze ist gut, ich will nur sehen, ob sie auch gut sticht. Der Anfang ist gut. Lauft, dass Ihr den Hasen fangt. Es geht um die Ehre.

Rampin: Und wenn ich ihn fasse, was bekomme ich dann?

Lozana: Lasst Euch das nicht kümmern, jede Arbeit trägt ihren Lohn davon. Soll ich Euch erziehen, der Ihr schon ganz erzogen auf die Welt gekommen seid? Gib mir die Hand und leg dich dicht an mich. Die Matratze ist nicht breit. Drücke fest zu, stoße, treibe ihn ein, alles zur selben Zeit. Jetzt fahrt darauf los, Stallmeister, dass der Maultiertreiber läuft. Ach mein Liebling, ich gehöre dir für das Leben, tot oder lebendig. Legt doch Euer Hemd ab. Ihr seid ja ganz in Schweiß gebadet. Wie lange habe ich doch kein gekochtes Rindfleisch gegessen! Ich habe wirklich Glück, dass ich einem so tüchtigen Menschen begegnet bin. Es ist mir alles gleich, wenn mir nur dieser Stößel keinen einzigen Tag fehlt. Ich habe schon seit meiner Kindheit guten Appetit gehabt, brauchte nicht erst Knoblauch und Käse zu essen. Ich könnte noch meinen Nachbarinnen von meinem Appetit abgeben. Er ist eingeschlafen. Ich habe mein ganzes Leben lang keinen so guten Stößel gesehen. Wie er dick ist und ganz gleich von einem Ende zum andern! Weg mit den Steckrüben von Xeres! Er scheint Neuling in dem Fach. Die Worte fehlten mir, ich konnte nicht mehr atmen. Solch ein Einhorn gibt's nicht mehr. Was habt Ihr, mein Liebling?

RAMPIN: Nichts, ich möchte Euch nur um die Gnade bitten, die ganze Nacht bei mir zu bleiben.

LOZANA: Mehr nicht? Dann sollt Ihr glücklich sein.

RAMPIN: Warum denn nicht, Señora? Habe ich's während des Laufes an etwas fehlen lassen? Dann wollen wir den Fehler verbessern, die Nacht ist ja lang.

LOZANA: Verfügt über mich wie über Euer Eigentum, doch hütet mir das Geheimnis. Ah, welch leckerer Honig! Ich hätte es nicht geglaubt. Stoß, stoß zu. Geh nur hinein, wenn du schon hineingehst; man ruft mich ins Quartier. Gut, gut, diesmal ist's ebenso schön wie das erste Mal. Es fehlt kein Härchen daran. Schlaf, ich will dich zudecken. Gott soll meine Tage kürzen und sie an die deinen hängen. All mein Leid hast du mir genommen. Wäre ich eine große Señora, so würde ich den da niemals von meiner Seite lassen. O ich Sünderin, habe ich Euch aufgeweckt? Ich wollte es nicht tun.

RAMPIN: Vorwärts, wir wollen keine Zeit verlieren.

LOZANA: Ah, ah, ja, so ist's wirklich gut. Ich will auch dahin kommen. Da, da kribbelt es mir! Doch wie? Werdet Ihr durch mein Tor gehen? Nicht so eilig, mein Liebling. Ruht Euch aus, hebt den Kopf, nehmt dies Kissen. Wie er schläfrig ist – so schläfrig! Ich will auch schlafen.

DER AUTOR: Ich wünschte, ich könnte Euch ein paar

Schnarchlaute beschreiben, von deren Lärm er erwachte. Als er sie küssen wollte, erwachte sie auch und rief: »O Señor, ist es schon Tag?«

RAMPIN: Ich weiß davon nichts. Ich bin eben aufgewacht. Diese Artischocke hat mich schläfrig gemacht.

LOZANA: Was macht Ihr denn? … Vier, beim fünften kräht der Hahn. Ich werde nicht ruhig, ich werde nicht ruhig, bis ich sterbe. Schlaft, es ist schon Tag, ich will auch schlafen. Löscht die Kerze aus, die sticht mir in die Augen. Schlaft und zieht den Vorhang auf Eurer Seite zu.

DER AUTOR: Ganz in ihrer Nähe wohnte ein Schmied, der um Mitternacht aufstand und sie nicht schlafen ließ. Rampín erhob sich, um zu sehen, ob der Tag schon angebrochen wäre, und weckte sie auf, als er sich wieder ins Bett zurücklegte. Sie fragte ihn: »Woher kommt Ihr? Ich habe Euch nicht aufstehen hören.«

RAMPIN: Ich war draußen, denn die Nachbarn machen aus der Nacht den Tag. Die Plejaden stehen noch über dem Herd. Es ist kaum Mitternacht vorbei, und sie lassen uns nicht schlafen.

LOZANA: Ganz nackt seid Ihr aus dem Bett gestiegen? Ganz kalt kommt Ihr zurück.

RAMPIN: Ihr werdet mich schon wieder erwärmen.

LOZANA: Ja, aber nicht so, davon habe ich genug. Ich bin satt, und Ihr werdet mir das Nachtmahl noch verderben.

RAMPIN: Ihr bemerkt es aber recht spät. Jetzt, wo er, ohne zu zappeln, schon drin ist. Ihr sagt mir, Ihr seid satt, aber Ihr fangt eben erst an. Ich würde Euch eher für müde als für satt halten.

LOZANA: Das wäre ja noch schlimmer, wenn man sich so satt

äße, dass man nicht für die Schüsseln, die noch später kommen können, sich einen kleinen Raum im Magen ließe. Ihr schmiedet wahrhaftig das Eisen ebenso gut wie der Schmied im Takt und fest zu Stahl. Wir wollen's doch jetzt genug sein lassen, es kommen ja noch mehr Tage. Ich kann nicht mehr die Lanze ertragen, und wenn man zu viel isst, schmeckt es nicht mehr. Schlaft, ich will aufstehen und Frühstück essen.

RAMPIN: Sorgt Euch nicht darum! Meine Tante hat ein Huhn, sie wird uns Eier, Butter und die Calebasse voll Wein geben.

LOZANA: Señor, dann werde ich wie die gute Frau sprechen, nachdem sie völlig satt geworden ist.

RAMPIN: Und was sagte sie?

LOZANA: Sie sagte: Satt an Schmerzen und an mannigfachen Flecken auf meiner Ehre: das weiß die sehr gut, die mich nicht lügen lässt.

DER AUTOR: Sie zeigte mit dem Finger auf die Calebasse.

RAMPIN: Das war eine alte Hure, die nannte Fett Fettflecke.

LOZANA: Rück ein bisschen weg von mir, schwöre es mir, mein Junge. Was mich rettet, ist der Umstand, dass ich aus Cordova bin. Mir kommt der Schlaf, wir wollen schlafen.

RAMPIN: Gern, auf dieser Seite, und wir wollen die Kirche auf den Glockenturm setzen.

DER AUTOR: Es war Mittag, als die Tante sie aufweckte und rief: »Neffe, öffne doch, sieh die Sonne, sie scheint überall herein. Guten Tag, wie habt Ihr denn geschlafen?«

LOZANA: Sehr gut, Señora, und Euer Neffe wie ein Ferkel von einer Witwe. Er hat weder Fuß noch Bein bis jetzt bewegt, und ich wäre schon längst aufgestanden, hätte ich nicht gefürchtet, ihn aufzuwecken … Ich habe nur an meinen Mann unter Tränen gedacht. Wo ist er, was tut er, weshalb kommt er nicht?

Die Tante: Quält Euch nicht. Kommt, ich will Euch mein Haus zeigen, solange mein Mann noch nicht hier ist. Ihr seht, womit ich meine Zeit verbringe. Soll ich Euch die Haare ausziehen?

Lozana: Ja, Señora. Und dann werde ich Euch auch enthaaren, damit Ihr seht, was ich für eine Hand habe.

Die Tante: Wartet, ich will das Enthaarungsmittel und die Pomade holen, Ihr werdet sehen, kein Härchen bleibt zurück. Die Jüdinnen gebrauchen es oft.

Lozana: Und womit wird dieses Pflaster oder Enthaarungsmittel hergestellt?

Die Tante: Womit? Mit Terpentin, mit griechischem Harz, Kalk und Jungfernwachs.

Lozana: Wo Ihr es mir aufgelegt habt, habe ich eine Blase bekommen. Das Zeug taugt nicht viel, man macht bessere Mittel mit ganz fein gestoßenem Glas, das die Haare wegnimmt und die Haut wunderbar zart macht. Man gießt ein bisschen Öl zu von Kürbiskernen und Wasser von den Blüten der venezianischen Bohne, das macht das Gesicht sehr schön.

Die Tante: Das müsst Ihr mich lehren.

Lozana: Sucht mir ein zerbrochenes Fläschchen. Da seht, wie angenehm es duftet und wie klar es aussieht!

Die Tante: Sprecht nicht davon. Wenn die Kurtisanen Euch auf dem Rastro begegnen, werden es alle versuchen wollen, und Ihr könnt damit, geschickt wie Ihr seid, mit Gottes Hilfe, was Ihr wollt, gewinnen. Da kommt mein Mann zurück.

Der Alte: Ich wünsche Euch guten Tag.

Lozana: Seid willkommen.

Der Alte: Señora, was haltet Ihr von meinem Neffen?

Lozana: Señor, er ist nicht bitter und spürt den Rauch nicht.

Der Onkel: Ihr habt wahrhaftig Recht, doch ich wäre besser am Platze wie er gewesen.
Die Tante: Hört nur, was er da zu sagen wagt. Zwei Monate vergehen, ohne dass er fragt: »Was hast du da unten?« Und jetzt will er den Hahn spielen. Ihr nehmt den Mund nur Leuten gegenüber voll, die Euch nicht kennen.
Lozana: Ärgert Euch nicht darüber, Señora. Ihr könnt Euch darauf verlassen, dass ich weder durch seine Worte noch durch seinen Neffen schwanger werde. Vorwärts, Rampín, mein Bursche, es ist spät, und wir haben noch genug zu tun.
Die Tante: Señora, bleibt gesund und frisch, hoffentlich sehen wir uns in guter Gesundheit wieder.

Deutsch von Alfred Semerau

Mercè Rodoreda
Sofias Hochzeitsnacht

Höchst paradoxe Lieben nimmt sich Mercè Rodoreda in ihrem Roman *Der zerbrochene Spiegel* (1982) vor; darin »jeder« – wie die Autorin sagt – »sich in den verliebt, in den er sich nicht verlieben darf; und der, dem es an Liebe fehlt, Liebe zu bekommen sucht«. Sofia ist die Tochter einer ehemaligen Fischverkäuferin namens Teresa, welche durch zwei Heiraten in die etablierte Gesellschaft aufsteigt. Sofia wiederum heiratet einen Ladenbesitzer und Tuchhändler, dem sie sich überlegen fühlt und im Grunde ablehnt. Das beginnt bereits, bevor sie das erste Mal mit ihm schläft.

Sofia hätte lieber alleine gewohnt, wenigstens in den ersten Jahren. Sie hatte mit Eladi nicht offen darüber gesprochen, war aber sehr erstaunt über die Begeisterung, die er zeigte, als ihre Mutter ihnen sagte, dass sie Angst haben würde, ganz allein in einer so großen Villa zu wohnen. »Wo hättet ihr es besser? Ihr leistet mir Gesellschaft, und ich werde euch nicht stören.« Etwas widerwillig zeigte sich Sofia einverstanden. Was ihr überhaupt nicht gefiel, war, dass ihre Mutter darauf drang, dass sie vor der Hochzeitsreise ein paar Tage in der Villa verbrächten: »So bleibt die Erinnerung an die erste Nacht in diesen Wänden …« Um sie nicht einzuengen, würde sie während dieser Tage bei Fontanills sein, die sie sehr gern hatten. »Arme Mama, wie gutgläubig sie doch ist!«

Die Dienstmädchen erwarteten sie in ihrer Sonntagstracht am Fuß der Vortreppe. Eladi wollte Sofia auf den Armen hineintragen, und sie fand das grotesk. Wie würden sie wohl lachen, diese Mädchen … Nur dass Armanda sie sähe, gefiel ihr, denn sie hatte sie einmal dabei ertappt, wie sie Eladi mit tränenüberschwemmten Augen anschaute. Ihr Kleid spannte am Rücken, und bevor sie die Treppe ganz hinaufgestiegen war, hatte sie für den Bruchteil einer Sekunde Angst, hinzufallen. Sie fand sich mitten im Zimmer stehen, vor dem großen Bett. Jetzt war sie also verheiratet. Wie Eulàlia, aber voller Bosheit, hatte Ernestina, eine ihrer Tennisfreundinnen, beträchtlich älter als sie und neidisch, eines Tages zu ihr gesagt: »Du meinst, du bringst es noch dazu, zu heiraten? Eladi ist begehrter, als du glaubst.« Sie legte den Blumenstrauß auf den Toilettentisch und begann sich die Nadeln aus dem Schleier zu ziehen. Sie war sehr blass. Sie löste ihr langes, den halben Rücken bedeckendes Haar; ihr war die Mode egal gewesen, und sie hatte sich nicht ein einziges abschneiden lassen. Kastanienbraun war es, ein bisschen heller als das ihrer Mutter. Eladi war zu ihr getreten und streichelte es wortlos. »Eulàlia, Ernestina … das war wie eine fixe Idee …« Warum mussten sie sich darüber wundern, dass sie jemand heiraten wollte? Für so nichts sagend hielten sie sie? So unbedeutend neben Eladi, der immer wie aus dem Ei gepellt war, vollendet, auf Hochglanz? Den Rücken zu ihm gekehrt, merkte sie, dass sie mit zusammengebissenen Zähnen atmete, mit heftig bewegter Brust. »Was hab ich denn«, dachte sie, »was hab ich denn nur?« Seit zwei Jahren war ihr Vater tot, und noch nie hatte sie sich so allein gefühlt. Einmal hatte er zu ihr gesagt: »Du bist alles für mich: Tochter und Sohn.« Der einzige Mensch, der sie geliebt hatte … Der andere, Eladi, war hinter dem Ladentisch eines Stoff- und Spitzengeschäfts hervorgekommen, lächelnd, egoistisch, mit der falschen Liebenswürdigkeit dessen, der sich eine gute Partie ausrechnet. Sie war sicher, dass er ganz verrückt danach gewesen war, sie zu heiraten … Und da hatte er sie nun, dargereicht für immer …

»Ja, Patin, jetzt habe ich es also dazu gebracht, einen etwas anmaßenden Jungen zu heiraten, der gut aussieht, das schon, und der denkt, ich müsse ihm das ganze Leben lang dankbar sein. Ja, wirklich: das ganze Leben lang.« Eladi drehte sie herum und begann sie zu küssen. »Du bist zügellos, man merkt es. Diese Angst, dich lächerlich zu machen …« Sie schob ihn weg, setzte ihren Fuß auf den Frisierschemel und zog ihren Rock hoch: eine Wolke aus Tüll und Gaze. Der Strumpf, fleischfarben, straff, glänzte. »Gib mir einen Kuss, aber auf den Fuß. Hörst du? Welcher dir besser gefällt. Du kannst wählen.«

Eladi, der ein wenig aus dem Konzept geraten war, wollte sie umarmen, und sie gab ihm einen Stoß. »Du hast doch gehört, was? Auf den Fuß.« Sie hob ihren Rock noch etwas höher; sie hatte hübsche, gut geformte Beine, ein rundes, glattes Knie und einen schlanken Knöchel. Eladi fuhr sich mit einem Finger in den Kragen seines Hemds und murmelte: »Sofia …« Sie wies auf ihren Fuß. »Ich verlange ja nicht die Unmöglichkeit; wenn dich der Strumpf stört, warum ziehst du mir ihn dann nicht aus?« Halb mechanisch löste er ihr Strumpfband und zog den Strumpf herunter. Der Fuß war klein, jung. »Vielleicht machst du es dir bequem, bevor du dich entscheidest. Behaglich. Als ob du zu Hause wärest.« Eladi warf ihr einen wütenden Blick zu; er legte sein Jackett aufs Bett und machte den Knoten seiner Krawatte auf. Sie betrachtete ihn amüsiert. »Macht es dir etwas aus, wenn ich dich nicht sentimental werden lasse, als ob ich ein Zimmermädchen wäre?« Eladi hatte sich hinabgebeugt und strich mit der Wange über die Rundung ihres Fußes. »So, Herr Eladi, wie ein Hündchen. Und jetzt gehn Sie sich waschen.« Sie setzte die Fußsohle auf seine Stirn und stieß ihn zurück. Eladi ging ins Bad und fuhr sich mit dem angefeuchteten Handtuch über Wangen und Lippen. Danach spuckte er aus. Als er ins Schlafzimmer zurückkam, bürstete Sofia ihre Haare. Mit dem Rücken gegen das untere Bettende gewandt, die Hände das Holz umfassend, sagte Eladi mit einer Stimme, die von einer Art unterdrücktem Zorn halb erstickt war: »Ich hätte noch damit gewartet, dir etwas mitzuteilen; vielleicht hätte ich es dir nie gesagt, aber je schneller wir das erledigen, umso besser.«

Sie hielt einen Augenblick still und dachte, sie habe ihn nicht richtig verstanden; aber sofort merkte sie, dass das, was Eladi ihr zu sagen hatte, wichtig war, und sie erschrak. »Es wird besser sein, ich tu so, als hätte ich ihn nicht gehört.« Sie stand auf und riss sich lächelnd ein Blümchen von ihrem Büstenhalter ab: »Siehst du?, etwas Blaues.« Danach zog sie das andere Strumpfband aus, und indem sie es ihm ins Gesicht schmiss, sagte sie: »Siehst du?, etwas Neues.« Zuletzt warf sie ihm ein Tüchlein zu, das sie auf der Brust trug: »Siehst du?, etwas Altes; die Engländer sagen, dass alles zusammen Glück bringt.« Eladi, der sich nicht vom unteren Ende des Bettes bewegt hatte, schaute sie an, als wäre sie sehr weit von ihm fort. »Und du, was meinst du? Bringt es welches oder nicht? Entscheide dich … und tu mir den Gefallen und gib Antwort, wenn ich dir eine Frage stelle.« Er hielt ihrem Blick eine Weile stand, und plötzlich, auf die brutalste Art und Weise, murmelte er: »Ich habe eine Tochter.« Er sah, dass Sofia mit offenem Mund dastand, als ob sie ihn nicht verstanden hätte. »Hast du nicht gehört? Ich habe gesagt, dass ich eine Tochter habe.« Sofia setzte sich vor den Toilettentisch, stieß mit einer heftigen Handbewegung den Blumenstrauß zu Boden, rückte ein Fläschchen zurecht und nahm die

Bürste. Ihre Hände zitterten. Ganz leise fragte sie: »Und von wem ist sie, wenn man fragen darf?« Sie drehte sich langsam um: »Wenn es wahr ist, was du mir eben gesagt hast, dann hast du, finde ich, den richtigen Moment dafür gewählt, meinst du nicht? Aber falls du etwas kaputtmachen wolltest mit dem, was du eben zu mir gesagt hast …« Sie stand entschlossen auf, zog sich vollends aus, fast riss sie ihre Kleider herunter; und nackt näherte sie sich ihm; sie umarmte ihn fest und legte ein Knie zwischen seine Schenkel, ganz nach oben.

Sie war nach draußen gegangen und überquerte den Vorplatz, der unter den erlöschenden Sternen lag. Nachdem Eladi mit ihr geschlafen hatte, war er eingedöst. Sie atmete einige Male tief durch, zögerte einen Augenblick und trat unter die schwarze Masse der Bäume. Sie ging, als hätte sie Angst, niedrige Zweige beiseite schiebend. Die Akazien blühten im Frühling und die dicht gedrängten Fliederbüsche trugen kaum Blüten. All dieses Gewirr von wildem Grün bedeckte die kleinen Wege, die sie auswendig kannte. Der Fasanenkäfig stand leer. Alle Tiere waren allmählich, eins nach dem andern, gestorben: die Perlhühner, die Fasane; bei den Pfauen hatte es am längsten gedauert. Die Dienstmädchen sagten, sie stürben, weil es alte Tiere seien; aber ihre Mutter sagte, das seien sie gar nicht. Als ihr Mann noch lebte, habe man, wenn ein Vogel starb, gleich einen neuen gekauft. Der eigentliche Grund, und ihre Mutter musste Recht haben, sei, dass ihnen die Mädchen das Wasser in den Trinknäpfen nicht oft genug wechselten und sie an Vergiftung starben … Ganz in der Nähe des Käfigs stand der Baum, um den herum Veilchen wuchsen. Es war ihr Baum. Am Tag, an dem sie sich mit Eladi verlobt hatte, hatte sie mit der Spitze eines Messers S. F. in den Stamm geritzt. Sie suchte die Wunde und konnte sie nicht finden. Eine Weile war sie ganz still. Diese Tochter von Eladi … klein … Ihr fiel ein Satz eines englischen Schriftstellers ein: »I honour you, Eliza, for keeping secret some things.« Sie ging wieder weiter, musste aber stehen bleiben, weil sich ihr im Kopf alles drehte. Sie würde so reagieren, wie jene Großmutter von ihr reagiert haben würde, die sie nicht mehr kennen gelernt hatte. Sie wollte diese Tochter von Eladi hier zu Hause haben, auch wenn sie sie nie lieb gewinnen könnte. Es war noch ein Wickelkind und hieß Maria. Wenn Eladi sich einbildete, dass sie eines Tages ihm gehören würde … Es wäre schon noch Zeit, darüber nachzudenken, was man im Bekanntenkreis erzählen würde. Als sie bei den Glyzinien ankam, schaute sie nach oben: Sie suchte schon das Zimmer aus, in dem das Kind leben sollte.

Im Dunkeln betrat sie die Bibliothek. Als sie noch sehr klein war, kletterte sie gern auf die Leiter, mit der man die Bücher auf den obersten Regalen erreichen konnte. Sie hatte Räder, und ihr Vater ließ sie hinaufklettern und schob sie von der einen Seite der Wand auf die andere. »Ich bringe dir das Reisen bei …«, sagte er lachend zu ihr. Sie durchquerte die Eingangshalle; auf halber Höhe der Treppe blieb sie stehen und schaute, sich am Geländer festhaltend, auf die Wappenschilde, die vom Sternenglanz erhellt wurden. Sie hatte keine Lust, hineinzugehen, aber schließlich öffnete sie die Tür; wegen des starken Rauchgeruchs wäre sie fast wieder umgekehrt. Eladi hatte sich aufgerichtet, in der Hand ein Glas, das er sofort auf den Nachttisch stellte. Sofia machte die Balkontüre sperrangelweit auf; sie wusste, dass Eladi sie anschaute, und ließ sich eine Weile vom mondhellen Vorplatz fesseln, dessen Helligkeit ein wenig dunstig war, als ob ein jedes Sandkorn atmete. Langsam zog sie ihren Schlafrock aus, und nach-

Cristina Peri Rossi
Ich liebkose mit dem Mund deine Kleidung

In ihrem 1988 erschienenen Roman *Einsiedler der Liebe* schafft Cristina Peri Rossi eine eigene Sprache der Liebe. Sie wählt als Icherzähler einen Mann ohne Namen, der für sein totales Liebesverlangen in einem suggestiven Monolog eine Frau zu gewinnen sucht. Ein Romanheld, der Kunstfigur und sprühendes erotisches Medium zugleich ist.

Ich liebkose mit dem Mund deine Kleidung. Zunächst den schmalen schwarzen Träger, der, eine bacchische Schaukel, von meiner Zunge beleckt, verwegen, über deine breite und weiße Schulter balanciert. Der Träger ist aus Seide, ein schmales schwarzes Band, das ich mit der Zunge lösen kann. Nachdem ich ihn weich geleckt habe, halte ich ihn zwischen meinen Zähnen wie eine Beute. Ich ziehe ihn zu mir herüber und lausche dem vertrauten Knistern der Seide. Wenn ich ihn nach oben ziehe, bewegt sich leicht die Brust, wie eine plötzlich von der Brise überraschte Düne. Ich ziehe an ihm. Die Brust rührt sich. Ich weiß, dass ich mit dem schwarzen Träger im Mund ihre Brust lenke, ich lasse sie wie einen flugbereiten Luftballon aufsteigen. Dann lässt mein Mund den schwarzen Träger plötzlich los, und die Sandmassen bewegen sich in ihre alte Position zurück. Neige ich mich hingegen mit dem schwarzen von meinen Zähnen festgehaltenen Träger wie ein Mast nach links, schaut ein anderes bisher verborgen gebliebenes Stück Schulter hervor, erscheint der weiße, zweigeteilte Mond der Brust. Führen dann meine Zähne den Träger in die andere Richtung, ziehen ihn über deinen breiten, reifen Hals, drückt sich die Brust zusammen wie eine Orange, erstickt zwischen dem Stoff. Der Träger färbt leicht auf die Lippen ab. Es ist eine schwärzliche Färbung, als ob auf meinem Mund, der nicht aufhört, dich zu liebkosen, dunkle Lepraflecken auftauchten.

»Gib Acht«, sagst du manchmal zu mir, träge vor Begierde und Befriedigung.

Ich kann weder auf dich noch auf mich Acht geben. Die Liebe hat ihren Preis.

Werde ich des einen Trägers müde, widme ich mich dem anderen und beginne die ganze Prozedur von neuem. Ich kaue mit den Zähnen an der schmalen schwarzen Kordel, mein Speichel tropft auf das Körbchen des Büstenhalters, ich geifere, bin ein gierig leckender, sich auf dich wie auf einen Brunnen stürzender Hund. Ich schlürfe, sauge, trinke, küsse, vor Speichel triefend, wühle, kaue, schmecke, verschlucke, lecke von neuem, koste genüsslich, rieche an dir. Der schmale Träger wird zwischen meinen Lippen feucht. Manchmal spucke ich kleine Seidenfusseln aus, winzige schwarze Knäuel, die mir an der Zunge, am Gaumen kleben. Mein Mund füllt sich mit Speichel, der droht, mich zu ersticken; ich lasse ihn in langen Fäden über deine Kleidung rinnen; die benässte Brustwarze klebt am Stoff, wird steif, wächst, nimmt Form an, verwandelt sich in die Spitze eines Hügels, in einen Wachtturm.

»Leuchtturm« sage ich dazu.

Deine Brustwarze richtet sich wie versteinert unter dem Stoff auf. Ich sabbere wie ein Säugling. Lange Speichelfäden rinnen auf deinen Körper, umgeben das Rund deiner Brüste. Dann schreibe ich mit den Fingerkuppen die feuchten Zeichen meiner Liebe auf deinen Körper. Das A. deines Namens. Von Brustwarze zu Brustwarze den Querstrich: beide

Brustwarzen bis zum Hals die aufrechten Striche. Von Brustwarze zu Brustwarze die Schleife eines Fischs: meine Walfischliebe zu dir. Später zeichne ich mit dem Speichel, den ich auf deinen ausladenden und üppigen Bauch habe tropfen lassen, das Schiff, in dem wir uns schaukeln: Die breiten Beckenknochen sind die Schiffsanker. Wie ein verirrter Schiffbrüchiger klammere ich mich an ihnen fest. Ich halte mich an deinen Flanken fest und stöhne. Ich bin der Verlorene, der Neugeborene, der Paria. Du wiegst dich sanft und schaukelst mich. Nun bin ich der Seefahrer, der, von den Wellen und der Brise getrieben, abdriftet. Wie ein Korallenriff an dir verankert. Wie die Muschel am Felsen. Wie das Moos am Stein. Ich habe so viel Speichel im Mund, dass ich ersticke, und speie ein wenig über dem Brunnen deines Nabels aus. Der Brunnen fängt es auf. Ich tauche die Kuppe meines Zeigefingers hinein, die Fingerkuppe wird feucht, und mit dem tropfenden Speichel führe ich meinen Finger zum rosigen Hof deiner Brustwarze: Ich umkreise ihn, fahre um ihn herum, Rad meiner Liebe. Der Speichel in der Mulde deiner Brust erscheint grau wie ein kleines Mondmeer mit den seltsamen Namen wie Meer der Melancholie oder Meer der Gedanken. Der feine Mondkrater deines Brustwarzenhofes wird meine Trinkwasserreserve sein, wenn ich von der Wanderung über deinen Körper müde bin. Zu ihm werde ich immer wieder nach jeder Exkursion zurückkehren. Er wird meine Quelle, mein Brunnen, der Hort der Stärkung sein.

Ich lasse einen feuchten Finger die Linien deines Halses entlanggleiten. Ich fahre hinauf und wieder hinunter, steige und gleite ab. Du hast dich herausfordernd wieder bedeckt. Bei ihrer Rückkehr gerät meine Zunge auf Nebenwegen an den Rand deines Büstenhalters. Schwarze, durchsichtige

Spitze bedeckt den oberen Teil deiner Brüste. Ich streife mit einem Finger, wie ein Schlafwandler auf dem Giebel, an dieser Linie entlang. Jeden Moment könnte ich ins Leere stürzen, in den Abgrund deiner Brüste. Doch nein. Ich überwinde den Schwindel, die Angst, und kehre behutsam am Rand entlang zurück, von einem Ende zum anderen. Ich gewinne diese Linie lieb. Durch das feine Gitter des Stoffs erahnt man den Ansatz der weißen, in ein goldschimmerndes Licht, das Licht des Paradieses, eingetauchten Brüste. Zwischen den feinen Fäden der Stickerei kann ich, wenn ich meine Fingerkuppen sensibilisiere, die winzigen warmen und offenen Poren deiner Brust ertasten. Es genügt, ein bisschen, wie zufällig, den Stoff an der Haut unter den Augen zu reiben, und ich sehe mich direkt den beiden konzentrischen, mit schwarzem Netzwerk bedeckten Kugeln deiner Brust gegenüber. Ich schaue sie mir genau an, um ihre Symmetrie zu überprüfen. Es sind zwei – gegenüberliegend, üppig, entgegengesetzt, dem Augenschein nach gleich. Gleich an Form, Dichte und Gewicht. Ich weiß nicht, ob Freund oder Feind, jedoch gleich weit auseinander liegend, parallel. Dann hebe ich bedächtig die Hände, hebe sie hoch über deinen Körper, und von oben versuche ich sie so hohl zu machen wie zwei Gefäße, die dazu geeignet sind, auf deine Brüste zu fallen und sie aufzunehmen, sie in sich zu fassen. Ich gebe Acht, dass ich diese Bewegung mit Vorsicht und Sorgfalt durchführe. Zunächst bewege ich meine Finger in der Luft, reibe sie wie vor dem Klavierspiel; daraufhin forme ich sie allmählich, als ob ich sie modellieren wollte. Ich muss Sorge tragen, dass meine Hände die passende Rundung und Tiefe für deine Brüste erhalten. Sobald ich meine, das für sie ideale Behältnis entworfen zu haben, lasse ich sie abrupt durch die Luft herabsinken wie einen Raubvogel, und ergreife sie.

Eine landet in meiner rechten und die andere in meiner linken Hand: als ob ich zwei Kugeln umschlösse. Meine fünf gekrümmten Finger haben sich auf beiden Brüsten niedergelassen und bedecken sie, pressen sie zusammen. Die Wärme deiner Brüste dringt durch den schwarzen Stoff hindurch wie das Brodeln zweier ruhender Vulkane. Es ist eine starke Hitze, fast ein Glühen. Habe ich sie einmal eingefangen, schaukele ich sie behutsam in kreisenden, gegenläufigen Bewegungen. Meine linke Hand kreist um deine linke Brust gegen den Uhrzeigersinn und meine rechte Hand kreist um deine Brust in entgegengesetzter Richtung. Ich gebe Acht, dass beide parallel laufenden Bewegungen den gleichen Rhythmus haben. Ich sage dir, dass ich in der einen Hand die Weltkugel und in der anderen ihr Abbild halte. Die Kugel und die Uhr. Die Erde und ihr Doppelbild. Das Rad und der Spiegel. Der Mond und der andere Mond, der wie ein See an dem grausamen Tag der Apokalypse leuchten wird.

Die Liebe gewinnt langsam und sicher an Rhythmus und Geschwindigkeit. Du stöhnst leicht. Die beiden von meinen Händen umschlossenen Kugeln werden warm wie frisch aus der Erde kommende Früchte. Wild gewachsene Granatäpfel, rötliche Pfirsiche. Sommersonnen, brodelnde Brustdrüsen. Heiße Kerzen, siedende Kirschen. Dann lasse ich plötzlich deine Brüste los, verlasse sie, und durch die Erschütterung ziehen sie zwei weitere Kreise wegen der Trägheit der Bewegung, in die ich sie versetzte. Sie beben wie zwei Dünen mit festem Boden und lockerer Oberfläche. Wieder erhebe ich die Hände weit in die Höhe und reibe meine Fingerkuppen, als wollte ich ein Instrument spielen. Meine Finger sind empfindlich, Schmetterlingsflügel. Ich spreize deutlich den Daumen und den Zeigefinger ab, mache sie spitz und lenke sie, ohne aufzuhören, sie zu reiben, in Richtung auf deine Brustwarzen. Deine Brustwarzen schauen durch den schwarzen Stoff hervor wie zwei Leuchttürme aus Stein. Ich fasse sie behutsam zwischen Daumen und Zeigefinger und drücke sie zusammen, wobei ich spüre, wie sie steif werden. Die Haut sträubt sich und zieht sich faltig zusammen. Ich betaste sie, ohne sie zu sehen. Sie drohen hindurchzustoßen, den schwarzen Stoff deines Korseletts zu durchbohren. Dann umschließe ich sie fest und helfe ihnen hervorzubrechen, als seien es Köpfe von Schiffbrüchigen im Wasser. Ich zerre sie vor, damit sie herausragen. Und sie erscheinen wie zwei versteckte Sonnen innerhalb zweier größerer Sonnen. Als sie schon genug angewachsen sind, befreie ich eine. Zuerst die linke. Sie richtet sich unter dem Stoff auf, als sei sie ein Kind mit Mütze. Deine Brustwarze schwillt und wächst unter meinen Augen, ohne dass ich sie berühre. Während ich sie unentwegt fixiere, befeuchte ich meine Finger mit reichlich Speichel. Ich befördere den Speichel bis zum schwarzen Stoff. Durch den Stoff hindurch umkreise ich deine Brustwarzen mit meinem weißen Speichel. Ich beschreibe kleine konzentrische Kreise. Der Stoff über deiner Brustwarze färbt sich langsam weiß. Ich neige mich ein wenig zurück und betrachte von oben mein Werk. Auf dem schwarzen Stoff schafft die weiße Flüssigkeit ein intensiv schillerndes Schneegebiet. Du neigst den Kopf und siehst auch darauf. Du betrachtest den weißen Kreis um deine Brustwarze, die Spur meines Speichels, mit leichtem Befremden, als geschähe das, was deinen Brüsten widerfahren ist, einer anderen.

»Aida« rufe ich dich mit Namen, damit du dich erkennst.

»Aida« wiederholst du jetzt mit erhobenem Kopf und geschlossenen Augen.

»Aida« sagst du noch einmal, wie eine Auster in ihrer Schale ganz auf dich selbst konzentriert, wie eine Kugel, die am Rand abbröckelt. Da schiebe ich dir die Beine auseinander. Deine kräftigen Beine einer römischen Statue, einer Matrone in einem Patio von Karthago. Es sind feste, gleichmäßig geformte, ausladende, breite, stattliche Beine. Wenn ich sie öffne, als seien sie eine Trennwand, tauchst du aus deiner Konzentration auf, kehrst allmählich von deiner Reise auf den Grund deiner selbst zurück und öffnest die Augen. Ich schiebe sie mit einer sanften vorsichtigen Bewegung auseinander: nur so viel, dass sie sich ein wenig öffnen. Das schwarze Korselett bedeckt deinen Körper von den Brüsten bis zu den Leisten. Dort, wo die zarten Linien zusammenlaufen, endet es. Dein Geschlecht ist klein und eng. Ein verhältnismäßig zu kleines Geschlecht für eine so kräftig gebaute Frau. Als sei es nicht das Geschlecht einer römischen Matrone, sondern das eines zarthäutigen Mädchens, dem noch keine Haare zwischen den Beinen sprießen. Zwischen den Schenkeln verborgen ist dein Geschlecht so schmal, dass es mit dem übrigen Körper nicht harmoniert. Als sei es unterentwickelt, als wolle es nur die Andeutung eines Geschlechts sein. Kaum öffne ich deine Beine ein wenig, und schon siehst du nach unten, in Richtung auf das kleine schwarzseidene Dreieck, das sich verstohlen zwischen den Beinen enthüllt. Ich liebe deine Schenkel. Sie sind weiß, zart; meine Hände gleiten an ihnen entlang, als seien sie eine spiegelglatte Piste über dem verschneiten Tal eines Gebirges. Und ich betrachte das schwarze Dreieck, als sei es eine Insel. Eine Insel mit Buschwerk und Wald. Da öffnest du ungeduldig mit einer raschen und gekonnten Geste dein Korselett und entblößt dein Geschlecht. Es zeigt sich winzig, unter Gebüsch verborgen. Zwischen dunklem Laubwerk und lockerem Moos. So dicht, dass man sich den Weg zu ihm wie der Machetenhauer im Urwald mit beiden Händen bahnen muss. Ich teile die Behaarung mit beiden Händen, dem Scheitel ähnlich, der beim Kämmen auf dem Kopf der Kinder gezogen wird. Das kleine Geschlecht ruht rosig wie ein Neugeborenes in seiner Wiege. Ich atme tief in seiner Nähe, um es mit meinem vom Verlangen schweren Luftstrom erschaudern zu lassen. Das Neugeborene liegt in seiner Wiege, kaum feucht vom Fruchtwasser und mit Hautspuren an den Seiten. Ich hauche es an, um es aufzuwecken. Es regt sich. Da ergreifst du mit deinen Händen jäh, und ohne mich anzusehen, meinen Kopf, packst mich an den Haaren und legst meinen Mund genau in die kleine Wiege, ein Gehäuse, in dem du eifersüchtig deine Klitoris hütest.

Nun ist das Haar deiner Scham mein Schnurrbart. Ich stammele zwischen den Haaren meines Gesichts, deines Geschlechts. Ich gebe kehlige Laute von mir. Mit der Zunge berühre ich leicht das Neugeborene, das in seiner Wiege liegt. Zärtlich eröffne ich den Angriff. Ich kitzele es unter den Achseln. Ich stupse es mit meiner von Speichel triefenden Zunge an. Ich wiege es von links nach rechts, von rechts nach links. Allmählich wacht das Neugeborene auf. Es gähnt zwischen Laken und Kissen. Plötzlich reagiert es auf eine Geste, die ich mit der Zunge mache, und ich wiederhole sie in rhythmischen Abständen. Da zuckt dein linkes Bein unwillkürlich, als wäre es durch eine unsichtbare Schnur mit der Tiefe deines Geschlechts verbunden, der mechanische Reflex eines empfindsamen Nervs. Ich verstärke den Druck der Gebärde, und nun stößt mir dein ausschlagendes Bein sanft an den Kopf, stupst mich an wie eine blinde Ziege. Das Neugeborene ist frisch aufgewacht und beginnt sich zu rekeln. Es schüttelt den Kopf, wird größer, rötet sich, plustert sich auf.

Ich streiche mit der Zunge darüber, und es wird feucht. Am Ende der Klitoris befindet sich, wie eine Feige, ein fester, durchscheinender Tropfen, eine Honigkugel, die ich mit den Lippen zu erhaschen trachte; ich trinke ihn, und schon quillt ein neuer hervor. Nun ist dein Geschlecht eine Thermalquelle. Streife ich es mit dem Finger, wird die Kuppe heiß wie eine Schmiede. Doch du lässt nicht zu, dass mein Mund sich zurückzieht. Dort tränke ich mich, dort lebe ich, dort werde ich geboren und sterbe ich, dort atme ich, leide, schreie, heule, dort kämpfe ich. Bis die Spannung unerträglich wird. Dann versenke auch ich mit einer einzigen, schnellen und präzisen Bewegung die Spitze meines Geschlechts in deine Vagina. Es ist nicht immer einfach einzudringen: Du bist die Herrin über deine Gemächer, diejenige, die die Tür öffnet oder sie schließt. Ich bin der Fremdling, der Flüchtige. Du sprichst durch deine Klitoris, ich spreche mit meiner Stimme. Meine und deine Sprache sind verschieden, schwer zu vereinbaren. Mein Geschlecht ist nicht Wort, mein Geschlecht ist Gehör. Habe ich dich richtig verstanden, kann ich möglicherweise bis zum Innenhof vordringen oder sogar bis zum Schlafgemach. Über den Schlüssel zum Zugang verfügst nur du alleine, du gibst oder nimmst ihn, gewährst oder verweigerst ihn. Ich kann nur hineingehen: Ich bin der Schlüssel, kein Haus. Du alleine, die du die Hausbesitzerin bist, die Herrin, kannst bleiben, kannst die Räume öffnen oder schließen, kannst diesen oder jenen Reisenden einlassen.

Natürlich könnte ich den Versuch unternehmen, andere Häuser zu bewohnen, andere Mauern zu durchbrechen, andere Grenzen zu überschreiten, doch mein Los ist es, auf ewig der Besucher zu sein; du hingegen bist die Herberge. Ich bin das Draußen, du bist das Drinnen. Und draußen ist Schutzlosigkeit, das Elend, die Kälte, das Dunkel, das Bedürfnis nach einer Behausung. Draußen ist die Panik der Verlassenheit. Ich wohne draußen: immer auf der Suche nach einem Eingang. Du lebst drinnen, geschützt von deiner Behaarung, deinen Korseletts, deinen Spitzen: Du bewohnst dich selber, da du das Drinnen bist. Ich kann hingegen nur ein anderes Drinnen bewohnen, da ich das Draußen bin.

Natürlich kann ich hinaus- oder hineingehen: Jedoch kann ich niemanden beherbergen.

»Ich habe meinen Sohn neun Monate lang in meinem Leib beherbergt, und als er herauskam, konnte ich mich nie mehr von dieser Leere erholen«, klagt Aida, die Mutter, laut.

Ich bin das Draußen, du bist das Drinnen. Selbst wenn du wolltest (und bisweilen wünschst du es dir), könntest du mich nie, wie der Sohn mit der Mutter, durch die Schnur meines Geschlechts mit dir verbunden, überallhin mitnehmen. Ich bin zur Einsamkeit verurteilt, denn ich bin ein Schlüssel, kein Haus. Zur Einsamkeit verurteilt, außer in jenem geheiligten Augenblick, in jenem feierlichen Augenblick, in jenem vollkommenen, schattenhaften, vorgeburtlichen Augenblick des Eindringens in dich, des Zugangs zu deinem Inneren, in dem ich, von deinen Säften umspült, von deinen Schleimhäuten geschaukelt, von deinen feuchten Geweben geschützt, gewärmt von deiner Glut, umarmt von den Wänden deines Geschlechts, in deinem Gemach empfangen, an deine Lenden geklammert, von den Muskeln der Vagina gewiegt, an deine Tegmente geheftet, von der Kraft deines Leibs aufgesogen, zwischen Dickicht und Moosen verfangen, der tief in die

Gebärmutter eingedrungene Stamm bin, der vorzeitliche, in der Höhle entstandene Baum; ich bin der Pflug, der die Erde öffnet, der Mast auf dem Schiff, das sich hin- und herwiegt und uns trägt, uns stromaufwärts, stromabwärts mitreißt, bis zum Tod.

Deutsch von Petra Strien

Antonio Muñoz Molina
Eine unmögliche Liebe

Wenn ganz langsam die Musik einsetzt und sie lockend die Arme nach mir ausstreckt, tue ich immer so, als ob ich nichts merke, bleibe zwischen den Vorhängen an der Tür stehen, mit nichts als diesem lächerlichen Slip bekleidet, den sie selbst ausgesucht hat, ein rotes, glitzerndes Dreieck, hinten von einem goldenen Band gehalten, das sie später aufbindet, auf Knien und meine Lenden umarmend, langsam vom Boden sich aufrichtend, wie eine Dürstende, doch es ist eine Lüge, und ich weiß es, sie schaut mich nicht einmal an, weil mein Anblick sie vielleicht ekelt, oder damit ich nicht das ganze Ausmaß ihrer Gefühlskälte wahrnehme, und sie spricht kein Wort, sie stöhnt, ja, aber sie spricht nicht, und ich weiß auch, dass dieses Stöhnen eine Lüge ist, die Art, wie sie ihren Mund öffnet und dabei die Augenlider zusammenpresst und meine Flanken mit ihren langen Fingernägeln streift, mit gespreizten Händen, die Bewegungen in der Luft vollführen, als tanze sie einen dieser indischen Tänze.

Bevor ich hinter dem Vorhang hervortrete und zu ihr gehe, betrachte ich sie eine Weile, sehe, wie langsam und wie berechnend sie sich entkleidet, mit halb geschlossenen Augen und ausdruckslosem Gesicht entkleidet sie sich, als lege sie eine Uniform an, und ich schaue ihr zu und weiß genau, welche Bewegung sie in der nächsten Sekunde ausführen wird, und ich erschauere vor Scham und vor Begierde, wenn ihr Blick mich trifft, dort, wo ich stehe, verborgen noch, doch schon bereit, mit pochendem Herzen, zitternden Händen und einem Schwindelgefühl, das von den Weichen zum Magen hinaufsteigt, als müsse ich gleich ohnmächtig zu Boden sinken. Es ist immer heiß, sehr heiß, es herrscht eine ungesunde Temperatur wie die eines kranken Körpers, wie von vielen Mündern ausgehauchte Luft, von gierig geöffneten Mündern wie mein eigener, die Luft riecht nach Schweiß oder nach fiebernden, sich im Dunkeln wälzenden Leibern, und doch sind meine Hände immer kalt, ich balle sie zu Fäusten und grabe meine Fingernägel in die Handflächen und spüre meine eisigen Finger, und das macht ihre Haut noch wärmer, wenn ich schließlich zu ihr gehe und sie berühre, wenn ich sie umarme, ohne mich jedoch an sie zu pressen, an ihre Brüste, die sich später, wenn ich schon liege, an meine Schenkel drücken werden …

Ich würde gedämpftes Licht und Stille vorziehen: Sie ist es, die gleißende Helle und eine Musik verlangt, die anschwillt wie der Herzschlag eines großen furchtsamen Tiers. Alles, was passiert, wenn ich mich ihrem sich windenden weißen Körper nähere, der noch weißer unter dem grellen Licht auf dem roten Laken des Bettes und dem roten Teppichboden ist, richtet sich nach unerbittlichen Normen von Pflicht und Tabu, und wenn ich mich anfangs, als ich jünger war und noch einen Rest Würde besaß, dagegen insgeheim aufgelehnt habe, so unterwerfe ich mich ihnen heute mit der andächtigen Genauigkeit eines Fanatikers; sie sind zum unveränderlichen Ritual einer Liebe geworden, die mich umso mehr demütigt, als ich weiß, dass sie unmöglich ist. Ich nehme es hin, dass sie mich nur mit ihren geschminkten Lippen anlächelt, wenn ich komme, ich ziehe die Lüge der Einsamkeit vor, ich trete ein und weiß, dass sie schon da ist, und ich öffne die Tür zum Badezimmer und sehe ihr Haar und ihren nackten Rücken und sehe mich selbst im Spiegel, wie ich mit einer steifen

Lässigkeit, die sie nicht täuschen kann, hallo zu ihr sage und dabei so tue, als sei ihre Anwesenheit hier schon eine Gewohnheit, an der mir nichts liegt und die morgen enden könnte, ohne dass es mich schmerzen würde. Und es stimmt, bevor ich hinaufgehe und mir unten in der Bar rauchend bei einem Gläschen die Zeit vertreibe, weil ich immer zu früh da bin, habe ich mir oft geschworen, nicht hineinzugehen und weiterhin die kalten Gesetze der Verzweiflung zu befolgen, sondern umzukehren, ein Taxi zu nehmen und sie nie wiederzusehen, aber nicht dass es mir am Willen dazu gebräche, ich habe überhaupt keinen, und auch keine Würde und gar nichts, nur die Gewissheit, sterben zu müssen oder zu Grunde zu gehen, wenn ich sie nicht unverzüglich sehe, und dann ist die unabänderliche Tatsache, dass sie vor mir steht, wenn ich nur ein paar Treppen hinaufsteige und eine Tür öffne, wie die Bestätigung eines Privilegs, das mir um ein Haar genommen worden wäre, so dass ich jetzt nur noch fürchte, sie könne aus irgendeinem Grund nicht gekommen sein, sie, die niemals wiederzusehen ich mir vor fünf Minuten noch geschworen habe. Also beeile ich mich und überquere die Straße unter dem Hupen der Autos, damit ich sie nicht für immer verliere, nur weil ich vielleicht an einer Ampel auf grünes Licht gewartet habe, und mein Atem geht nicht mehr ruhig, bis ich ins Badezimmer schaue und sie von hinten sehe, wie sie sich schminkt, und ich hallo zu ihr sage wie zu jemandem, dessen Anwesenheit mir nicht viel bedeutet, wobei ich mir einbilde, dass ich nur dann, wenn ich ihr meine Liebe nicht allzu offen zeige, eine Chance habe, einmal ihre zu erringen.

Einmal trat ich ein, und sie drehte sich nicht zu mir um, wie sie es sonst immer tut, als wolle sie das Gesicht, das sie im Spiegel sieht, mit meinem wahren Gesicht vergleichen, sondern hielt den Kopf gesenkt und stand mit weit gespreizten Schenkeln da, und ihr Haar, das sie zu der Zeit sehr lang trug, bedeckte beinah ihre Brüste. Ihre rechte Hand war zwischen den Schenkeln verborgen und bewegte sich ein wenig, ich hörte, ohne etwas zu begreifen, das kurze, schnelle Geräusch einer Schere, und erst als sie die Hand hob und mir ein Büschel dunkler, gekräuselter Haare zeigte, bevor sie sie in den Aschenbecher fallen ließ, begriff ich, was sie tat, und die Begierde lähmte mich wie ein tödlicher Schmerz, ließ mich auf ihre Finger starren, die die schimmernde kleine Haarlocke zerbröselten, sie zerrieben wie in Wasser sich auflösende Salzkrumen.

Jetzt macht sie das fast jeden Tag, damit mir nichts verborgen bleibt, sagt sie, dann leert sie den Aschenbecher, betrachtet sich eingehend mit immer noch gespreizten Schenkeln, und sie bittet mich, sie allein zu lassen, es sei noch nicht so weit, und bevor ich gehe, wandert ihr Blick von meinem Gesicht zu den Weichteilen, als wolle sie ganz genau die unmittelbare Wirkung ihrer Nähe prüfen, desinteressiert natürlich, ohne die hypnotische Starre, die sie später vorspielen wird, eher wie man mit einem einfachen Versuch die Fügsamkeit eines Tiers feststellt. Ich gehe hinaus, rauche, ziehe mich allein aus, betrachte diesen Körper, den sie nicht begehrt, wie eine Schmach, binde mir den Slip eines Lottertänzers um, ohne jedoch den Knoten zu fest zu ziehen, damit sie ihn hinterher mit der Leichtigkeit einer langsamen Liebkosung öffnen kann. Ich warte hinter den dicken Vorhängen auf sie, die Musik spielt schon, wenn sie hereinkommt und zum Bett geht, sich auszieht und dabei tut, als wisse sie nicht, dass ich ihr zusehe, sie beobachte, auf das unmerkliche Zeichen warte, um zu ihr zu gehen, das aber gar nicht mehr notwendig ist, da ich ihre

Bewegungen alle auswendig kenne und mit geschlossenen Augen erraten könnte, welches Kleidungsstück sie gerade auszieht, und die Geräusche genau auseinander halten kann, mit denen jedes einzelne über ihre Haut streift.

Wenn ihre Brüste nackt und frei sind, erbeben sie wie unter einem Schauer, und sie nimmt sie in beide Hände, hebt sie an und streckt sich langsam auf dem roten Laken aus, spreizt mit gleicher Langsamkeit die angewinkelten Beine. Sie bäumt sich dann auf wie in einem schlechten Traum, ich höre sie mit halb offenem Mund unter dem Haar, das ihr Gesicht verhüllt, atmen, ihre Schenkel öffnen und schließen sich, dann hebt sie sie, stützt sich mit dem Rücken ab, um sich ganz auszuziehen, und das rosafarbene letzte Kleidungsstück, das sie in die Luft wirft, landet genau vor meinen Füßen, es ist das Zeichen, das Signal. Ich gehorche, langsam und hündisch, trete hervor, als käme ich in ein Hotelzimmer, das ich leer vermute, sehe sie dann, wie sie flach ausgestreckt daliegt, sich aufrichtet, nähert und das Haar zur Seite streicht, wenn sie, auf Knien vor mir, die andere Hand zu meiner Taille ausstreckt. Wenn sie mich berührt, hat es den Anschein, als streife sie einen leeren Umfang in der Luft, die Anwesenheit eines anderen. Um mich ganz und gar zu entkleiden, spielt sie Begierde und Ungeschick, und ich verharre reglos, stehe unveränderlich aufrecht wie eine Statue, zu deren Füßen man einen verworrenen Kult zelebriert. Ich lege meine Hand auf ihren Kopf, ziehe ihn mit einer Art rüden Wohlwollens zu mir heran und frage mich, welch ein Ausdruck jetzt wohl auf ihrem Gesicht liegt, ob sie die Augen geschlossen hält, ob die Begehrlichkeit echt ist, mit der ich jetzt ihre Lippen spüre, nachdem sie ihr Haar wieder zur Seite geworfen hat und den Kopf auf und ab bewegt, als stimme sie wütend zu.

Ich merke jetzt, wie einfach es wäre, sich diesem letzten Augenblick ganz hinzugeben, den sie erbittet und zurückhält, den sie barsch sich entziehend und immer wiederkehrend hinausschiebt. Sie wirft sich zurück, schaut mich an, ihre Lippen sind feucht und grellrot verschmiert, noch immer kniend wölbt sie ihren Körper nach hinten, bis er zu brechen scheint und ihre dunkle Mähne den Boden berührt, streckt sie fordernd ihre Hände nach mir aus, streckt ihren ganzen Körper aus, wenn ich mich über sie beuge und sehe, dass sie den Blick starr zur Decke richtet, nicht vor Verzückung, sondern bis zur Schmerzgrenze angespannt, wie jeden ihrer Muskeln, wie ihre langen Finger mit den rot lackierten Nägeln, die sich zuckend in die Luft strecken. Sie beißt jetzt die Zähne zusammen, und in dem bitteren Ausdruck ihres Munds liegt weder Barmherzigkeit noch Verlangen, aber das ist egal, ich mag sie lieber so, ohne Umschweife, ohne Zärtlichkeit, sich darbietend und doch unzugänglich, weiß und mit beiden Händen sich öffnend unter diesem Licht wie in einer Klinik, mich wortlos zu sich rufend, indem sie die Beine hochhebt, um mich mit ihnen zu umfangen und zu verlangen, dass ich sie ansehe und ihr den Mund wie ein Dürstender nähere, der gezwungen ist, mit gefesselten Händen zu trinken. Wenn mein Kuss tief in sie dringt, mein Gesicht zwischen ihren Schenkeln gefangen ist, bewegt eine langsame Konvulsion ihren Bauch und ihre Hüften und ist aufrichtig, jetzt, wo mir alles gleich ist, ist es aufrichtig, jetzt, wo ich die Lüge als eine endlose Gnadenfrist annehme und für eine halbe Minute – niemals eine Sekunde länger – die Zeit und meine Eifersucht erlöschen.

Wir beginnen dann ein atemloses Spiel animalischer Metamorphosen: mit ihr verschmolzen, schweißglänzend wir beide, fiebernd, tollkühn ineinander verschlungen, bin ich ein

Hund, eine Schlange, ein Stier, ein zähnebleckender Pavian, der sie fauchend umstreicht, ich bin kein Mensch mehr und habe keinen Namen und will auch nie wieder einen haben, ich bin in Sicherheit jetzt, und die Einsamkeit kann mir so wenig anhaben wie die Liebe. Unermüdlich, unbesiegt, dunkel und glänzend wie ein Krieger löse ich mich von ihr, richte mich auf, und sie verfolgt mich auf Knien, und dann, wenn die Musik so anschwillt, dass sie mir in den Ohren und im Magen dröhnt und damit zwangsläufig das Ende ankündigt, wenn ich weiß, dass es nichts mehr hilft, dem allumfassenden Verschmelzen mit zusammengekniffenen Augen zu widerstehen, und ich sie öffne und sie anschaue, sehe ich blaue und rote Flecke vor mir davonhuschen und sehe ihre teilnahmslosen, müden Augen und werde mit einem rohen Schmerz, wie von einem Fußtritt, wieder daran erinnert, dass sie sich nie und nimmer in mich verlieben wird, und sie, wenn die Lichter im Saal angehen und der Applaus jener schattenhaften Menschen ertönt, die uns da zuschauen, durch den roten Vorhang entschwinden und wieder eine Unbekannte sein wird, die, nachdem sie geduscht hat, sich anzieht, als lege sie nach getaner Arbeit eine Uniform ab.

Deutsch von Willi Zurbrüggen

Joanot Martorell
Der Traum von Wonnemeineslebens

1490 erschien in Valencia auf Katalanisch das opulente Großwerk eines jungen Ritters: *Der Roman vom Weißen Ritter. Tirant lo Blanc.* Es geht darin um Ritterehre und Ritterliebe. Ein wunderbar aufgezogenes Liebesspiel wirkt als Kontrastprogramm zur Rittertüchtigung und zum Kriegsgetümmel. Der Held Tirant hat sich beim Anblick der Brüste der Kaiserstochter Karmesina in diese verliebt. Die so genannte Hochzeitsnacht von Tirant und Karmesina, die zusammen mit dem Vertrauten Diafebus und der Prinzessin Stephania verbracht wird, ist ein erotisches Kabinettstück der spanischen Literatur. Die Präliminarien schildert zunächst der allwissende Erzähler; die erotischen Spiele und Reaktionen liefert die Zofe Wonnemeineslebens. Sie blickt durchs Schlüsselloch und berichtet am nächsten Morgen der Kaiserin noch einmal alles als vorgeblichen Traum. Liebe und Sex zu viert, nein, zu fünft, wenn man die Reaktionen der Traumerzählerin mitrechnet.

Als es Nacht geworden und die Zeit gekommen war, da die Leute in der Burg sich dem Schlummer überließen und die Fräulein sich mit der munteren Witwe zurückgezogen hatten – alle außer den fünfen, die in jenem Raum schliefen, den die Ritter durchqueren mussten, um in das Hinterzimmer zu gelangen, wo die Prinzessin und Stephania einquartiert waren –, zu diesem Zeitpunkt also gewahrte Wonnemeineslebens, dass die Prinzessin noch keine Anstalten machte, sich hinzulegen, obwohl sie doch gesagt hatte, sie wolle jetzt schlafen gehen. Und als Wonnemeineslebens dann den Duft frisch versprühten Parfüms witterte, dachte sie sofort, dass da die Feier eines lautlosen Hochzeitsfestes vorbereitet werde.

Zur vereinbarten Stunde nahm Stephania einen Leuchter

und ging mit der brennenden Kerze zur Lagerstatt der fünf Jungfrauen, wo sie sorgsam Gesicht um Gesicht inspizierte, um zu sehen, ob sie auch wirklich alle schliefen.

Wonnemeineslebens aber, die begierig war, alles zu sehen und zu hören, was sich da abspielen würde, hatte vorsätzlich ihrer Müdigkeit widerstanden. Und als nun Stephania mit dem Licht kam, schloss sie die Augen und tat so, als ob sie schliefe. Nachdem Stephania sich also durch eigenen Augenschein davon überzeugt hatte, dass alle schlummerten, öffnete sie, völlig geräuschlos, damit niemand etwas merke, die Tür und entdeckte, dass da bereits die Ritter harrten, inbrünstiger hoffend als fromme Juden, die auf ihren Messias warten.

Bevor die drei den Durchgangsraum passierten, löschte Stephania das Licht; sie nahm Diafebus an der Hand, ging voran, und Tirant folgte dem Konnetabel. Leise tapsten sie durchs Dunkel, bis sie die Tür des Gemachs ertasteten, in dem die Prinzessin alleine weilte und auf ihr Kommen wartete.

Und ich will nicht versäumen, wenigstens anzudeuten, in welch kostbarem Aufputz Karmesina angetroffen wurde: Sie trug ein langes, ärmelloses Gewand aus grünem Damast, das ringsum mit durchsichtigen Lochstickereien verlockte und über und über mit dicken, runden Perlen besetzt war. Die Kette, die sie um den Hals hatte, bestand aus lauter goldenen, emailüberzogenen Blättern, und an jedem Blatt hingen Rubine und Diamanten in puren, prallen Trauben. Auf dem Kopf, über ihrem goldblonden Haar, trug sie ein mit vielen Pailletten geschmücktes Hütchen, dessen Gefunkel einen herrlichen Glanz versprühte.

Als Tirant sie in dieser bezaubernden Gewandung erblickte, verneigte er sich ehrfürchtig vor ihr, kniete nieder auf den harten Boden und küsste ihre Hände ein ums andere Mal.

Stundenlang gingen dann zärtliche Worte zwischen ihnen hin und her. Als es den Rittern schließlich an der Zeit schien, sich zu entfernen, nahmen sie Abschied von den Damen und schlichen sich davon, zurück in ihr Quartier. Wer hätte wohl schlafen können in dieser Nacht, wo die einen vor Liebe, die anderen vor Leid kein Auge zutaten?

Sobald es hell wurde, stand jedermann auf, da dies doch der Tag war, an dem der Kaiser abreisen wollte. Wonnemeineslebens hatte sich kaum vom Lager erhoben, da begab sie sich auch schon ins Gemach der Prinzessin, die eben im Begriff war, sich anzukleiden. Stephania, die bereits angezogen war und Karmesina bei der Morgentoilette assistieren sollte, saß auf dem Boden, und ihre Hände waren nicht willens, der Prinzessin beim Binden des Hutbandes behilflich zu sein: Offensichtlich war sie nur von dem einen Verlangen erfüllt, sich lustvoll ihren eigenen Gedanken überlassen zu dürfen. Die Augen halb geschlossen, war sie kaum imstande, irgendetwas wahrzunehmen.

»O heilige Maria, steh uns bei!«, rief Wonnemeineslebens. »Sag, Stephania, was ist los mit dir? Woran fehlt's? Was tut dir weh? Ich hole gleich die Ärzte her, damit sie dir auf die Beine helfen und du dich wieder kreuzfidel fühlst.«

»Nicht nötig«, sagte Stephania. »Was mir zusetzt, ist bald vorbei. Ich habe nur ein bisschen Kopfweh. Die Zugluft vom Fluss in der Nacht hat mir nicht gut getan.«

»Red nicht so leichtfertig daher«, entgegnete Wonnemeineslebens. »Wer weiß, ob du nicht daran glauben musst. Und wenn du stirbst, ist das ein Fall von sträflichem Leichtsinn. Achte genau darauf, ob es dir nicht an den Fersen wehtut. Ich habe nämlich die Ärzte sagen hören, dass bei uns, den Frauen, der Schmerz zunächst in den Zehennägeln anfängt, dann in den Füßen; er steigt auf zu den Knien, zu den Schenkeln, und manchmal dringt er in die Scham ein, wo er zur großen Qual wird; und von dort steigt er einem zu Kopf, verwirrt das Gehirn, und so kommt es zur Fallsucht. Denke aber jetzt nicht, dass diese Krankheit wiederholt auftritt. Laut Meinung des großen Philosophen Galenus, der ein höchst scharfsinniger Arzt war, kommt sie jeweils nur einmal im Leben vor; und obwohl sie ein unheilbares Übel ist, ist sie doch nicht tödlich; es gibt nämlich allerlei Mittel, die man dagegen anwenden kann, wenn man sich Linderung verschaffen will. Vertrau nur meiner Lektion. Die Lehrepistel, die ich dir verlese, ist wahr und echt. Du brauchst dich nicht so verwundert zu fragen, seit wann ich mich denn in Krankheitssymptomen auskenne. Falls du mir die Zunge zeigst, stelle ich ohne Federlesens eine Diagnose und sage dir auf den Kopf zu, wo es dich zwackt.«

Stephania streckte ihr die Zunge heraus. Als Wonnemeineslebens dies sah, sagte sie:

»Ich würde auf all das Wissen pfeifen, das mir mein Vater beigebracht hat, als ich noch unter seiner Obhut war, wenn du nicht in der letzten Nacht einiges Blut verloren hast.«

Prompt erwiderte Stephania:

»Stimmt, es ist mir aus der Nase geflossen.«

»Ich weiß nicht, ob aus der Nase oder aus der Ferse«, sagte Wonnemeineslebens; »jedenfalls habt Ihr Blut verloren; und deshalb könnt Ihr nun mir und meiner Wissenschaft vertrauen; denn was ich Euch jetzt sagen will, ist die reine Wahrheit. Und falls Eure Majestät, Herrin, damit einverstanden ist, dass ich Euch beiden einen Traum erzähle, den ich in der letzten Nacht hatte, werde ich das mit Freuden tun, unter der Voraussetzung, dass mir, falls ich dabei mit irgendeinem Wort Eure Hoheit kränken sollte, die Vergebung nicht versagt wird.«

Die Prinzessin hatte mit wachsendem Vergnügen dem munteren Mundwerk des Mädchens zugehört, und lauthals lachend sagte sie:

»Leg los, lass hören, was immer du willst – Schuld und Buße sind dir von vornherein erlassen, kraft apostolischer Autorität.«

Daraufhin begann Wonnemeineslebens ihren Traum zu erzählen, mit den folgenden Worten:

»Ich werde also Eurer Majestät all das schildern, was ich geträumt habe. Schlafend lag ich in einem schön geschmückten Raum, bei vier anderen Jungfrauen, und da sah ich, dass Stephania hereinkam, mit einer brennenden Kerze in der Hand, um nur ein bisschen Helligkeit zu machen. Sie trat an unsere Lagerstatt und schaute nach, ob wir schliefen, wobei sie feststellte, dass wir alle schlummerten. Ich war so benommen, dass ich nicht recht weiß, ob ich schlief oder wachte. Und traumversunken sah ich dann, wie Stephania die Tür unseres Gemachs öffnete, ganz sacht, um kein Geräusch zu machen. Da traf sie meinen Herrn Tirant und den Konnetabel an, die draußen schon wartend bereitstanden. Die Mannen erschienen in Wams und Umhang, das gegürtete Schwert an der Seite. Über ihre Schuhe hatten sie Wollsocken gezogen, um möglichst leise an uns vorbeischleichen zu können. Kaum waren sie eingetreten, da löschte Stephania das Licht und ging voran, den Konnetabel an der Hand führend; hinterdrein folgte der tapfere Feldhauptmann. Es sah aus, als diente in diesem Fall statt eines Knaben ein Mägdlein als Blindenführer, der die Tapsenden in Eure Kammer lenkte. Eure Hoheit aber war frisch parfümiert, umwölkt vom Wohlgeruch der Zibetkatze und nicht übel aufgeputzt – angezogen also, nicht nackt. Tirant nahm Euch in die Arme und trug Euch durch das Schlafgemach, indem er Euch ständig küsste. Eure Hoheit flüsterte: ›Lass mich, Tirant, lass mich!‹ Und er legte Euch auf das Ruhelager.«

Bei diesen Worten näherte sich Wonnemeineslebens dem Bett und sprach es an: »Ach, liebwerter Herr Pfühl! Welch ein Unterschied: Euer Bild bei Nacht und der traurige Zustand jetzt, wo Ihr allein seid, ohne Kumpanei, ohne irgendwelchen Ertrag! Wo ist derjenige, der hier gewesen ist, wie ich im Traume sah? Mir war, als erhöbe ich mich von meinem Lager, ginge im Hemd zu der Türe hier und schaute durchs Schlüsselloch all Eurem Treiben zu.«

Die Prinzessin drängte:

»Ging dein Traum noch weiter?«

Höchst vergnügt fragte sie das, sich schüttelnd vor Lachen.

»Aber ja, heilige Jungfrau Maria!«, antwortete Wonnemeineslebens. »Ich muss Euch das alles vollends erzählen. Ihr, Herrin, nahmt ein Stundenbuch zur Hand und sagtet: ›Tirant, ich habe dich hierher kommen lassen, um dir ein bisschen Ruhe zu gönnen. Ich tat's aus tiefer Liebe zu dir.‹ Tirant zögerte jedoch, dieser Einladung zu friedsamer Entspannung Folge zu leisten. Und Eure Hoheit sagte: ›Wenn du mich liebst, darfst du keinerlei Zweifel aufkommen lassen, dass ich nichts von dir zu befürchten habe. Die heikle Lage, in die ich mich aus Liebe zu dir gebracht habe, ziemt sich nicht für eine Jungfrau so hohen Standes, wie ich es bin. Widersetze dich nicht meiner Bitte, denn die Keuschheit, in der ich bisher gelebt habe, ohne mir irgendetwas zu Schulden kommen zu lassen, ist eine löbliche Sache. Nur dank dem Bitten und Flehen Stephanias hast du diese Liebesgunst erlangt, die meine ehrbaren Gefühle einer furchtbaren Feuerprobe unterzieht. Begnüge dich also, ich bitte dich, mit der Gunst, die dir hiermit zuteil geworden ist und deren Bedenklichkeit Stephania zu verantworten hat.‹

›Wegen der maßlosen Angst‹, sagte Tirant, ›die Eure Majestät derart schaudern macht, dass Ihr Euch entsetzt gegen die eigenen Gefühle wehrt und Euch selber wehtut, werdet Ihr von allen, die fühlen, was Liebe ist, bittere Vorwürfe hören. Trotz alledem will ich jedoch nicht, dass Ihr in der Ungewissheit bangt, ob meine Verlässlichkeit nicht vielleicht doch versagen könnte. Ich war fest davon überzeugt, Ihr würdet mit meinen Wünschen übereinstimmen, ohne Furcht vor irgendwelchen Gefahren, die sich daraus ergeben. Da dies aber Eurer Hoheit anscheinend nicht behagt und Ihr die Absicht habt, meine Hoffnung zu zermürben, will ich mich damit bescheiden, all das zu tun, was das Gefallen Eurer Hoheit erregt.‹

›Sei still, Tirant‹, sagte Eure Hoheit, ›beklage dich nicht; denn mein Anstand ist deiner Liebe anheim gegeben.‹ Und Ihr ließet ihn schwören, dass er Euch ohne Eure Einwilligung keinerlei Unbill antun werde. ›Angenommen nämlich, du wolltest etwas Ungebührliches begehen, so waren der Schaden und der Kummer nicht gering, die ich durch deine Schuld erleiden würde. So schlimm ware das für mich, dass ich jeden Tag meines Lebens um deinetwillen weinen müsste; denn ist die Jungfräulichkeit erst dahin, so lässt sie sich nicht wiederherstellen.‹

Diesen ganzen Wortwechsel zwischen Euch und ihm habe ich im Traum gehört. Danach aber war mir, als sähe ich, wie in einer Vision, dass er Euch unzählige Küsse gab, Euer

Mieder aufnestelte und in hitziger Hast seine Lippen auf Eure Brüste presste. Und nachdem er Euch gründlich abgeküsst hatte, wollte er mit der Hand Euch unter den Rock fahren, um dort nach Flöhen zu suchen. Und Ihr, meine gute Herrin, wolltet das nicht zulassen. Hättet Ihr es erlaubt, wäre sein Schwur, fürchte ich, arg in Gefahr geraten. Eure Hoheit aber sagte zu ihm: ›Die Zeit wird kommen, da dir freisteht, das zu tun, was du so heiß begehrst; und die Jungfräulichkeit, die ich mir bewahrte, soll dann aufgespart sein für dich.‹ Daraufhin drückte er sein Gesicht auf das Eurige, umschlang Euren Hals, und während Eure Arme sich um seinen Nacken wanden, wie Weinranken um einen Baumstamm, kostete er allerlei zärtliche Berührungen aus.

Später sah ich in meiner Traumversunkenheit, dass Stephania auf diesem Bett hier lag, mit blank aufschimmernden Beinen, wie mir schien, und sie stöhnte wiederholt: ›Ach Herr, wie weh Ihr mir tut! Habt doch ein bisschen Mitleid mit mir! Es kann doch nicht Euer Wille sein, mich vollends umzubringen!‹ Tirant aber ermahnte sie: ›Schwester Stephania, wozu dieses Geschrei? Wollt Ihr Eure Sittsamkeit in Verruf bringen? Wisst Ihr nicht, dass die Wände oftmals Ohren haben?‹ Da packte sie das Laken, stopfte sich einen Zipfel in den Mund und biss fest die Zähne zusammen, um nicht zu schreien. Aber sie hielt es nicht aus, und schon nach einer kleinen Weile stieß sie aufs Neue einen Schrei aus. ›Weh mir, was soll ich nur tun? Es schmerzt so schrecklich, dass ich zwangsweise aufschreie. Es kommt mir vor, als wärt Ihr wild darauf aus, mich zu erstechen.‹

Da hielt die Hand des Konnetabels ihr den Mund zu. Und mir wurde bei diesem wonniglichen Wehklagen das eigene Herz ganz wund – so leid war mir's, dass ich nicht als Dritte mitstöhnen konnte, unter meinem Hippolyt. Obwohl ich in Liebesdingen störrisch und begriffsstutzig bin, ist mir dabei doch ein Licht aufgegangen: Ich habe erfasst, dass dies das Ziel ist, auf das Liebe hinauslaufen muss. In meinem Herzen verspürte ich auf einmal gewisse wollüstige Regungen, von denen ich nichts wusste, und meine Leidenschaft für Hippolyt verdoppelte sich, weil er nicht teilhatte an dem zärtlichen Drang- und Druckspiel, das Tirant mit der Prinzessin, der Konnetabel mit Stephania trieb. Und je mehr ich darüber nachdachte, desto schmerzlicher wurde mir zu Mute, und es war mir, als holte ich ein wenig Wasser und gösse es mir über das Herz, die Brüste und den Bauch, um die Hitze, die mich versengte, abzukühlen. Und als mein Geist nach einem Weilchen wieder durch das Schlüsselloch starrte, breitete Stephania gerade ihre Arme aus und gab sich hin, ohne irgendwelchen weiteren Widerstand zu leisten, wobei sie jedoch sagte: ›Verschwinde, grausamer, hartherziger Kerl, der du kein Erbarmen mit den Jungfrauen kennst, ihnen keine Ruhe gönnst, ehe ihre Keuschheit gekapert und kaputt ist! Oh, du schurkischer Wüstling! Welche Strafe hast du wohl verdient, wenn ich nicht bereit bin, dir zu verzeihen? Je mehr du mir Grund gibst, mich über dich zu beklagen, desto wütender liebe ich dich. Wo ist das Vertrauen hin, das du in mir zerstört hast? Wo streunt deine rechte Hand herum, die so treuherzig sich in die meinige schmiegte? Wo sind die Heiligen, die dein falscher Mund gestern als Zeugen anrief, als du mir versprachst, du würdest mir nichts zu Leide tun, nie und nimmer würde ich von dir hereingelegt? Einen frechen Frevel hast du begangen; denn vorsätzlich hast du dich erdreistet, mir meine Jungfernhaut zu rauben, durch Missbrauch der hohen Stellung, die du innehast. Damit die Triftigkeit der Beschuldigung, die ich erhebe, eindeutig sei …‹, so sagte sie, der Prinzessin und Tirant zugewandt, indem sie den beiden ihr Hemd zeigte. ›Dieses Blut von mir fordert Wiedergutmachung durch wahre Liebe.‹ Mit Tränen in den Augen stieß sie diese Worte aus. Dann fuhr sie fort: ›Wer kann jetzt noch Gefallen an mir finden; wer wird mir noch vertrauen, nachdem ich nicht einmal imstande gewesen bin, meine eigene Unversehrtheit zu wahren? Wie sollte ich von nun an die Unschuld eines anderen Mädchens behüten, das man mir anvertraut? Für mich gibt es keinen Trost außer dem einen: dass ich nichts begangen habe, was der Ehre meines Mannes abträglich wäre, sondern ihm zu Willen war, entgegen meinem eigenen Wunsch. Bei meiner Hochzeit war keine Hofgesellschaft zugegen; kein Pfaffe ist in die Soutane geschlüpft, um die Messe zu lesen; weder meine Mutter noch sonst wer aus der Verwandtschaft war dabei; niemand hat sich die Mühe gemacht, mich zu entkleiden und mir das Brauthemd anzuziehen; es war nicht nötig, mich gewaltsam ins Hochzeitsbett zu hieven; aus freien Stücken habe ich es bestiegen; die Spielleute mussten sich nicht bemühen, mit ihren Stimmen und Instrumenten das Fest zu verschönen; keine Edelleute erschienen zum Tanz; denn eine lautlose Hochzeit ist es gewesen. Aber alles, was ich getan habe, tat ich meinem Gemahl zu Gefallen.‹

Noch vielerlei Sätze dieser Art ließ Stephania vernehmen. Als sie endlich damit aufhörte und der Tag nicht mehr fern war, trösteten Eure Majestät und Tirant die Verstörte, so gut ihr konntet. Eine Weile danach, als die Hähne krähten, bat Eure Hoheit demütig Tirant, er möge sich mit Diafebus entfernen, damit niemand von den Leuten in der Burg ihnen auf die Spur komme. Tirant aber flehte Eure Hoheit an, ihn von seinem Schwur zu entbinden, damit es ihm möglich sei, den

Sieg zu erringen, den er ersehne, und den gleichen Triumph erlebe wie sein Vetter. Eure Durchlaucht aber war nicht bereit, diesem Wunsch zu entsprechen; ungeschlagen habt Ihr das Feld behauptet. Und als die beiden entschwunden waren, wachte ich auf und sah nichts, weder Hippolyt noch sonst wen. Ich versank in tiefes Nachsinnen, denn meine Brüste und mein Bauch waren mit Wasser benetzt – was mich vermuten ließ, dass wohl wirklich geschehen sein müsse, was ich im Schlaf zu sehen glaubte. Die brennende Hitze in mir wurde so unerträglich, dass ich mich im Bett von einer Seite auf die andere wälzte, wie es der Kranke tut, wenn es ans Sterben geht und er den Weg nicht findet. Dabei bin ich zu dem Entschluss gelangt, meinen Hippolyt wahrhaftig zu lieben, von ganzem Herzen, und mein kummervolles Leben künftig so auszukosten, wie Stephania dies tut. Soll ich mit verbundenen Augen weitertaumeln, ohne dass irgendwer mir zur Klarheit verhilft? Amor hat meine Gefühle so verwirrt, dass ich sterbe, wenn Hippolyt mir nicht beispringt. Andernfalls möchte ich mein Leben wenigstens im Schlaf verbringen! Wahrlich, eine bittere Marter ist das Erwachen, wenn man einen guten Traum geträumt hat.«

Deutsch von Fritz Vogelgsang

Fernando de Rojas
Celestina, die geniale Kupplerin

Celestina ist die lebenskluge Ränkespielerin und Kupplerin in Fernando de Rojas' *La Celestina oder Tragikomödie von Calisto und Melibea* (1501/02). Sie war in ihrer Zeit eine vom Volk geliebte Gestalt. In de Rojas' Schaustück, in dem die besseren Damen ein wenig wie Dirnen und die Dirnen wie Areusa eher wie ehrbare Damen mit dem Sex umgehen, geht es um Liebesglück und Liebesleid, das zu inszenieren und zu dirigieren Celestina als höchste Verführungskunst beherrscht.

CELESTINA: Wenn ich's dir versprochen habe, dann habe ich's auch nicht vergessen. Glaube nicht, ich hätte mit den Jahren mein Gedächtnis verloren. In deiner Abwesenheit habe ich ihr nämlich zu diesem Zweck schon mit etlichen Schachzügen ordentlich zugesetzt. Ich glaube, sie ist schon ziemlich mürb. Komm, wir schauen mal bei ihr vorbei. Sie wird dem Schachmatt nicht mehr entrinnen können. Das ist doch das Mindeste, was ich für dich tun muss.
PARMENO: Mich hatte schon die Hoffnung verlassen, je an sie heranzukommen; denn ich habe es nicht einmal geschafft, sie irgendwann dazu zu bewegen, dass sie wenigstens stehen blieb, so dass ich ihr ein Wort hätte sagen können. Und man sagt ja, es zeuge nicht grad von großer Liebe, wenn eine wegläuft oder das Gesicht abwendet. Mich hat es zutiefst entmutigt.
CELESTINA: Kein Wunder. Zu diesem Zeitpunkt hast du mich ja noch nicht gekannt, hast noch nicht gewusst, wie jetzt, dass dir eine Meisterin tatkräftig beisteht, die in diesem Metier zu Hause ist. Du wirst gleich sehen, wie sehr meine Mitwirkung dich aufwertet, wie ich mich verstehe auf solche Frauenzimmer, wie ich mich auskenne in allen Liebesdingen. Nicht so

schnell! Siehst du ihre Haustür da? Lass uns leise hineingehen, nicht dass die Nachbarinnen uns hören. Pass auf und warte hier unter der Treppe. Ich gehe hinauf und will mal sehen, was sich machen lässt in unserer Sache. Vielleicht erreichen wir mehr, als wir beide uns haben träumen lassen.

AREUSA: Wer da? Wer steigt zu dieser Stunde zu meiner Kammer herauf?

CELESTINA: Jemand, der dir nicht übel will, fürwahr; der nie einen Schritt tut, ohne an dein Wohl zu denken; der mehr an dich denkt als an sich selbst; eine Person, die in dich vernarrt ist, so alt sie auch daherschnauft.

AREUSA: Der Teufel soll sie holen, diese Alte! Was hat sie vor, dass sie wie ein Gespenst mitten in der Nacht erscheint? Teure Muhme, was verschafft mir die Ehre eines so späten Besuches? Eben hab ich mich ausgezogen, um schlafen zu gehen.

CELESTINA: Mit den Hühnern, Töchterchen? Ja, so bringt man's zu was. Recht so! Nur weiter so! Du gehörst nicht zu denen, die heulend dem hinterherhetzen müssen, wonach sie hungern. Auf fetter Wiese weidet, wer Ordnung hält und Unrast meidet. Ein solches Leben würde jeder sich wünschen.

AREUSA: Jesses! Ich zieh mich lieber wieder an. Mir ist kalt.

CELESTINA: Aber nein, um Himmels willen. Leg dich in dein Bett. Wir können auch so miteinander reden.

AREUSA: Nun gut, wenn du damit vorlieb nehmen willst ... Ich hab's nötig; denn schon den ganzen Tag fühle ich mich heut nicht wohl. Notgedrungen, nicht aus bloßer Bequemlichkeit, wollte ich so zeitig aus den Röcken in die Decken schlüpfen.

CELESTINA: Dann bleib nicht sitzen auf den Laken; leg dich lang. Kuschle dich hinein. So gleichst du ja einer Sirene, die

verführerisch aus den Wogen taucht. Ah, wie duftet die Bettwäsche, wenn du dich hineinwühlst in den Pfühl! Fürwahr, alles piekfein! Schon immer hat es mich entzückt, was du hast und wie du dich hältst; wie reinlich in allem und wie adrett. Ein Mädchen wie aus dem Ei gepellt! Gott segne dich! Was für ein Linnen und welch eine Steppdecke! Was für Kissen, und wie strahlend weiß! So hätte ich's auf meine alten Tage auch mal gern. Goldkind, du wirst schon sehen, wie sehr dich mag, wer dich zu so später Stunde besucht. Lass mich dich anschauen von Kopf bis Fuß, dass meine Augen sich nach Herzenslust erlaben.
AREUSA: Sachte, Mutter! Rühr mich nicht an, sonst kitzelt es mich und reizt mich zum Lachen; und wenn ich lache, tut es noch ärger weh.
CELESTINA: Was tut dir denn weh, Schätzchen? Willst du mich verulken?
AREUSA: Der Spaß soll mir vergehen, wenn ich einen Ulk mache. Schon seit vier Stunden martert mich meine Gebärmutter schier zu Tode. Das drückt herauf, bis in die Brüste, als wollte es mich noch umbringen. Ich bin nicht so liederlich, wie du denkst.
CELESTINA: Komm, lass mich mal hinlangen. Ich will dich abtasten. Noch weiß ich ein wenig Bescheid über dieses Übel, sündig wie ich bin. Eine jede von uns hat ja eine Gebärmutter und die Scherereien, die dazugehören.
AREUSA: Weiter oben spüre ich sie, über dem Magen.
CELESTINA: Gott segne dich, und der Erzengel Sankt Michael schenke dir seinen Schutz! Wie üppig und frisch du bist! Was für Brüste und welch reizender Wuchs! Schon eh und je habe ich dich für schön gehalten, obwohl ich nur sah, was alle sehen konnten; aber jetzt sag ich dir, dass es meines Wissens in der

ganzen Stadt keine drei Körper gibt, die so wie der deinige sind. Du siehst aus, als wärst du kaum fünfzehn. Oh, wer da Mann sein könnte und so viel Gunst bei dir erlangte, einen solchen Anblick zu genießen! Bei Gott, du versündigst dich, wenn du nicht allen, die dich begehren, es vergönnst, ihre Lust an diesen Reizen zu haben; denn Gott hat sie dir nicht geschenkt, damit du ihre Jugendfrische unter sechs doppelten Schichten von Wollzeug und Leinen ungenutzt verkümmern lässt! Hör mal, geize doch nicht mit dem, was dich so wenig gekostet hat. Horte nicht die Reichtümer deiner Anmut; denn sie sind von mitteilsamer Natur und genauso zum Verkehr bestimmt wie das Geld. Sei nicht der Gärtnershund, der keinen hereinlässt in den Hag, auch wenn er selbst keine Äpfel mag. Und da du nun mal dich nicht mit dir selbst verlustieren kannst – nur immer heran, wer kann! Glaub nicht, dass du für nichts und wieder nichts erschaffen worden bist. Wenn eine Sie geboren wird, kommt auch ein Er zur Welt; wenn ein Er, dann auch eine Sie. Keine Kreatur auf Erden ist überflüssig, und kein Ding entsteht, ohne dass die Natur ihm einen vernünftigen Zweck zugeordnet hätte. Begreif doch, dass es eine Sünde ist, die Männer hinzuhalten und sie leiden zu lassen, wenn man in der Lage ist, ihre Not zu lindern.

Areusa: Meiner Treu, Mutter, es gibt keinen, der mich will. Gib mir lieber ein Mittel gegen das Übel, das mich drückt, statt mich zu vergackeiern.

Celestina: Dieses Gebresten ist uns allen verteufelt wohl bekannt. Was viele, wie ich weiß, üblicherweise dagegen tun und was mir selber allemal hilft, will ich dir gerne sagen. So verschieden nämlich die Beschaffenheit der Menschen ist, so verschieden ist die Wirkung der Medikamente bei den einzelnen Personen. Jeder starke Geruch ist gut, zum Beispiel von der Minze, von der Raute oder dem Wermut; auch die Ausdünstung von Rebhuhnfedern gilt als heilsam, ebenso der Duft von Rosmarin, Muskatrose und Weihrauch. Wenn man das fleißig einatmet, lässt der Schmerz nach und die Gebärmutter kommt wieder in die richtige Lage. Aber ich habe immer gefunden, dass etwas anderes weit besser hilft; doch das verrate ich dir nicht, solange du dich so zierst und vor mir die Heilige mimst.

Areusa: Was, um Himmels willen? Sag doch, Mutter! Du siehst, wie ich geplagt bin, und verhehlst mir, was Heilung bringt?

Celestina: Geh, du weißt ganz genau, was ich meine! Spiel nicht die Einfältige!

Areusa: Ach so! Ersticken will ich auf der Stelle, wenn ich vorher begriffen habe, was du meinst! Aber wie stellst du dir das vor? Was soll ich tun? Du weißt doch, dass mein Freund fort ist, ins Feld gezogen mit seinem Hauptmann. Soll ich ihm eine solche Schändlichkeit antun?

Celestina: Ach je! Du wirst schon sehen; welch verheerender Flurschaden! Welch grandiose Schändlichkeit!

Areusa: Aber ja doch! Schändlich wäre es. Denn er gibt mir alles, was ich brauche; er hält mich in Ehren, verwöhnt mich und behandelt mich, als wäre ich seine angetraute Gemahlin.

Celestina: Selbst wenn das alles so ist, wie du sagst – niemals wirst du das Leiden loswerden, das du jetzt hast, solange du kein Kind kriegst. Und dass keines kommt, daran ist sicherlich er schuld. Doch was soll's? Wer nicht hören will, muss fühlen. Du wirst schon sehen, was du davon hast, wenn du dich immer nur an einen hältst.

Areusa: Nur mein Pech ist daran schuld, der Unheilsfluch, mit dem meine Eltern mich aus dem Haus gejagt haben. Dass mir alles danebengeht, habe ich schon hinlänglich erfahren. Aber lassen wir das. Es ist spät. Nun sag schon – was ist der Grund, was verschafft mir die Ehre deines Besuches?

Celestina: Du weißt ja, dass ich dir von Pármeno erzählt habe. Er jammert mir die Ohren voll, weil du ihn nicht einmal eines Blickes würdigst. Ich weiß nicht, weshalb du so störrisch bist; es sei denn deshalb, weil du weißt, dass ich ihn mag und für ihn sorge, als wäre er mein eigener Sohn. Ich meinerseits, glaube mir, schaue freilich mit anderen Augen auf das, was dich angeht; sogar deine Nachbarinnen sind mir ein lieber Anblick, und jedes Mal, wenn ich sie sehe, hüpft mir das Herz vor Freude, weil ich weiß, dass sie Umgang haben mit dir.

Areusa: Du machst dir gewiss nichts vor, teure Tante …

Celestina: So sicher bin ich mir da nicht. Den Taten traue ich; denn Worte sind überall gratis zu haben. Liebe kann man nur mit barer Liebe bezahlen und Wohltat mit Wohltat. Du weißt ja, welche verwandtschaftlichen Bande zwischen dir und Elicia bestehen, die als Liebchen Sempronios in meinem Hause lebt. Pármeno und er sind Kollegen; sie dienen dem jungen Herrn, den du kennst und von dem du so manches an Gunst erlangen könntest. Verweigere nicht, was du so leicht gewähren kannst. Ihr zwei Frauenzimmer: verwandt; die beiden Burschen: befreundet. Schau, welche Fügung, wie nach Maß, trefflicher, als wir es je hätten erträumen können. Pármeno ist hier, ich habe ihn mitgebracht. Du kannst ihn sehen, wenn du willst, dass er heraufkommt.

Areusa: Wie furchtbar, wenn er uns gehört hat!

Celestina: Aber nein, er ist unten geblieben. Ich will ihn heraufrufen. Es wird ihm hoffentlich die Gunst zuteil, dass du ihn erkennst, mit ihm redest und ihm ein freundliches Gesicht zeigst. Und wenn dir's beliebt, so mag er sich an dir ergötzen und du dich an ihm. Denn so viel er damit auch gewinnt – du verlierst dabei nichts.

Areusa: Ich erkenne wohl, Señora, dass all deine Reden, die jetzigen und die früheren, auf meinen Vorteil zielen. Aber wie kannst du erwarten, dass ich so etwas tue, wo ich doch, wie du doch gehört hast, einen habe, dem ich Rechenschaft schuldig bin, und der mich umbringt, falls es ruchbar wird. Ich habe neidische Nachbarinnen; sie werden es weitererzählen. Und würde auch nichts Schlimmes passieren, als dass ich ihn verliere, so wäre dieser Verlust doch größer als der Gewinn, den ich hätte, wenn ich mich dem gefällig erwiese, den du mir zuspielst.

Celestina: Was du befürchtest, habe ich im Voraus bedacht; deshalb sind wir ganz leise hereingeschlichen.

Areusa: Ich rede nicht von heute Nacht; ich denke an spätere Nächte.

Celestina: Wie? Von der Sorte bist du also? So führst du dich auf? Nie wirst du vom Esel auf den Gaul kommen. Obwohl der Kerl gar nicht da ist, hast du Angst. Was tätest du, wenn er in der Stadt wäre? Es ist mein Los, ständig Tölpeln den rechten Weg zu weisen; und dennoch gibt's immer wieder welche, die nicht wissen, wo's lang geht. Aber das wundert mich nicht; denn groß ist die Welt und klein die Anzahl derer, die den Braten gerochen haben. Ach, ach, Kindchen! Wenn du mitbekämst, wie geschickt deine Base ihre Sache deichselt und wie viel es ihr eingebracht hat, dass sie meine Lehren zu nutzen weiß! Ganz schön ausgebufft ist die Gute! Und trotzdem folgt sie noch immer ohne Widerstreben meinen Winken und Weisungen. Sie brüstet sich damit, einen im Bett zu haben, einen zweiten vor der Tür und einen dritten, der daheim in seinen vier Wänden nach ihr schmachtet. Und alle befriedigt sie, allen zeigt sie ein freundliches Gesicht; und ein jeder meint, er werde innig geliebt; jeder bildet sich ein, es gebe keinen anderen; jeder hält sich für den allein Begünstigten, für den Einzigen, der ihr gibt, was sie zum Leben braucht. Und du befürchtest, wenn du zweie hast, würden die Bretter deiner Bettlade es knarzend aller Welt verkündigen? Ist eine einzige tröpfelnde Rinne dir Tränke genug? Du lebst ja wohl nicht grad in Saus und Braus! Auf die Überreste von deinen Festmählern wollte ich nicht angewiesen sein! Niemals nahm ich mit einem vorlieb; nie habe ich nur auf einen gebaut. Zweie können mehr als einer, viere mehr als zweie. Sie haben mehr und schenken mehr, und umso mehr kannst du auswählen. Es gibt nichts Armseligeres, mein Kind, als eine Maus, die nur ein einziges Schlupfloch kennt. Stopft man es zu, gibt's kein Reißaus für die Maus, und die Katze schnappt sie im Nu. Wer nur ein einziges Auge hat – denk, wie gefährdet der ist auf Schritt und Tritt. Eine einsam umherirrende Seele kann weder mit den himmlischen Chören singen noch heulen mit dem Heer der Verdammten in der Hölle. Eine einzelne Tat lässt keine Gewohnheit entstehen; nur selten siehst du einen Klosterbruder einzeln durch die Gasse gehen; ein Wunder fast, wenn ein Rebhuhn einzeln aufflattert; isst man immer nur ein und dasselbe Gericht, wird es einem bald zuwider; eine Schwalbe macht noch keinen Sommer; ein einziger Zeuge ist nicht Beweis genug; wer nur einen einzigen Rock besitzt, hat ihn schnell verschlissen. Was versprichst du dir, Kind, von dieser verflixten Eins? Was sie betrifft, kann ich dir mehr Misslichkeiten aufzählen, als ich Jahre auf dem Buckel habe. Setz lieber auf die Zwei; denn das ergibt ein gutes Zusammenspiel. Zwei Burschen brauchst du, wie du zwei Ohren brauchst, zwei Füße und zwei Hände, zwei Hemden zum Wechseln, zwei Laken im Bett – eins, dich drauf auszustrecken, und eins, deinen Leib zu bedecken. Und wenn du mehr willst – umso besser für dich, denn: Je mehr Mohren in deinem Dienst, desto größer der Gewinst. Ehrbarkeit, die nichts einbringt, ist nutzlos: ein Ring, der stolz am Finger steckt, aber mitnichten nahrhaft schmeckt. Da Ehre und Profit nun mal nicht in denselben Sack passen, so pack dir das, wovon du was hast. Komm herauf, mein Junge!

AREUSA: Nein! Er soll nicht heraufkommen! Versinken will ich! Ich schäme mich zu Tode. Ich kenne ihn doch gar nicht. Immer habe ich mich vor ihm geniert.

CELESTINA: Ich bin ja da, und ich werde dir schon aus der Verlegenheit helfen. Für euch beide will ich sprechen, denn er ist genauso schüchtern wie du.

PARMENO: Schönes Fräulein, Gott erhalte dir deine Anmut.

AREUSA: Edler Jüngling, sei willkommen.

CELESTINA: Komm her, du Esel. Wozu verdrückst du dich in den hintersten Winkel? Gehab dich nicht so verlegen; denn den Schüchternen hat der Teufel ins Fürstenschloss geschickt, um ihn dort zum Gespött zu machen. Hört, ihr beiden, was ich euch sage. Du weißt ja, Freund Pármeno, was ich dir versprochen habe; und du, meine Tochter, worum ich dich gebeten habe. Vergessen wir, wie schwierig es war, dein Einverständnis zu erlangen. Nun bedarf es keiner langen Reden mehr. Unsere Zeit ist kurz bemessen. Alleweil hat er gelitten um deinetwillen. Jetzt, wo du seine Qual mit eigenen Augen siehst, bin ich sicher, dass du ihn nicht töten willst; ja, ich merke, so angetan bist du von ihm, dass es dir nicht missfallen wird, wenn er diese Nacht in deinem Hause verbringt.

AREUSA: Um Himmels willen, Mutter, nur das nicht! Jesses! Verlang nicht, dass ich das zulasse.

PARMENO: Mutter, ich flehe dich an, sorg dafür, dass ich nicht fortmuss von hier ohne ein gütliches Einvernehmen. Ich sterbe vor Liebe, ich vergehe, wenn ich sie so sehe. Biete ihr alles an, was mir mein Vater hinterlassen hat. Sag ihr, dass du ihr alles gibst, was ich habe. Auf, sag's ihr! Denn mir scheint, sie will mich nicht mal ansehen.
AREUSA: Was hat dir der Herr ins Ohr gesagt? Meint er, ich müsse deiner Bitte nicht nachkommen?
CELESTINA: Nein, meine Tochter, er hat nur gesagt, dass er sich freue über deine Freundschaft, weil du eine so ehrbare Person seist, würdig jedweder Wohltat. Komm her, saumseliger Hasenfuß! Ich will sehen, was du taugst, ehe ich mich verziehe. Auf, ins Bett, und treib dein Allotria mit ihr!
AREUSA: So unhöflich wird er nicht sein, als Wilderer in fremdes Revier einzudringen.
CELESTINA: Auf Kratzfuß und Jagdschein kommt es dir an? Ich warte das hier nicht länger ab, doch verbürge ich mich dafür, dass du aufwachst ohne Schmerzen und er als Bleichgesicht mit pumperndem Herzen. Weil er aber ein Lustbengel ist, ein flotter Flaumbart, ein heißsporniges Göckelchen, nehme ich an, dass ihm in drei Nächten der Kamm nicht abschlafft. Als ich noch bessere Zähne hatte, verschrieben mir die Ärzte derlei Hähnchen als Heilkost.
AREUSA: Ach, junger Herr! Spring nicht so mit mir um! Mäßige dich, aus Höflichkeit! Sieh die grauen Haare der ehrbaren alten Dame, die zugegen ist. Mach, dass du wegkommst! Ich bin nicht so eine, wie du meinst. Ich gehöre nicht zu denen, die ihren Körper auf dem Markt feilbieten. Ich schwör dir, ich renne aus dem Haus, wenn du meine Decke anrührst, ehe meine Tante gegangen ist.
CELESTINA: Was soll das heißen, Areusa? Was für ein seltsames

Gehabe? Weshalb die Ziererei? Warum auf einmal solche Zurückhaltung? Man könnte grad meinen, Kindchen, ich wüsste nicht, worum es geht. Du tust, als hätte ich noch nie einen Mann und eine Frau beisammen gesehen; als hätte ich das niemals mitgemacht, noch nie im Leben genossen, was du genießt; als ob ich keine Ahnung von Tuten und Blasen hätte. Ach, dass man sich so was anhören muss! Nun, ich kann dir versichern: Ich hab's so toll getrieben wie du; auch ich habe Freunde gehabt; aber nie habe ich den Alten oder die Alte vorher fortgejagt; weder öffentlich noch im Winkel meiner geheimsten Angelegenheiten habe ich je ihre Ratschläge verschmäht. Bei meinem Tod, den ich Gott schuldig bin: Lieber hätte ich eine schallende Maulschelle kassiert, als ihnen so was angetan. Bei deiner Heimlichtuerei könnte man glauben, ich sei gestern zur Welt gekommen. Um selbst die Sittsame zu mimen, machst du mich zur geschämigen Närrin, zur unerfahrenen Person, die nicht recht dichthält. Mich und meinen Beruf machst du herunter, um selber mit dem deinigen groß herauszukommen. Aber eine Krähe hackt der anderen kein Auge aus. Ich lobe dich hinter deinem Rücken mehr, als du dich vorne hochhältst.

AREUSA: Verzeihung, Mutter, wenn ich mich falsch benommen habe. Komm nur her, komm näher; und er soll machen, was er will. Denn mir ist wichtiger, dass du zufrieden bist, als dass es mir behagt. Eher will ich mir ein Auge ausreißen, als dich erzürnen.

CELESTINA: Mein Zorn ist schon vorbei. Aber lass dir's gesagt sein für später. Gott sei mit euch; ich lasse euch jetzt allein. Denn euer Geschmuse und Gebalge macht mir den Mund wässrig. Sind meine Zähne auch hin, so juckt es mich doch noch am Gaumen.

Areusa: Gott beschirme deinen Weg.

Parmeno: Mutter, möchtest du, dass ich dich begleite?

Celestina: Das hieße: Dem einen das Mäntelchen geben, das man dem andern genommen. Bleibt in Gottes Hut; ich bin ein altes Weib und habe keine Angst, dass man mich auf offener Straße vergewaltigt.

Deutsch von Fritz Vogelgsang

Miguel Delibes
Geliebte Amme

Wie der Titel von Miguel Delibes' Roman *Der Ketzer* (1998) schon ahnen lässt, handelt es sich um die fiktive Biografie eines Mannes, der zum Ketzer werden musste. Der Erzähler richtet seinen Blick auf die finsterste Seite Spaniens, die Inquisition.

Cipriano Sacedos Schicksal wird in Miguel Delibes' Roman prädisponiert durch sein Geburtsdatum: 31. Oktober 1517, der Tag, an dem Luther seine 95 Thesen am Tor der Schlosskirche zu Wittenberg anschlug.

Der erste Teil des Romans schließt mit der Entdeckung der körperlichen Liebe des 14-jährigen Cipriano zu seiner ehemaligen Amme Minervina, die als Dienstmagd in das Haus des Onkels geholt wurde, wo Cipriano nach dem Tod seiner Eltern aufgenommen worden war.

Die Liebesszenen enden in einer Schlüsselszene, die für den erwachsenen, sich heimlich bekennenden Lutheraner entscheidend sein sollte: seine Standhaftigkeit vor den später von ihm in Frage gestellten Sakramenten der katholischen Kirche.

Der Umzug in das Haus seines Onkels, Tante Gabriela, die Dienstboten, das Leben im Familienkreis bedeuteten für Cipriano eine wenig tröstliche Änderung. Er vermisste die Mitschüler, die Ausflüge, den gemeinsamen Unterricht, die Spiele, die Gespräche, lieb gewonnene Gewohnheiten. Die Aussicht auf einen Hauslehrer, Don Gabriel de Salas, trug nicht zur Verbesserung der Lage bei. Automatisch kehrte die Erinnerung an den letzten Privatlehrer im Hause seines Vaters wieder, die Angst vor der trennenden Wand. Doña Gabriela gab sich alle Mühe, ihn zu bemuttern und ihm das Leben so angenehm wie möglich zu machen. Mit weiblicher Intuition fragte sie ihn eines Tages, ob ihm Minervina nicht fehle.

Cipriano bejahte. Dass Minervina nicht da war, der einzige Mensch, den er je geliebt hatte, bei dem er stets Zuflucht gesucht hatte, ließ ihm die Rückkehr nach Hause besonders trüb erscheinen. Jedoch brachte es Cipriano auf andere Gedanken, das Haus seines Onkels zu erkunden. Anders als erwartet, war es nicht das protzige Domizil eines Großbürgers, sondern das behagliche, freundliche Heim eines gebildeten Mannes. Cipriano verbrachte Stunden in der Bibliothek, die mehr als fünfhundert Bände umfasste, von denen einige in Valladolid gedruckt worden waren, volkssprachliche Übersetzungen von Juvenal, Sallust und der *Ilias*. Die lateinischen Dichter waren fast vollständig versammelt, und mit der Zeit entdeckte Cipriano die Lust am Lesen, an dem intimen, stillen Vorgang, ein Buch aufzublättern. Darüber hinaus gab es im Haus wertvolle Gemälde, recht getreue Kopien berühmter Werke sowie einige Skulpturen. Da Alonso de Berruguete seit kurzem in der Stadt lebte, hatte sich Don Ignacio die Gelegenheit geboten, bei diesem ein Holzrelief in Auftrag zu geben, vom Künstler ein *erhabenes Bild* genannt, das seine Gemahlin Doña Gabriela darstellte. Es war eine hochwertige Arbeit, die vor allem durch ihre Ausführung und weniger durch ihre Ähnlichkeit mit dem Modell bestach. Das Bild hing in dem kleinen Vorraum zur Bibliothek, und Don Ignacio, ein ebenso frommer wie kunstliebender Mann, ertappte sich dabei, dass er daran vorüberging, als handelte es sich um das Allerheiligste. Diese neue Beschäftigung mit Kunst und erlesenem Geschmack wirkte anregend auf Cipriano. Er hatte sich mit Don Gabriel de Salas arrangiert und machte beachtliche Fortschritte in Latein, Grammatik und Rechtslehre.

Eines Morgens, als er zum Unterricht ging, traf er im

Salon auf Minervina. Sie war so grazil wie vor vier Jahren, hatte dieselben geschwungenen Hüften, denselben langen, schmalen Hals und dieselben vollen Lippen. Doña Gabriela stand lächelnd neben ihr, und Cipriano wusste nicht, was er tun oder sagen sollte. Es war Minervina, die das Wort ergriff, um ihm zu sagen, dass er gewachsen und dabei sei, ein Mann zu werden, was ihr gar nicht gefalle.

Die Tage vergingen, doch zwischen Minervina und Cipriano stellte sich nicht das vertraute Verhältnis von früher ein. Es war eine Art Befangenheit, die zwischen ihnen stand. Doch eines Donnerstags, sein Onkel und seine Tante waren ausgegangen und das Gesinde hatte seinen freien Abend, sah Cipriano Minervina auf dem Sofa im großen Salon sitzen, die kleinen Brüste zeichneten sich schwach unter dem Kleid mit dem rechteckigen Ausschnitt ab, und plötzlich empfand er wieder dieselbe innige, unschuldige Anziehung wie als Kind. Er ging zu ihr, umarmte und küsste sie und sagte: »M... Mina ... ich liebe dich sehr, weißt du?« Minervina erschauderte, als sie ihre Brüste in seinen hohlen Händen spürte, seine heißen Lippen, die leidenschaftlich über den Ausschnitt ihres Kleides wanderten.

»Aber, mein Junge, sei doch nicht albern!«

»Ich liebe dich. Ich liebe dich. Du bist der einzige Mensch in meinem Leben, den ich je geliebt habe.«

Minervina lächelte verwirrt, wurde nachgiebig.

»Dein Bart piekst mich. Du bist schon ein Mann, Cipriano.«

Sie tollten herum wie früher, als Cipriano klein gewesen war, sie umarmten und küssten sich, doch der Junge fühlte, dass ein neues Element in ihre Beziehung gekommen war, und als sie über den dicken Teppich rollten und er die Knöpfe ihres Kleides aufriss, versuchte Minervina noch, sich zu widersetzen. Aber es war zwecklos.

Am nächsten Tag ging Cipriano zu Pater Toval.

»I... ich habe bei meiner Amme gelegen, Pater, der Frau, die mich nährte.«

Pater Toval machte ihm Vorhaltungen.

»Das ist fast so, wie bei deiner eigenen Mutter zu liegen, Cipriano. Sie hat dir nicht das Leben geschenkt, aber einen Teil ihres Lebens, als du dir nicht helfen konntest.«

Nun wanderte Cipriano durch das Haus wie ein Schlafwandler. Er wagte es kaum, Minervina in Gegenwart seines Onkels und seiner Tante anzusehen. Immer wieder ging ihm seine Beichte im Kopf herum. Er war nicht ganz aufrichtig zu Pater Toval gewesen. Andererseits widerstrebte es ihm, derlei intime Gefühle zu offenbaren. Wie sollte Pater Toval seine Beziehung zu dem Mädchen verstehen? Und wenn er sie nicht verstand, wie konnte er dann ein Urteil darüber fällen?

Als sie am nächsten Donnerstag alleine waren, versanken Minervina und er ineinander, als sei dies die natürlichste Sache der Welt. Ohne es sich einzugestehen, hatten sie ungeduldig auf diesen Augenblick gewartet. Instinktiv gab sie ihm wieder die Brust, säugte ihn, und er klammerte sich an sie wie an ein Gnadenbild. Sie lagen nackt auf Minervinas schmalem Bett, und ihre ängstlichen Bedenken steigerten das Verlangen nach Vereinigung noch. Er liebte sie dreimal, und als es vorüber war, empfand er eine Art Ekel vor sich selbst bei dem Gedanken, dass er das Mädchen entehrte. Er gestand ihr seine Liebe, die Reinheit seiner Zuneigung zu ihr, doch er konnte nicht aufhören, hinter alldem das schmutzige Abenteuer des jungen Herrn zu sehen, der es mit dem Dienstmädchen trieb. Er suchte einen anderen, unbekannten Beichtvater in San Gregorio auf.

»I... ich bekenne mich schuldig, Pater, meiner Amme beigewohnt zu haben, aber ich kann keine Reue empfinden. Meine Liebe ist stärker als mein Wille.«

»Liebst du sie oder begehrst du sie?«

»Ich begehre sie, Pater, weil ich sie liebe. Ich habe noch nie jemanden so geliebt wie sie.«

»Aber du bist noch ein Knabe. Du wirst sie nicht heiraten können.«

»Ich bin vierzehn, Pater. Mein Vormund würde es nicht verstehen.«

Der Priester zögerte. Schließlich sagte er:

»Aber wenn du nicht bereust, mein Sohn, kann ich dir nicht die Absolution erteilen.«

»Das verstehe ich, Pater. Ich werde ein andermal wiederkommen.«

Die Donnerstage wurden zum festen Tag der Liebenden. Es war unvermeidlich, und nun, da die körperliche Liebe hinzugekommen war, war die frühere Vertrautheit zwischen dem Jungen und seiner Amme wiederhergestellt. In den Ruhepausen unterhielten sie sich. Er erzählte ihr von seinen Jahren im Findelheim, von *Hottebeins* Widernatürlichkeit und wie er seine Unschuld verloren hatte. Sie erzählte ihm von ihrer ersten Liebe zu einem Jungen aus dem Dorf, der Hingabe, der Schwangerschaft, der Entbindung. Und dabei weinte sie und sagte zu ihm: »Du bist für mich wie der Sohn, den ich verloren habe, mein Liebling.« Aber gleich darauf packte sie wieder die Lust aufeinander, darauf, einander zu entdecken, sich zu lieben. Die Zusammenkünfte an den Donnerstagen, die nun in Ciprianos Zimmer stattfanden, wurden immer ausgedehnter und erfüllender und währten ungefähr vier Monate. Alles war zu Ende, als Doña Gabriela und Don Ignacio eines Abends im Winter unerwartet nach Hause kamen. Doña Gabriela entdeckte sie nackt im Bett, wie sie sich liebten, und verstand die Welt nicht mehr.

»Sie haben den Jungen und mein Vertrauen missbraucht, Miner. Sie haben Schande in dieses Haus und über uns alle gebracht. Gehen Sie, und lassen Sie sich nie wieder blicken!«

Am nächsten Morgen nahm Minervina die beiden Bündel, mit denen sie fünf Monate zuvor gekommen war, und bestieg auf dem Marktplatz Jesús Revillas Planwagen nach Santovenia.

Deutsch von Lisa Grüneisen

Clarín

Ein Sturz in den Himmel

Claríns Roman *Die Präsidentin* (1884/85) spielt im kleinstädtischen Vetusta, dem heutigen Oviedo in Asturien. Titelheldin ist die tugendreine und schöne, aber frustrierte 28-jährige Ana Ozores, die Frau des ehemaligen Gerichtspräsidenten; der gibt seinen Jagdleidenschaften Vorzug vor seiner Frau. Der Generalvikar in diesem Vetusta, Anas Beichtvater, stellt dieser scheinheilig nach und wird schließlich von Álvaro Mesía ausgetrickst. Ana, von ganz Vetusta »die Präsidentin« genannt, gibt ihren Mystizismus und ihre »Heirat« mit dem Beichtstuhl auf, entdeckt ihren Körper und begibt sich – aber erst nach siebenhundert Romanseiten – in die Arme des gewieften Don Juan.

Während von unten das Durcheinander beim Abschied und den Vorbereitungen zur Heimfahrt herauftönte, hinten vom Gang der Radau des Fangespiels kam und oben am Himmel von Zeit zu Zeit der Donner grollte, hörte die Präsidentin, ohne die Wassertropfen auf dem Gesicht zu merken, zum ersten Mal in ihrem Leben eine leidenschaftliche, doch respektvolle und zurückhaltende Liebeserklärung, voller Umschweife und Euphemismen, wie sie die Umstände und Anas Stand erforderlich machten, wodurch aber ihr Zauber nur noch wuchs und unwiderstehlich wurde für diese Frau, die nahe der Dreißig die Empfindungen einer Fünfzehnjährigen durchlebte.

Sie hatte nicht den Mut, auch nicht den Wunsch, Don Alvaro Schweigen zu gebieten, ihn zur Mäßigung aufzufordern und daran zu erinnern, wen er vor sich habe. Lange genug hatte er es bedacht und sich gemäßigt, bei allem, was er für sie zu fühlen versicherte und bestimmt auch fühlte.

Nein, nein, er soll nicht schweigen, das ganze Leben soll er so weiterreden, wünschte sie aus ganzer Seele. Mit geröteten Wangen, Don Alvaros Geflüster dicht am Ohr, dachte Ana in diesem Augenblick weder daran, dass sie verheiratet, noch, dass sie einmal »mystisch« gewesen war, und schon gar nicht kam ihr in den Sinn, dass es auf der Welt Ehemänner und Generalvikare gab.

Sie fühlte sich in einen Abgrund von Blumen fallen. Das war ein Sturz, aber ein Sturz in den Himmel.

Außer für die unmittelbare Gegenwart konnte sie nur noch für eins einen Gedanken aufbringen: für einen Vergleich der Wonnen, die sie jetzt genoss, mit denen, die sie in der religiösen Meditation gefunden hatte. Im Letzteren lag ein schmerzhafter Kraftaufwand, eine abstrakte Kälte und, genau genommen, etwas Krankhaftes, eine ungesunde Exaltation. Bei dem, was sie jetzt erlebte, blieb sie passiv, es war keine Anstrengung dabei, keine Kälte, nur Freude, das war nichts Abstraktes, sondern eine wirkliche, greifbare, unmittelbare Wonne, ein Glück ohne Vorbehalt, das zu nichts transzendierte als zu der Hoffnung, dass es ewig währen möge. Nein, dieser Weg führte nicht in den Wahnsinn.

Don Alvaro entwickelte große Beredsamkeit. Er bat um nichts, nicht einmal um eine Antwort. Mehr noch, er weinte, ohne wirklich zu weinen, versteht sich, »aus reiner Dankbarkeit, bloß, weil er angehört wurde«. Er habe so lange geschwiegen. Dass es tausend Vorurteile, Millionen von Hindernissen gebe, die sich seinem Glück entgegenstellten? Er wisse es, aber er flehe ja nur um Mitleid, um das Glück, reden zu dürfen, sich auszusprechen und nicht für einen vulgären, albernen Lüstling gehalten zu werden, als den ihn der dumme Plebs habe abstempeln wollen.

Ana hatte es immer gefallen, wenn man das gemeine Volk dumm nannte. Für sie bestand das Merkmal geistiger »Distinktion« in der Verachtung der breiten Massen, der Vetustenser. Möglicherweise hatte die Präsidentin diese Schwäche von ihrem Papa ererbt, dass man nämlich, um sich von der »Masse der Gläubigen« abzuheben, zu der heute weit verbreiteten Theorie der stupiden Volksmassen, der »menschlichen Dummheit«, seine Zuflucht nehmen müsse.

Zum Glück wusste Don Alvaro auf dieser Klaviatur vortrefflich zu spielen. Er war, falls es Not tat, imstande, selbst die Mittagssonne zu verachten, wenn sie sich seinen Leidenschaften hindernd in den Weg stellte. Alles sei Vorurteil und Engherzigkeit. Aber habe er denn ein Recht, von ihr, Ana, zu verlangen, dass sie seine Denkart teile und die böswilligen, plumpen Vorstellungen des Plebs verachte? O nein, er wisse, der *Buchstabe* stehe gegen ihn. Wer sei er schließlich? Ein Mann, der zu einer Dame von Liebe spreche, die vor den Menschen einem anderen gehöre. Natürlich wisse er das. Er verlange nicht, dass Ana sich über so viele Traditionen, Gesetze, Sitten, Gemeinplätze und herkömmliche Meinungen, die ihn verurteilten, hinwegsetze. Freilich gebe es auf der Welt Frauen, tugendhaft wie nur eine, die schon wüssten, woran sie sich hinsichtlich des Buchstabens der Moralgesetze zu halten hätten, der Gesetze, die diese seine Liebe verdammten. Aber könne er Ana, die von Glaubenseiferern erzogen wurde, die ihre Jugend in einem Nest wie Vetusta verlebt, könne er sie bitten, sich wenigstens dahin zu verstehen, seine Leidenschaft mit einer kleinen Hoffnung zu ermutigen? O nein, zu gut wisse er, dass das nicht angehe. Ihm genüge es, wenn sie ihn bloß anhöre. Wie viele Jahre habe er gelitten! Aber das sei ja nun endlich vorbei. Der Schmerz sei grenzenlos gewesen, grenzenlos, doch das Glück dieses Augenblicks wiege alles auf. Sie, Ana, schweige, höre zu – nun, welch größeres Glück könne er ersehnen?

Beim Licht eines Blitzes sah die Präsidentin Don Alvaros Augen glänzen und in Tränen schwimmen.

Auch seine Wangen waren nass. Sie dachte nicht daran, dass das auch Regentropfen sein konnten.

Da stand er und weinte, dieser Mann, der schönste Mann, den sie je gesehen, der Gefährte ihrer Träume, der auch der Gefährte ihres Lebens hätte sein müssen!

Wieso aber redete er von Dankbarkeit? Weshalb unterbrach sie ihn nicht? Wenn er wüsste! Wenn er wüsste, dass ich kein Wort hervorbringen kann!

Ana empfand ein körperliches Wonnegefühl an der Stelle ihres Innern, wo weder der Magen noch das Herz saß, sondern irgendwo in der Mitte. Ja, das Gefühl war *rein körperlich*, aber seine Intensität machte es überwältigend, erhaben. Wenn man solche Wonnen genoss, musste man ein Recht auf den Genuss haben.

Als Alvaro meinte, die Mine sei nun scharf genug geladen, flehte er sie an, ein Wort zu sagen – ob sie ihm seine Liebeserklärung verzeihe beispielsweise oder ob sie sie ihm verarge, ob er sich vor ihr lächerlich gemacht habe.

Ana wich vor der Berührung dieses Armes, der sie versengte, zurück. Sie brachte noch immer kein Wort heraus, fühlte nur, wie sie schwach wurde vor Glück, und stieß einen leisen, zärtlichen Klagelaut aus.

Sie entfernte sich von Don Alvaro, rief Visita, umarmte sie nervös und sagte, als sie endlich wieder sprechen konnte:

»Was spielt ihr denn da, ihr verrücktes Volk?« [...]

Ana hatte an dergleichen Spielen nie teilgenommen. Sie

und Don Alvaro hielten sich anfangs den Scherzen fern. Schließlich aber spürte auch Ana, dass jemand sie zwackte – nicht Don Alvaro –, und diesem wiederum setzten Obdulia und Visita zu. Unversehens fühlte Ana in dem allgemeinen Gewühl Don Alvaros Rücken an dem ihren, und obwohl sie vor der wonnevollen Berührung floh, sobald sie sie merkte, wiederholte sie sich, und Ana durchströmten seltsame, völlig neue Empfindungen, eine alarmierende Unruhe befiel sie, plötzliche Beklemmungen wandelten sie an. Wie einer fernen, süßen Musik entsann sie sich aller Einzelheiten von Mesías Liebeserklärung. [...]

Mesía überstürzte nichts. Diese Verheiratete war nicht wie andere, man musste sie erobern wie eine Jungfrau. Genau genommen war er ihre erste Liebe, und ein roher Überfall hätte sie wahrscheinlich erschreckt, ihr tausend Illusionen geraubt. Außerdem verjüngte ihn diese platonische Liebe, diese süße Intimität, bei der nur er mit den Lippen von Liebe sprach, beide aber mit den Augen, dem Lächeln und all dem anderen, das stumm und nicht unehrenhaft und plump war.

Ohnedies fühlte er sich im Sommer immer ein bisschen matt und schlapp. Er rechnete sich mit der Frivolität des Schürzenjägers aus, dass er später, gegen den Winter zu, sich stark wie eine Eiche fühlen würde und die Präsidentin sanft und fügsam wie eine Malve sein müsste. Überdies konnte eine Unüberlegtheit, wenn nicht alles verderben, so doch die Dinge verzögern, ihnen eine weniger reizvolle Wendung geben. Man würde ja sehen. Schließlich konnte es nicht mehr lange dauern.

Inzwischen war das Leben eine einzige Wonne. Der reife Don Juan, der, wie er sagte, *était déjà sur le retour*, fühlte sich durch Anas Jugend und ihre heftige, verträumte Leidenschaft wie umgewandelt. Don Alvaro entsann sich nicht, je eine Frau so begehrt und solche Wonne in einer platonischen Liebe gefunden zu haben, wie er alle nicht zum letzten Ende geführten Liebschaften nannte.

Die Präsidentin fiel, fiel und war glücklich. Sie spürte das Ziehen des Fallens in den Eingeweiden. Wenn sie aber an manchen Tagen beim Erwachen statt heiterer Gedanken neben etwas Bitterkeit auch Trauer verspürte, etwas wie leichte Gewissensbisse, so verscheuchte sie sie bald mit der neuen naturalistischen Metaphysik, die sie sich, ohne sich selbst darüber im Klaren zu sein, in letzter Zeit zugelegt hatte, in dem unüberwindlichen Bestreben, alle Ereignisse ihres Lebens zu verallgemeinern. [...]

Ana und Alvaro entdeckten unbekannte Empfindungen auf der Haut und im Blut, als sie sich morgens beim Einsteigen in die Kutsche die Hand gaben. Am Abend zuvor hatte Alvaro erklärt, dass er sterben wolle. Er verlange nichts, aber er wolle sterben. Während der ganzen Fahrt von Vetusta zum Vivero sagte Ana nichts als: »Heute ist der letzte Tag.« Und das leise, am Ohr Alvaros.

Deutsch von Egon Hartmann

Rosa Chacel
Erwiderte Blicke

In Rosa Chacels *Teresa* (1941) liegt als treibendes Motiv der Autorin die sowohl historisch wie literarisch verbürgte Tatsache zu Grunde, dass der romantische Dichter und Revolutionär José de Espronceda eine Geliebte namens Teresa Mancha hatte, auf die er ein langes Gedicht schrieb. An diesem einzigen Faktum entzündet sich Rosa Chacels erzählerische Fantasie. Die Autorin erfindet eine Teresa, die in ihrer Imagination lebt und immer auf der Suche nach der absoluten, bedingungslosen Liebe ist. Da hat sie fast abrupt erst »Herrn del Bayo«, einen wesentlich älteren Geschäftsmann, in London geheiratet, mit dem sie selbstverständlich unglücklich ist und den sie Knall auf Fall verlässt, als sie dem Dichter Espronceda begegnet. Teresa, eine hochsensible Frau, wird durch Esproncedas Blick im Speisesaal eines Pariser Hotels getroffen und wenig später erobert – »dem Schicksal ihrer Liebe ausgeliefert«. Dem kann sie auch nicht entkommen, als sie eines Tages den zündenden Blick eines Schülers erwidert.

Als das Getrappel den Speisesaal erreichte, schloss sie die Augen. Sie ließ die Lider fallen, wie man ein Werkzeug fallen lässt, nachdem man es benutzt hat, und spürte regelrecht den Schlag in ihrem Kopf. Alles blieb im Dunkeln.

Selbst der Lärm verstummte, und in ihren Ohren hallte nur noch eine Art Echo jenes Schlages nach.

Es war kein Bataillon, es waren lediglich drei Männer, die durch den Speisesaal kamen, und obwohl einer von ihnen französische Auszeichnungen aus den jüngsten Kämpfen trug, waren sie weder Soldaten noch Franzosen. Sie waren schwarz gekleidet und trugen ihr langes Haar mit affektierter Nachlässigkeit. Sie setzten sich wie jeden Tag an einen Tisch in der

Ecke, und alles verlief wie immer: das Kommen und Gehen der Kellner, die einen Gang nach dem anderen servierten, und die Scherze, die Kommentare und Anekdoten, die zwischen den Tischen hin und her flogen.

Eine ganze Weile geschah nichts weiter. Der Dampf der Gerichte breitete sich unbestimmt aus, erfüllte den ganzen Raum, wie der Nebel ein Tal ausfüllt, bis ein Windstoß des Schicksals ihn an einem Punkt zerriss, an dem zwei Blicke sich begegnen sollten. Aber ohne den nötigen Mut, einem solchen Moment ins Auge zu sehen, konnte diejenige, die ihn herbeigeführt hatte, sich nicht entschließen, den Blick zu heben. Es war jedoch unvermeidlich, es führte zu nichts, das Schweigen zu verlängern: Die Wirklichkeit ist Dialog. Entweder die Augen vor allem verschließen und sterben oder zu sprechen beginnen. Sie hob die Lider, vollständig geblendet, verwirrt, lediglich bereit, mit den Augen hartnäckig eine Behauptung aufrechtzuerhalten: »Es stimmt schon, ich bin es; es ist kein Traum. Wir sitzen hier einander gegenüber.« Sie schlug erneut die Augen nieder, betrachtete den Gegenstand, den sie zum Mund führte, betrachtete den Fisch im Halbkreis um sich herum; erneut blickte sie zu der Ecke. Hochmütig, zynisch fuhr sie fort: »Es ist reiner Zufall; ich wusste nicht, dass dies geschehen würde: Ich kann es nicht verhindern.« Und wieder schlug sie die Augen nieder, richtete sie dann auf irgendjemanden, der hinausging, bis sie ihn durch die Tür verschwinden sah.

Sie schaute zur Ecke, mit einem schnellen Blick, der lediglich sagte: ›Das hat keine Bedeutung!‹ Den Kopf zur Decke erhoben, sagte der Blick, von einer Seite zur anderen schweifend, im Vorübergleiten, ohne zu verweilen: ›Du bist nicht verpflichtet, mir zu folgen. Wir gehen verschiedene Wege;

jeden Augenblick werden wir uns wieder aus den Augen verlieren.‹

Eine ganze Weile sah sie nicht wieder direkt zu der Ecke hin. Ein paar mit erloschener Stimme ausgesprochene Worte rechtfertigten die unbestimmten Bewegungen ihres Kopfes. Durch sie gelang es ihr, heimlich hinzublicken und zu sehen, ohne gesehen zu werden: Welche Haltung sie auch einnahm, stets erreichte sie es, dass sich irgendein Kopf dazwischen befand, der den ihren verdeckte. Während sie auf diese Weise wachte, ertappte sie in raschen Seitenblicken auch die Augen, die sie verfolgten, die versuchten, den Gegenständen auszuweichen, und sie suchten, und sie sah, wie in ihnen der Verfolgungseifer wuchs, und dann die Angst, die Verachtung, die Bitterkeit.

In ihr geschah etwas, das sich ihrem Willen entzog: Ihr Blick konnte die Schlussfolgerungen aus ihrem inneren Monolog nicht mehr übertragen. Etwas zerbrach, irgendeine Feder war überdehnt worden und sprang heraus, und ihre Augen konnten nicht weitersprechen, weil sich plötzlich ein Schleier von Tränen über sie legte. Ebenso wie sie die Angst in den Augen, die sie suchten, hatte anwachsen sehen, fühlte sie jetzt in sich eine Welle von Zärtlichkeit wachsen, eine Art Flut, die ihr in die Kehle stieg und über die Ufer zu treten drohte. Sie griff nach einem Glas Wasser: Sie musste dieses Meer hinunterschlucken, diese flüssige Unermesslichkeit, die unendlich anzuschwellen und alles in ihre feuchte Wärme einzuhüllen schien. Während sie trank, zog die Kälte des echten Wassers das über die Ufer tretende Element zusammen: Die Tränen, die schon hervorgequollen waren, fanden das Bett der Tränenwinkel, versanken rechtzeitig darin, bevor sie herunterliefen, und der Blick konnte wieder durch den Saal schweifen, diesmal schon unverhüllt, offen. Er streifte jede Fessel ab und wurde dreist in ungestümem Aufprall, bis er eins wurde mit dem, der ihn erwartete, und sich in ihm verlor. Ihre Begegnung war keine Liebkosung, sondern ein schmerzhaftes Sichumfangen, in dessen Anstrengung das Leben und die Zeit selbst auszubluten schienen.

Das Licht wechselte, die goldene Sonne, die durch die Balkonfenster hereinfiel, wurde bleich, ließ nur eine graue Helligkeit zurück, und der Speisesaal war jetzt leer; die Atmosphäre erkaltete über den Tischdecken.

Ein neben ihr ausgesprochenes Wort gab ihr zu verstehen, dass diese Situation ein Ende finden musste. Doch sie konnte nicht antworten: Sie tat so, als hätte sie nicht gehört. Sie bemerkte, wie ihr Mann sie am Arm berührte, sie rief, als wäre sie weit weg:

»Teresa!«

Sie verlor das Gefühl für die Zeit, glaubte eingeschlafen zu sein oder ohnmächtig geworden zu sein. Der Tag war grau, und die Sonne schien nicht auf die Mansarde gegenüber; sie dachte, dass es draußen vielleicht schon Abend würde, in Wirklichkeit waren jedoch nur ein paar Minuten vergangen, seit Herr del Bayo das Hotel verlassen hatte. Auf ein kurzes Klopfen an der Tür, das sie als das des Zimmermädchens erkannte, antwortete sie, ohne den Kopf umzuwenden:

»Herein.«

Und das Zimmermädchen kam herein, aber nicht, um das Zimmer zu machen. Teresa hörte keine Schritte auf dem Teppich; sie sah es plötzlich vor sich, einen Brief in der Hand, den es ihr reichte. Teresa nahm ihn und hatte auf einmal den Eindruck, das Zimmermädchen sei im Teppich versunken, und mit jenem Brief in der Hand so ganz allein zu bleiben machte ihr Angst. Sie zögerte Ewigkeiten, ihn zu öffnen. Sie las ihn: Es war nicht das, was sie erwartete, oder doch: Es war das, was sie fürchtete, nicht das, was sie ersehnte. Es war kein Kapitel einer leidenschaftlichen Geschichte; es war ein Befehl, eine drängende Bitte, die sich mit keinerlei Rechtfertigung aufhielt; ein Befehl, noch im selben Augenblick zu handeln.

Sie begann ihre Frisur zu richten, ihr Kleid zuzuknöpfen, wobei sie sich in dem Wunsch, das Vorgefallene zu verdrängen, immer wieder sagte: ›Es darf nicht sein, mein Gott, es darf nicht sein!‹

Und sie irrte im Zimmer umher, suchte im Frisiertisch eine Anstecknadel, ließ fallen, was sie auf den Kleiderbügel zu hängen versuchte. Die Behauptung: ›Es darf nicht sein‹, verlor ihre Sicherheit, wurde zu einer zweifelnden Angst: ›Ist Liebe überhaupt möglich? …‹ Sie betrachtete sich im Spiegel: Sie erkannte sich nicht. Ihr Bild hatte etwas Kaltes und Hartes, wie die Gegenwart; ihr Bild hatte nichts Flehendes mehr, war jetzt ganz Gehorsam, hatte sich den Befehl zu Eigen gemacht und war selbst gebieterisch geworden. Ihre frühere Angst, anbetend vor dem Geheimnis zu Boden geworfen, tänzelte jetzt vor neugierigem Eifer: »Wie wird es sein, wenn es wirklich sein darf?« Mit letzter Anstrengung gelang es ihr, sich zu erinnern, dass sie es schon einmal, wenn auch vage, für möglich gehalten und sogleich tausend Klagen und Vorwürfe, tausend Zärtlichkeiten, tausend leidenschaftliche Wehklagen erdacht hatte, die sie wie einen Sturzbach hervorbrechen lassen wollte, sobald sich die Gelegenheit böte. Während sie sie in ihrer Erinnerung wieder durchging wie ein Kind seine Lektion, läutete sie. Das Zimmermädchen, das auf den Ruf gewartet hatte, öffnete die Tür einen Spalt und blickte sie fragend an:

Teresa nickte. Zwei Minuten später hörte sie auf dem Flur das Geräusch von Schritten, die sich bemühten, nicht gehört zu werden. Teresa ging zur Tür und hielt dabei wie einen Schild den Satz vor sich, den sie sich entschlossen hatte, als allerersten zu sagen. Sie öffnete die Tür ganz wenig, als wollte sie nur durch den Spalt hinausschauen, doch die Tür gab dem Druck von außen nach. Teresa hatte nur die Kraft, die Arme auszubreiten, und glaubte, dass der Sog, der sie erfasste, sie so leicht vom Boden hochwirbelte, wie der Wind ein Blatt abreißt.

An einem dieser Tage bemerkte sie, dass die Kinder nicht auf der Galerie spielten: Sie sah sie an den Pulten sitzen und hörte ihr eintöniges Gemurmel. Die Älteren lasen währenddessen zu Gruppen zusammengefasst in ihren Büchern, einige in einer Ecke des Klassenzimmers, andere in der Nähe der Tür. Einer, der sich aus den Übrigen heraushob, stand in der Ecke der Galerie, wo das Geländer aus Holz endete, den Rücken an die Wand gelehnt, die Beine gekreuzt wie jemand, der in einer Straße gegenüber einem Balkon wartet. Teresa kam es vor, als blickte er zu ihrem Fenster; sie errötete, als hätte man sie dabei ertappt, wie sie neugierig herumschnüffelte, und trat ins Zimmer zurück. Doch kurz darauf stachelte die Neugier sie an herauszufinden, ob der Junge wirklich zu ihr herüberblickte, und außerdem war eine Unruhe in ihr zurückgeblieben, als wären bei seinem Anblick eine Unzahl verworrener Erinnerungen auf sie eingestürzt: Sie hoffte, dass sie sich an irgendetwas erinnerte, wenn sie ihn sähe.

Sie kehrte ans Fenster zurück und blickte zu ihm hinüber, konnte sich jedoch an nichts erinnern. Genau genommen blieb sie versunken in eine Betrachtung, die sie sogar daran hinderte, seine Züge zu erkennen. Er stand immer noch unbeweglich da, als legte er es darauf an, sich ansehen zu lassen, und Teresa konnte nur seine Blässe sehen, seine Stirn, die von einer fast fahlgelben Durchsichtigkeit war und von der sich zwei schwarze und dichte Augenbrauen abhoben, vollkommen wie zwei Palmwedel.

Er stand so ruhig da, dass Teresa ihn voller Vertrauen ansah und glaubte, dass die heitere Gelassenheit seines Gesichts sich niemals trüben oder verändern könnte. Doch plötzlich geschah etwas Unerwartetes: Die Brauen wölbten sich nach oben und belebten, kaum eine Frage andeutend, das ganze Gesicht; ein fast unmerkliches Lächeln öffnete die Lippen, und ohne dass sie den geringsten Laut von sich gaben, bildeten sie ein Wort: Teresa.

Der Satz, den ihr Herz machte, war so heftig, dass Teresa sich zitternd auf das Fensterbrett stützte. Sie wollte lachen und wollte sich beherrschen; sie riss sich entschlossen los und begann durch den Flur zu laufen.

Sie war allein in der Wohnung: Sie stellte es mit Freude fest, da sie befürchtete, Florencia könnte sie beobachtet haben; Florencia war jedoch aus dem Haus gegangen, und so konnte sie auch nicht beobachten, wie sie kopflos durch alle Zimmer lief.

In einem Augenblick war sie durch die ganze Wohnung gelaufen. Alles war sauber und ordentlich, aber Teresa öffnete die Erkerfenster, und der Luftzug, der durch sie hereindrang, schien ihr eine seit Jahrhunderten abgestandene Atmosphäre hinwegzufegen. Die Sonnenflecken erblühten an den Wänden und auf den Möbeln wie gerade wach gewordene Augen. Die Farben der Dinge erglänzten mit der gleichen Frische wie die belebenden Düfte, die in der Luft lagen. Teresa ging in jeden Winkel, öffnete den Schrank, blickte in ihn hinein und fand auch zwischen ihren aufgehängten Kleidern jene sommerliche Aura, die alles überflutete. Sie blickte in den Spiegel und sah ihr Gesicht vom Lächeln verklärt, von einem Lächeln, das neu an ihr war und sich völlig von ihrem früheren unterschied. Ein Lächeln, das aus einer Seele ohne Erinnerungen kam, herrührend allein von der Gefühlsaufwallung, die sie überkommen hatte und der sie sich vollkommen überließ.

Vor dem Spiegel stehend, blickte sie sich tief in die Augen, ohne sich zu sehen, sich entrückt das Wort eingestehend und wiederholend, das nicht an ihre Ohren gedrungen war, aber doch ihr ganzes Wesen erreicht hatte.

Niemals hatte ihr Name, ausgesprochen in der Leidenschaft der Liebe, wenn der Atem, der ihn hauchte, ihre Wange streifte, sie in einen solchen Rausch zu versetzen vermocht. Jetzt hörte sie ihn nicht, sie sah ihn, sie entzifferte ihn in der Bewegung der Lippen, die ihn von so weit her gemurmelt hatten und die dennoch die innigste Zärtlichkeit in ihn gelegt hatten.

Sie wagte nicht, zum Fenster zurückzukehren, weil es ihr nicht gelang, Gelassenheit vorzutäuschen, doch gleichzeitig wollte sie ihn wieder sehen. Sie ging in die Küche und blickte durch die Gardinen. Er stand immer noch an derselben Stelle, an die Wand gelehnt, ein Buch achtlos in der Hand, und blickte zu ihr herauf. Er war wunderbar! Teresa betrachtete ihn heimlich, unbehelligt von seinem Blick, und so konnte sie jede Einzelheit an ihm genau studieren.

Die Zartheit seines Körpers und seine außerordentliche Jugend ließen ihn zerbrechlich erscheinen, doch in Wirklichkeit waren seine Schultern breit, und auf ihnen saß ein kräftiger Hals, der erhaben den kleinen Kopf trug, der allerdings eine hohe Stirn hatte. Sie wollte mit den Augen über seine ganze Gestalt gleiten, konnte sie jedoch kaum aus der Betrachtung dieser unvergleichlichen Blässe lösen, die sich auf seiner Stirn und seinen Wangen ausbreitete, die noch nicht auch nur vom geringsten Schatten eines Bartes verdunkelt wurden. Dieses so blendende Weiß wurde umrahmt von dunklem Haar, das in kleinen, nachlässigen Strähnen herabfiel.

Sie hörte Florencia hereinkommen und verließ ihren Posten. Sie beeilte sich, selbst ihre neue Lebhaftigkeit zu erklären.

»Ich musste endlich etwas unternehmen«, sagte sie, »um diese Schlaffheit abzuschütteln. Vor ein paar Tagen habe ich es schon versucht, aber es war mir nicht möglich, heute jedoch fühle ich, dass die Kräfte allmählich zurückkehren.«

Florencia antwortete lediglich:

»Gott sei Dank!«

Und Teresa verinnerlichte diesen Satz. Wieder und wieder betrat und verließ sie die vorderen Zimmer, und jedes Mal, wenn sie eine Tür öffnete oder einen Gegenstand berührte, wiederholte sie ihn innerlich. All das war gewiss ein Geschenk, denn noch Stunden zuvor war alles verloren, und nun erlangte sie endlich alles mit einem Mal wieder.

Espronceda kam zur Essenszeit, und Teresa begründete auch ihm gegenüber ihre Verwandlung, wollte sie aber nicht einer deutlichen Besserung ihres Gesundheitszustands zuschreiben. Sie sagte vielmehr, dass sie erregt sei, weil sie lange auf dem Balkon in der Sonne gesessen habe. Espronceda legte seine Hand auf ihre Stirn und stellte fest, dass sie tatsächlich seltsam glühte. Er sagte:

»Ich glaube trotzdem nicht, dass es dir geschadet hat, weil

es dich schöner gemacht hat. Heute hast du zum ersten Mal Farbe auf den Wangen und Leben in den Augen.«

Teresa sagte:

»Ja, ich verdanke ihr meine neue Schönheit.«

Wenn sie Schritte in der Nähe der Tür hörte, zog sie sich vom Fenster zurück, da sie meinte, Florencia könnte ins Zimmer treten. Dieses Kommen und Gehen ließ ihre Blicke zu einem richtigen Scharmützel werden, weil man vom Klassenzimmer aus nicht erraten konnte, was ihr plötzliches Verschwinden verursachte. Daher gab es zwischen ihnen immer wieder Zweifel, Unverständnis, Verzückung: Die Minuten waren so intensiv, dass der Nachmittag letzten Endes die Ausdehnung einer langen Brautzeit annahm.

Um fünf war für die Gruppe der jüngeren Schüler der Unterricht beendet, und die der älteren versammelte sich um den Lehrer zu einer weiteren Stunde konzentrierter Arbeit. Während dieser Stunde flogen ständig Blicke über den Hof hin und her, vom Fenster zum Klassenraum und vom Klassenraum zum Fenster. Um sechs sah Teresa ihn erneut auf der Galerie. Er kam heimlich und auf eigenes Risiko heraus. Mit einer raschen Bewegung des Kopfes bedeutete er ihr, hinunterzukommen: Der Ausdruck seines Gesichts war in diesem Augenblick äußerst sanft, fragend, fast flehend, zugleich aber auch vollkommen selbstsicher. Teresa stimmte ebenfalls mit einer Kopfbewegung zu. Sie ging in ihr Zimmer, griff nach einem Schal und einer Mantilla, und während sie sie sich rasch umwarf, ging sie erneut ans andere Ende des Flurs, rief Florencia und sagte zu ihr:

»Ich gehe für einen Augenblick aus dem Haus; ich muss mir ein wenig die Beine vertreten.«

Sie sah nach dem Kind, das schlief, ohne den Blick auf

ihm verweilen zu lassen, aus Furcht, es aufzuwecken. Florencia äußerte Bedenken, sie alleine ausgehen zu lassen, weil sie vor ein paar Tagen schon einmal versucht hatte, auf die Straße zu gehen, und kaum über den Hauseingang hinausgekommen war. Doch ihre Argumentation dauerte länger, als Teresa brauchte, um die Tür zu erreichen. Dort wandte sie sich um, um zu versichern, dass sie kräftig genug sei, und verschwand.

Sie merkte gar nicht, wie sie die Treppe hinunterging, und als sie in der Haustür stand, war sie einen Augenblick unschlüssig; sie wusste nicht, welchen Weg sie nehmen sollte, und wollte auch nicht hinaustreten und dabei nach rechts und nach links sehen. Sie dachte, dass er in der Zeit, die sie gebraucht hatte, sich die Mantilla überzuwerfen und die Treppe hinunterzugehen, bequem um den Häuserblock hatte biegen können und sie sehen würde, wenn sie herauskäme, und so trat sie ruhig aus dem Haus und begann die Calle Mayor hinunterzugehen.

Kurz darauf hörte sie Schritte hinter sich, die immer näher kamen und sie schließlich einholten. Sie fühlte an ihrem Arm die Nähe von jemandem, der sich zu ihr herüberbeugte, und hörte eine Stimme, die fragte:

»Kann ich sprechen?«

Teresa wandte sich ihm zu und sah ihn an. Diese seltsame Person umfing sie mit einem liebkosenden und überredenden Blick und lächelte sie mit schüchterner Verwegenheit an. Teresa wollte sein Lächeln nachahmen, brachte aber eine solche Zweideutigkeit nicht zu Wege und erwiderte mit freimütigem Lachen:

»Natürlich.«

Er zögerte, verwirrt durch die direkte Antwort. Auch Teresa erschrak vor ihrer eigenen Stimme. Es schien unmöglich, den kaum begonnenen Dialog wieder aufzunehmen. Ihre Schritte dagegen passten sich einander immer mehr an, ihre Körper kamen sich immer näher, bis sie sich sanft berührten, und so liefen sie eine ganze Weile nebeneinander her. Doch Teresa konnte das Schweigen nicht ertragen; sie drehte den Kopf und blickte ihren Begleiter ungeduldig an. Er sagte:

»Es ist schwierig.«

Teresa antwortete:

»Ich dachte, für Sie gibt es keine Schwierigkeiten.« Und sie fügte hinzu: »Wieso kennen Sie meinen Namen?«

»So wie Sie den meinen.«

»Oh! Ich kenne den Ihren nicht«, sagte Teresa ernst.

»Dann weiß auch ich nichts. Warum glauben Sie, dass ich ihn kenne? Habe ich während dieser ganzen Zeit irgendeinen Namen ausgesprochen?«

»Nein, jetzt allerdings nicht, aber auch heute Vormittag nicht? Mir kam es so vor.«

»Einbildung!«

Die Augenbrauen jenes Geschöpfes hoben sich in einem Ausdruck der Unschuld, er zuckte mit den Schultern, als gäbe es dazu nichts mehr zu sagen, ließ eine Hand unter Teresas Schal gleiten und umfasste sie kraftvoll mit dem Arm. Mit sanft zunehmendem Druck presste er sie an sich, wobei er seine Hand in ihren Arm grub. Teresa klemmte die Hand zwischen ihrem Arm und ihrem Körper ein, und so gingen sie lange Zeit nebeneinander her.

Sie kamen zum Viadukt, gingen die Calle de Bailén bis Las Vistillas hinauf, bogen in mehrere Nebenstraßen und kamen schließlich auf der Esplanade heraus. Zwei Häuser vereinten dort ihre Rückwände und bildeten einen Winkel aus fensterlosen Lehmmauern. Dorthin führte er sie, und je tiefer sie in das Halbdunkel des Winkels eindrangen, bedrängten seine Schritte immer mehr die ihren, bis seine Knie sie schließlich am Weitergehen hinderten: Sie fühlte sich gefangen zwischen der Wand und seiner Brust. Sie hatte nicht den Mut, ihn anzusehen, und schlug die Augen nieder, weil ihr die Kräfte schwanden; er umfasste mit beiden Armen ihre Taille. Teresa zitterte und zögerte das Überströmen ihrer Verzückung hinaus, weil sie fürchtete, die Heftigkeit ihrer Erregung könnte sie in Tränen ausbrechen lassen. Sie wand sich im Griff seiner Arme, die ihre Taille umschlangen und zusammenpressten, bis sie sich geschlagen gab, und als sie aufsah und diesen schwermütigen Blick auf sich ruhen sah, war ihr, als wäre es plötzlich Nacht geworden.

Sie blieben lange in dem Winkel, in ihre Ekstase versunken. Das Licht verschwand wirklich, und Teresa fürchtete, das Zeitgefühl verloren zu haben. Sie wollte sofort gehen; da wurde ihnen bewusst, dass sie kein Wort miteinander gewechselt hatten und dass es vieles gab, worüber sie zu reden hätten, aber Teresa wollte die Rückkehr nicht länger hinausschieben; am nächsten Tag könnten sie so viel miteinander reden, wie sie wollten. Er sagte, dass er ihr einen Vorschlag machen wolle. Teresa entzog sich seinen Armen und wiederholte:

»Morgen, das hat bis morgen Zeit.«

Deutsch von Michael von Killisch-Horn

Luis Martín-Santos
Goldene Reflexe im Schaukelstuhl

In Luis Martín-Santos' *Schweigen über Madrid* (1961) forscht Don Pedro, der unter anderen politischen Verhältnissen ein international anerkannter Wissenschaftler geworden wäre, zu Francos Zeiten nach Krebserregern. Als ihm die Mäuse des Instituts ausgegangen sind, durchstreift er die Armenviertel von Madrid. Er lebt im Dschungel der nächtlichen Straßen in einer schäbigen Pension, wo er der Verführung dreier »Göttinnen«, Großmutter, Tochter und vor allem der Enkelin, erliegt.

An manchen Abenden unterwarf sich Pedro nach dem Abendessen dem Ritus des Stammtischs, des abendlichen Beisammenseins der Frauen. Die drei Damen des Hauses waren so nett zu ihm. Er hatte gar nicht das Gefühl, in einer Pension zu sein. Sie war zu einer beschützenden und erdrückenden Familie geworden. Die gerissene Alte hatte mit der Zeit eine Sammlung allein stehender, solider Männer mittleren Alters ausgewählt, die sich in ihre Zimmer zurückzogen, sobald das Dessert verzehrt war. Es gab einen großen, traurigen Mann, der Arzneimittelvertreter war. Einen kahlköpfigen Herrn, der Buchhalter oder höherer Bankangestellter war. Einen Militär im Ruhestand. Die Witwe hatte nie versäumt, im Gedenken an ihren Verstorbenen mindestens einen Militär im Ruhestand in ihrer Pension aufzunehmen. Die Zimmer der pensionierten Soldaten waren mit einer gewissen militärischen Strenge möbliert, und über einem weißen Marmorkamin, in dem nie ein Feuer brannte, hingen – als einziger Schmuck – zwei gekreuzte malaiische Krise über zwei Töpfen, die ihr der Verstorbene ebenfalls hinterlassen hatte. In einem steckte der

Schaft einer winzigen spanischen Fahne aus rosa- und topasfarbenem Krepp. Es gab ein kinderloses Ehepaar, das sehr wenig sprach. Beide waren schwarz gekleidet, beide klein und bleich, beide ein wenig runzlig, beide glätteten unentwegt mit weißen Händen das Tischtuch und fegten die Brotkrumen beiseite, während die Apfelsine gebracht wurde. Dieses Ehepaar bewohnte das schlechteste Zimmer der Pension, einen Innenraum mit einer Eisensäule in der Mitte. Die Hausherrin hatte eine Manschette aus dunklem Samt angefertigt, die die Eisensäule bis in halber Höhe umgab. So »wirkt es nicht so kalt«, erklärte sie pfiffig.

Unter allen diesen Leuten war Pedro natürlich der Liebling, der Verwöhnte, der Einzige. Sein wesentliches Verdienst bestand darin, dass er ein junger Mann war. Das weibliche Trio war für den objektiven Tatbestand *junger Mann* allzu empfänglich, als dass er während seines Aufenthalts in der Pension zu irgendeinem Zeitpunkt mit irgendeinem anderen der Gattung Zweifüßer verwechselt worden wäre.

Die erste Generation war eine eindrucksvolle, kräftige, unternehmungslustige, fast aufrührerische Alte, falls dieses Epitheton auf eine Greisin von monarchistischer und legitimistischer Gesinnung angewandt werden kann. Die erste Generation hatte sich ein prächtiges Aussehen bewahrt, und trotz ihres Alters bestimmte und befahl sie. Sie hatte Erfahrung in der Beurteilung von Männern. Sie konnte bei einem Lächeln noch dahinschmelzen. Sie benutzte Büstenhalter, die ihrer Brust einen festen Halt verliehen, und ein Korsett, das ihrer Taille eine gute Form gab. Sie hielt sich sehr gerade und hatte im Unterschied zu ihrer Tochter, die ebenso kräftig war, keinen Anflug eines Schnurrbarts auf der Oberlippe.

Die zweite Generation wurde durch die übermächtige

Mutter und das Bewusstsein ihrer Vorgeschichte in den Hintergrund gedrängt. Unterdrückt oder besiegt, hatte sie trotz ihres ebenfalls imponierenden Äußeren den Charakter einer Katze, eines liebebedürftigen und fiktiven Tieres. Sie hatte ihr Leben damit zugebracht, die Komödie des verwöhnten Kindes zu spielen, des kleinen Kindes, des verführten Kindes, des Kindes, dem die Mama sagt, was es zu tun hat. Diese Rolle entsprang nicht unmittelbar ihrer männlichen Natur oder den robusten Knochen ihres Körperbaus, sondern sie wurde ihr von der stärkeren Mutter aufgedrängt. Und sie sträubte sich immer noch, die notwendigen Anstrengungen zu machen, um eine Änderung dieser Situation herbeizuführen, wohl auch deshalb, weil es für eine solche Änderung schon längst keinen Grund und keine Notwendigkeit mehr gab. Sie besaß eine Koketterie, für die sie um zehn Jahre zu alt war, und trug Kleider in der Mode von vor zehn Jahren.

Die dritte Generation glich in nichts den beiden anderen, höchstens in der Sprache, in den Redewendungen, im Wortschatz, den sie im Verlauf ihres neunzehnjährigen Zusammenlebens mit ihnen notwendigerweise übernommen hatte. Die dritte Generation besaß von Natur aus alles das, was ihre Mutter im Verlauf eines Lebens vorzutäuschen versucht hatte. Die Tatsache, dass sie in einer so weiblichen Atmosphäre lebte (trotz der Anwandlungen von Energie oder geschäftlicher Pantomime der beiden Älteren), hatte sie mit einem schwer zu zügelnden, sich rasch ergießenden Wesen erfüllt, das aus Zärtlichkeit, Enttäuschung und Überraschung bestand. Sie war sehr schön. Da sie die Affektiertheit ihrer Mutter übernommen hatte, bewegte sie sich, benahm sie sich und sprach sie ebenfalls so, als sei sie gerade göttliche vierzehn Jahre alt, obwohl sie bereits, sehr sinnlich und wohlgeformt, neunzehn war. Das war auch der Grund, weshalb sie – zum Beispiel – durch die Flure des Hauses huschen oder am Kopf eines sitzenden Mannes vorbeilaufen konnte, als wisse sie überhaupt nichts vom Vorhandensein ihrer Brüste. Oder sie blieb verwundert stehen, wenn ihre Hüften gegen einen Türrahmen stießen, als ob ihr Körper noch nicht mit jener unnützen Üppigkeit ausgestattet sein dürfte. Gab es etwas in ihrem Geist, das dieser zur Schau getragenen Unwissenheit über ihr Äußeres entsprach? Vielleicht gab es das, und dieses Rätsel war schließlich ausschlaggebend dafür, dass Pedro allmählich in das Räderwerk geraten war, in das ihn das Dreigespann der ungleichen Göttinnen hineingezogen hatte.

Für die drei hatte er den Charakter eines Abgesandten, der die Kraft und die Fähigkeit besaß, das ganze Schicksal der Familie – nach einer magischen Berührung – zu wenden, so dass es eine andere Richtung nahm und einen netten Sinn bekam. Die Enkelin konnte in ihm den Engel der Verkündigung mit dem leuchtenden Stab sehen, in der gleichen Weise, in der die Tochter in ihm eine leicht verspätete Epiphanie der Frucht ihres Leibes sehen konnte, während die Mutter, bereits in vorgerücktem Alter, von ihm vielleicht ihre glorreiche Verklärung auf der Höhe eines Berges erhoffte, gehalten von seinen Fingern. Alle drei waren bereit, mit verschiedenen Graden des Kalküls und des Zynismus, das Sühneopfer zu bringen.

An manchen Abenden unterzog sich Pedro also dem Ritus des gemeinsamen Beisammenseins, das im Wohn-Esszimmer stattfand, sobald das Dienstmädchen die Tischdecke weggenommen und so die kalte Atmosphäre eines drittklassigen Hotels durch die nicht weniger fade und kitschige, dafür jedoch gemütlichere eines kleinen, bescheidenen kleinbürgerlichen Salons mit Erinnerungen an vergangenen Familienruhm ersetzt hatte.

Die drei Göttinnen kletterten jede auf ein anderes Podest. Es gab dort zwei Ledersessel, Überbleibsel einer Sofagarnitur, die die Witwe mit den Zuwendungen der Gefährten des Helden erworben hatte. Im Innern dieser beiden Sessel befanden sich alte englische Sprungfedern von guter Qualität, die zwar völlig verbogen waren, aber immer noch für Komfort sorgten. In dem einen saß die Patriarchin. Der andere war für Pedro, auch wenn er manchmal hartnäckig darauf bestand, dass sich die farblose zweite Generation, gemäß ihrem alters- und geschlechtsbedingten Rang, hineinsetzte. Die jedoch, aus Respekt vor der Großmutter und dem Gast, setzte sich auf einen gewöhnlichen Esszimmerstuhl, und dort blieb sie, wenn nötig stundenlang, stocksteif sitzen, obgleich sie in der Absicht, flexibel und anpassungsfähig zu erscheinen, die Beine übereinander schlug oder sich mit einer Zeitung Luft zufächelte oder sich sogar erlaubte, in Gegenwart von Fremden leicht die Lippen nachzuziehen oder womöglich – im Ernst – unter Schwierigkeiten eine blonde Zigarette zu rauchen, wobei ihr Pedro eilfertig Feuer gab. Die Junge setzte sich, wie es ihrem dynamischen, verheißungsvollen und sich anbietenden Naturell entsprach, in einen Schaukelstuhl. Sie setzte sich nicht nur hinein, sondern sie schaukelte in diesem Möbelstück, das in einer Welt, in der der Verbrennungsmotor und das Düsenflugzeug vollkommenere Methoden zum Auskosten des lustvollen Gefühls der Bewegung liefern, dem baldigen Verschwinden geweiht war, unermüdlich auf und ab und bot damit jemandem, der sie aufmerksam beobachtete, die Möglichkeit, die motorische Wirkung begrenzter Muskelkontraktionen an ihrer zarten Wade festzustellen. Das Mädchen lehnte sich im Schaukelstuhl nach hinten und ließ den Kopf auf eine niedrige, gewölbte Lehne fallen, so dass ihre Haare – üppiger, als es die ihrer beiden Mütter je gewesen waren – in welligen Kaskaden herabhingen, durch die Bewegung leidenschaftlich ineinander verwoben. Goldene Reflexe gingen von ihnen aus und erfüllten das ganze Wohn-Esszimmer mit einer Art visuellem Aroma, das alle einhüllte und ihnen erlaubte, stillschweigend dazusitzen, ohne dass die Zeit auf ihnen lastete. Nicht nur Pedro betrachtete dieses verschwenderische Gold, das unablässig herabfiel, sich seinen Händen näherte und sich von ihnen entfernte, sondern auch die Mütter warfen den gleichen besitzergreifenden Blick darauf. Auch sie genossen mit männlicher Sinnlichkeit das Erscheinen einer Substanz, die, so dargeboten, nur Verheißung war, die aber, als Verheißung, die düstere Wirklichkeit des Wohn-Esszimmers so wundervoll überflutete und sogar den Geruch der kaum eingenommenen Mahlzeit und der gerade erst geschälten Orangen in einen anderen – zwar ähnlichen, aber doch ganz verschiedenen – Duft verwandelte, nämlich den eines pariserischen Banketts mit Halbweltdamen oder den Duft von Früchten, mitgebracht aus der üppigen Fruchtbarkeit der Tropen.

Sie sprachen dennoch, da sie wussten, dass die Worte bei dem Gespräch, das sie führten, nichts zu bedeuten hatten. Ein Gespräch, das von Haltungen und Gebärden, von Tonfall und Blicken, von Lächeln und plötzlichem Verstummen aufrechterhalten wurde. Denn die Schönheit des jungen Mädchens konnte sie so heftig berühren, dass Pedro mitten in einem Satz, ohne dass er hierfür eine Entschuldigung zu suchen brauchte, in Schweigen verfallen konnte, was das Signal dafür war, dass die beiden Mütter nun ebenfalls das Profil oder das

Alabasterweiß des Halses oder ein gestrecktes Bein, von dem gerade der Schuh herabgefallen war, bewunderten, oder dass sie zu ihrer Überraschung die Feststellung machen mussten, dass der Rock der Kleinen ein wenig höher gerutscht war als gewöhnlich und ein kleines Stück eines glatten Muskels zeigte, den das Fett noch nicht entstellt hatte.

Wenn zufällig ein Gast in das Wohn-Esszimmer kam, um einen vergessenen Gegenstand an sich zu nehmen (ein Feuerzeug, einen Brief, eine rosa Schleife), oder wenn das kräftige Dienstmädchen zurückkam, um ein Gedeck in den Schrank einzuräumen, das es irrtümlicherweise in die Küche gebracht hatte, zitterten die drei Göttinnen beleidigt, und die schwarzen Augen der Patriarchin schleuderten funkelnde Blicke mitten in das verachtenswerte Gesicht des Eindringlings; die Junge unterbrach die schwachen Schwingungen des Schaukelstuhls, und die zweite Generation versteckte die blonde Zigarette und brachte die übereinander geschlagenen Beine wieder in eine normale Stellung. Und selbst Pedro, der vom Glück begünstigte einzige Zuschauer, den diese drei gewöhnlichen und erbärmlichen Frauen für würdig befanden, ihre geheime göttliche Natur sehen zu dürfen, spürte den Bruch des Bundes. Und er sah sich gezwungen, sich in seinem Sessel hin und her zu bewegen, unruhig zu zappeln, die Zeitung halb aufzuschlagen, als ob er sie wirklich lesen wolle, bis der Eindringling schließlich verschwunden war.

»Sie sind ja noch so jung«, sagte die Alte, »dass Sie in keinen Krieg haben ziehen müssen. Aber glauben Sie ja nicht, dass das so gut ist. Es tut mir auch ein wenig Leid um Sie. Die Männer kommen männlicher aus dem Krieg zurück. Ich weiß genau Bescheid, wegen dem Großvater der Kleinen.«

»Leider«, sagte Pedro lächelnd, »bin ich Pazifist. Die einzigen Kämpfe, die mich interessieren, sind die der Viren mit den Antikörpern.«

Kabbalistische Worte, zu denen er sich hinreißen ließ, ein Opfer der unrealistischen Atmosphäre jener Zusammenkünfte. Doch seine Worte fanden ihr Publikum. Denn obgleich keine der drei Frauen sie begreifen konnte, nahmen sie sie lächelnd und fröhlich als lebendige Demonstration jener höheren Wesenheit auf, die ihrem jungen Mann verliehen war, einer Wesenheit, die sie schon immer vermutet hatten und die sie sogar kannten, die aber ganz deutlich und besonders klar zu Tage trat, wenn er die Tiefe einer Wissenschaft demonstrierte, von der sie zwar nichts wussten, der sie aber dennoch Beifall spendeten.

»Heutzutage wird nicht mehr Charleston oder Onestep getanzt«, sagte die zweite Generation. »Ihr Jungen von heute zieht die langsamen Tänze vor. So wurde mir jedenfalls berichtet.«

»Ich muss Ihnen gestehen, Señora, dass ich nicht tanze. Ich bin so ungeschickt, dass ich nicht weiß, was ich mit meinen Füßen anfangen soll. Ich stoße und trete das unglückliche Fräulein, das meine Tanzpartnerin ist. Natürlich habe ich fast nie getanzt. Nur hin und wieder auf einer Hochzeit.«

Bei diesem Wort errötete die Kleine, wie es ihren neunzehn Jahren und ihrem Zustand der Verzauberung geziemte.

»Das kann ich einfach nicht glauben. Sie haben nur auf Hochzeiten getanzt? Sie sind doch bestimmt schon irgendwann einmal mit Freunden in einem Nachtklub oder auf einem Tanztee gewesen? Früher waren die jungen Leute Ihres Alters eifrige Stammgäste der Tanztees. Während des Afrikakrieges gab es Wohltätigkeitsveranstaltungen, bei denen die Infantinnen den Vorsitz führten. Als junges Mädchen nahm ich an mehreren Tanzveranstaltungen dieser Art teil, für die Eintrittsgeld bezahlt werden musste, und es gab Paare, die großartig den Charleston tanzten. Das waren natürlich noch andere Zeiten.«

»Nun spiel mal nicht die Alte, Dora«, protestierte die ältere Mutter. »Wenn du schon alt bist, was bin ich dann erst? Du demütigst mich wohl gern, indem du dich mit Gewalt älter machst. Ob Sie es glauben oder nicht, man hielt uns immer für Schwestern.«

Dass Dora auf Tanztees gegangen war, die von Infantinnen organisiert wurden, erfüllte Pedro nicht weniger mit Entsetzen als die Tatsache, dass ihre Mutter sie begleitet und sich dabei als ihre Schwester ausgegeben hatte. Die Unwahrhaftigkeit dieser Äußerungen sowie seine Unkenntnis darüber, in was für Kaschemmen Dora und ihre Mutter in der Zeit ihrer ersten Schande wirklich verkehrt hatten – weshalb er sie sich noch schlimmer vorstellte –, reizten ihn weder zu Spott noch Verachtung. Da er sich jedoch bewusst war, dass diese Gespräche in Wahrheit Kunstwerke darstellten, und zugleich überzeugt, dass in den Worten eine tiefere Wahrheit steckte (eine Wahrheit, die der Ausdruck glühender Wünsche, wenn nicht gar trügerischer und veränderlicher Tatsachen war), schmückte er das Ganze aus und erfand andere Wahrheiten dieser Art.

»Ich erinnere mich, dass meine Mutter mir von diesen Tänzen zu Gunsten des Roten Kreuzes erzählte. Vielleicht sind Sie sich bei dieser Gelegenheit sogar begegnet« – um sich sofort zu verbessern und einen höheren Gipfel der Vollkommenheit zu erreichen. »Allerdings, wenn ich es mir recht überlege, kann das gar nicht sein, denn meine Mutter war ja viel älter. Sie saß bestimmt unter den Damen reiferen Alters und hat Sie bewundert.«

Als Dora das hörte, plusterte sie sich auf und schlug die Beine, die das Beste an ihrer Figur waren, so übereinander, dass der Rock noch etwas höher rutschte, denn nicht nur Bescheidenheit veranlasste sie, sich unweigerlich auf einen hohen Stuhl zu setzen, sondern auch ein unbestimmtes, in den letzten zwölf Jahren jedoch selten befriedigtes narzisstisches Vergnügen. Da sie sich jedoch an die wahre (wenn auch stumme) Achse der Zusammenkunft erinnerte, fügte sie hinzu: »Aber ich habe nie gut getanzt. Meine Tochter hingegen besitzt eine ausgesprochene Begabung dafür. Ich bin in den Schultern etwas steif gewesen. Sie sollten mit ihr mal in ein Tanzcafé gehen«, aber sogleich bereute sie diesen unzüchtigen Annäherungsversuch, der die wahre Natur der so sorgfältig aufrechterhaltenen Fiktion allzu sehr offen legte.

»Das kannst du nicht zulassen«, sagte die Alte, »dass ein Kind ihres Alters sich an solche Orte begibt.«

»Ich habe das nur gesagt, weil Don Pedro so seriös ist. Obgleich ich ja verstehen kann, dass er sich mit einem kleinen Mädchen langweilen würde.«

»Keineswegs, Señora. Ich bedaure eben nur, dass ich nicht tanzen kann. Aber wenn Sie mir Unterricht geben wollen, würde ich mich, sobald ich ausreichend Fortschritte gemacht habe, sehr geehrt fühlen, Sie und Ihre Tochter hinzuführen, wohin Sie wollen.«

»So ein Wahnsinn! Sie sind eben ein Gentleman«, sagte die Patriarchin, die die Vorstellung, ihre beiden Abkömmlinge könnten sich auf eine Tanzfläche begeben, ohne dass sie an der Lustbarkeit teilnahm, ein wenig verletzte, die aber nichtsdestoweniger wusste, wie grotesk ihre eigene Anwesenheit bei der Expedition wirken würde.

Die Kleine folgte beschwingt der Abfolge des Gesprächs,

wobei sie bald errötete, bald die Schwingungen des Schaukelstuhls beschleunigte, bald ihn anhielt, bald in ein zartes Lachen ausbrach, bald von neuem mit argloser Schamlosigkeit die Vollkommenheit ihres Profils zur Schau stellte.

Der Verlauf der Nacht verstärkte das Gewicht der Vertraulichkeit. Die Zeichen der fortschreitenden Zeit – ein letztes Geräusch an der Küchentür, das Knacken des Lichtschalters im Flur, der Vertreter, der sein Rundfunkgerät ausschaltete, dessen Rauschen durch die Wände hindurch zu hören war – machten die Einsamkeit noch sinnfälliger, die die Gruppe allmählich umgab. In diesen letzten Augenblicken hüllte ein längeres Schweigen die vier Protagonisten des Schauspiels ein. Ausgehend von diesem Schweigen, wurden die geheimen Absichten der drei Frauen für Pedro fassbarer und einsichtiger, als ob die drei Parzen vor sich hin raunten, was der Ablauf seines Lebens bedeutete. Und so hörte Pedro, während der Schaukelstuhl nach einer Pause seine Schwingungen wieder aufnahm, die erste Generation: »Vorwärts.« Die zweite Generation: »Was mich angeht …« Die dritte Generation: »Du gefällst mir.«

Und er verspürte eine leichte Angst, während er allmählich der Versuchung nachgab.

Dorita schläft in ihrem Zimmer, den biegsamen Körper auf der besten Matratze des Hauses ausgestreckt, von der die Patriarchin verfügt hat, dass sie nur von diesem Körper und von keinem anderen benutzt werden darf. Der Körper (den gewöhnliche Augen nicht erkennen könnten, da er in mehrere Decken, Bettlaken, Nachthemden und vielleicht sogar in irgendein wärmendes Kleidungsstück eingehüllt ist) erscheint dem dritten Auge, das einige erstaunlich präzise Wellen empfängt, klar und vollständig. Er sieht sie wirklich ganz, wirklich liegend, wirklich dargeboten auf dem ewigen, zeitlosen Schaukelstuhl, auf dem sie ihn erwartet. Das Haus verharrt in seiner massiven Stille wie ein Etui. Der unsichtbare oder violette Samt des Halbdunkels kleidet es so völlig aus, dass er beim Stoß gegen den Türrahmen, gegen einen Tisch kaum Schmerz verspürt, dass er kaum den Eindruck hat, diese Stöße hallten im Polster des frühen Morgens wider, und sie erwartet ihn aus einer Tiefe heraus, die sich parallel verhält zum Raum und zur Erinnerung seines überreizten Hirns. Das Bild des jungen Mädchens erscheint verdoppelt in stereoskopischer Wiedergabe: durch einen der Sehkanäle erstreckt es sich in einer fast unendlichen Folge von abendlichen Sitzungen im engsten Familienkreis, von Schweigen, absichtsvollen Worten der Mütter, Morgenröcken in lebhaften Farben, nacheinander eingeweiht, nacheinander dem jungen, immer blühenden Körper übergestreift; in dem anderen Sehkanal ist nichts anderes als das unbewegliche Bild dessen, was er nie gesehen hat, der nackte Körper in seiner Rosenknospenform, ein Urbild der Genauigkeit. Wie eine geräuschlose Sirene ertönt der Ruf dieses Körpers hinter der immer erotischen Literatur der Welt, hinter der Gaunergrimasse des Kellners, hinter dem unbekannten Modell der Bilder mit der rosigen Dame, hinter der Zuckung der neoexpressionistischen Gottesanbeterin, hinter der kompakten Rundheit der schwitzenden Puffmutter, hinter dem letzten Blick der geblendeten Prostituierten. Ist das die Liebe? Ist die Liebe vielleicht eine hastige Sammlung von Bedeutungen? Ist die Liebe vielleicht die Vereinigung der Welt um ein symbolisches Sein herum? Ist die Liebe vielleicht diese Vernichtung der persönlichsten Individualität, damit eine andere Wirklichkeit nackt in Erscheinung tritt, die an sich völlig unverständlich ist, die wir aber mit allen Mitteln dem Gewebe unserer schwankenden Existenz einverleiben wollen?

Nein. Das ist nicht die Liebe. Er weiß, dass das nicht die Liebe ist. Neben diesem ganzen grotesken nächtlichen Phänomen, neben dieser ganzen Magie vertrauter Gegenstände und warmer Atmosphäre, neben diesem ganzen Rausch von Wein und unbefriedigter Erotik bewegt sich nur ein zweckmäßiger Teil seiner selbst, der niedrigste und sinnlich poetischste, mit der Schamlosigkeit der Pflanzen, die ihre durch eine obszöne Ästhetifizierung verschönten Geschlechtsteile zeigen und das schön erscheinen lassen, wovon wir Tiere wissen, dass es hässlich ist. Der Aufbau eines bedeutenderen Lebens, der Plan, weiterzukommen, der Anspruch, nicht mit der dumpfen Wirklichkeit der Stadt, des Landes und der Stunde identisch zu sein, bleiben bestehen. Er ist anders und hat nichts zu tun mit dem zwar saftigen, aber hohlen Spross der passiven und zustimmenden Klassen. Er lebt in einer anderen Welt, in die kein Mädchen Zutritt hat, nur weil es schmachtend und saftig ist. Er hat sich einen schwierigeren Weg ausgesucht, an dessen Ende eine andere Art von Frau steht, bei der das, worauf es ankommt, nicht die elementare, zyklische und überschäumende Lebenskraft ist, sondern die ungebundene, entschiedene Klarheit. Er darf nicht in diese halb geöffnete Blüte fallen wie eine Fliege und mit den Beinchen hängen bleiben.

Doch als die rechte Hand – die eine ganze Welt in den Griff bekommen wird – die Tür seines asketischen Gelehrtenzimmers aufmachen will, ist es die linke Hand, die mit schmeichelnder Wonne den begehrten Kelch ein wenig öffnet.

Dorita ist kaum überrascht, als sie auf ihrem Körper die unschlüssigen Hände spürt. Nach einem Schauder sagt sie flüsternd: »Bist du es …? Liebling!«

Pedro versinkt, ohne dass er das, was Körper ist, von dem, was empfangende Wärme ist, so richtig zu unterscheiden vermag. Doch das Bewusstsein der Frau (stets wach, selbst noch in der Stunde der Vergewaltigung am frühen Morgen durch einen unentschlossenen Betrunkenen) trifft ihn schneidend und verlangt eine Antwort auf die wichtige und kurze Frage: »Liebst du mich?«

»Ich liebe dich« – »Ich liebe dich« – »Ich liebe dich« – »Ich liebe dich« – »Ich liebe dich«, spürt Pedro, dass sein Mund sagen, versprechen, von sich geben wird, während er weit entfernt von sich selber und weit entfernt von ihr, von irgendeiner lichten Spalte seines Geistes aus, die beiden weit entfernten, verlassenen, einsamen oder automatischen, nicht von ihm, sondern von irgendeinem Dämon besessenen Körper betrachtet, die als Inkubus und Sukkubus so weit entfernt, so fremd und verloren sich einem Rausch hingeben, ohne dass deshalb die heftigste dem Manne gewährte Lust auf ihn ausstrahlt und ihn über die Entfernung hinweg verbrennt, und zwar genau dort, wohin er sich flüchtet, in dem kleinen Raum, in dem sich der freieste Teil seines Geistes immer noch einen Augenblick lang wehrt, bevor er dann unweigerlich – so, wie man einem schwarzen Hund eine Hostie gibt – seine Freiheit aufgibt und bezwungen hinstürzt.

Und aus der weiten Leere, in der er eintaucht und in der er dahintreibt und von neuem untergeht, während er den Grund eines Traums sucht, den er nicht erreichen kann, weckt ihn unerbittlich ein »Du musst jetzt gehen«, liefert ihn dem Ekel des Cognacs wieder aus, der seinen ganzen Mund mit einem salzigen Speichel füllt. Aber sie muss ihn noch einmal befragen. Sie legt ihm die beiden warmen Arme um den Nacken, küsst ihn, dringt in ihn: »Wirst du mich immer lieben?«

»Immer« – »Immer« – »Immer« – »Immer«, während er der Dunkelheit des Flurs entgegentaumelt, der voller vertrauter Gegenstände ist und voll von den Gerüchen, die sich durch die halb geöffneten Türen der Schlafzimmer ergießen, wo die ruhmlosen Körper der Alten weiterhin die in gleichmäßigen Abständen eingeatmete Luft ausstoßen.

Deutsch von Eugen Helmlé

Ramón Gómez de la Serna
Leopoldo und Teresa

An diesem Junitag hatten die Magnolien ihre Blusen geöffnet. Schon seit Tagen fühlten sie sich beengt und warteten sehnsüchtig auf Befreiung; wie in eine Bluse mit steifem Kragen eingezwängte Frauen machten sie verzweifelte Anstrengungen, durch das eng anliegende Faltenwerk etwas Luft hereinzulassen.

Unter ihren knappen Blusen, die an den schwellenden Formen der Magnolie festklebten, wurde die Hitze unerträglich drückend. Im ganzen Baum knisterte es an diesen Tagen unter der heißeren Sonne, ja, man hörte fast das Aufreißen des grünen Blattes, das die Magnolien einhüllt wie das Farnblatt die kolbenförmige weiße Butter aus Soria oder die Magnolie des gelben, salzigen Rinderfetts.

Die weiße Magnolienbrustwarze lugte schon unter dem Mantel ihres Grüns hervor, und wie eine Zungenspitze durchfächelte sie die Luft mit dem Duft, der noch im Knäuel der Blütenblätter verborgen lag.

Allem Anschein nach bieten uns die großen Magnolienbäume in den öffentlichen Parks das Schauspiel und die unmittelbare Nähe von Baumbaldachinen für Frauen mit weit ausgeschnittenen Kleidern und Perlenketten, Frauen, die aus den Palastgärten davongelaufen sind, weil sie sich verloren darin fühlten.

Für alle sind diese herrlichen Magnolienbäume, die ihre Blüten in engste Korsetts einschnüren, wie die lockendste, verheißungsvollste Pubertät der Stadt.

Die platzenden Magnolien, an deren Zweigen schon die

Blätter hervorsprießen wollten, diese feinen Federbüsche wunderbarer Blätter mit ihrem seidigen Glanz, dem Glanz der Blumengirlanden auf dem Johannismarkt, boten schon das Schauspiel ihrer geöffneten Blusen und ihrer herausquellenden Brüste. An diesem Tag war es unvermeidlich geworden, dass sie ihre Blusen aufknöpften und die elfenbeinernen Brüste der göttlichen Ammen zeigten, die auf den religiösen Gemälden in den Museen das Kind stillen; die Magnolien sind nämlich verschwenderische Ammen, die ihren Duft an die Luft abgeben und dafür sorgen, dass die Spazierwege und öffentlichen Parks mit ihrem Parfüm durchtränkt werden.

Leopoldo war wie benommen von diesem Zerstäuber milchigen Parfüms, dem Magnolienbaum; mutig trat er auf das junge Mädchen im offenen Haar zu, das ganz betäubt unter der Magnolie in dem kleinen Garten saß.

Sie wandte den Kopf, beherzt und entschlossen. In kleinen Gärten muss sich alles so zutragen, mit einer gewissen freimütigen Hingegebenheit. Dies Mädchen im Garten war keins, das Widerstand leistete, sich versagte oder hinauszögerte, was passieren musste. Als sie den kleinen Garten aufgesucht hatte, wusste sie schon, was sie damit tat: dass sie mit Männern in Berührung kommen, ein bisschen sich anbieten und ein bisschen sich verkaufen werde.

»Schon seit langem suche ich eine Frau wie Sie.«

»So?«

»Ja … Und ich wünschte mir sie genau so, sogar mit der rosa Bluse, die Sie tragen.«

»Das ist aber ein Zufall.«

»Und ich wünschte mir sie mit diesem Magnolienduft, den Sie verströmen … denn dieser Duft kommt nicht vom Baum; er kommt von Ihnen.«

»Wie hübsch!«

Solche Dinge sagten sie einander. Sie war Vollwaise und lebte verloren in einem Winkel bei einer alten Tante, die ihrer überdrüssig war.

»Ich wünsche nichts sehnlicher, als aus dieser elenden Behausung herauszukommen … Mit jedem Tag wird es drückender …«

»Würden Sie meine Hilfe annehmen?«

»Das kommt darauf an.«

»Mit Leib und Seele würde ich mich Ihnen widmen …«

Sie rückten näher aneinander. Der Magnolienbaum bestäubte sie mit etwas Einschläferndem und Erregendem zugleich. Er machte gewagte Anspielungen:

»Knöpfen Sie die Bluse etwas auf … Sehn Sie nicht die Magnolien? Ohne zu erröten, zeigen sie etwas mehr als Sie … Sie sind ein Beispiel, das der Nachahmung wert ist.«

Sie knöpfte sich die Bluse etwas auf und blickte dabei zu den Magnolien hinauf, als habe ihr von der Höhe eines Altars die Jungfrau dazu geraten.

Leopoldo merkte, dass sie ungemein einfältig und mit Leichtigkeit zu haben war, und er wusste, dass dies die Frau für ihn sei, die Frau, die in Pantoffeln und mit offener Bluse auf die Straße hinunterging, um Brot und frischen Wein zu holen.

Bis spät blieben sie in dem Garten, der im Sommer bis zwölf Uhr offen blieb wie die Haustüren, die im Winter frühzeitig geschlossen werden, aber im Sommer bis nach elf Uhr geöffnet bleiben.

Der Magnolienbaum hüllte sie ein in seinen Schnee und in seinen verführerischen Duft. Ihr war's schlecht, als habe er ihr einen überzuckerten Likör zu trinken gegeben, überzuckert und doch mit viel Alkohol. Wie die Satyre in den Gärten wurde Leopoldo dringlich; er wollte nicht auf morgen verschieben, was heute sein konnte, was heute sein musste.

»Siehst du nicht, dass deine Tante dich verachtet … Geh nicht mehr zurück … Gib ihr keine Gelegenheit, wieder zu sagen, was du mir erzählt hast.«

»Gewiss … Aber wenn du mich morgen verlässt?«

»Begreifst du denn nicht, dass das nicht möglich ist? … Hab ich dir nicht gesagt, dass ich mein Leben ändern werde, dass wir schon morgen ein kleines Zimmer mieten und die notwendigen Möbel kaufen werden? Zeigt dir das nicht, dass ich bei dir bleiben will? Du glaubst doch nicht, dass ich für jede Frau, die ich in einem Garten kennen gelernt habe, eine Wohnungseinrichtung gekauft und eine Monatsmiete auf den Tisch gelegt habe? … Außerdem versteht ihr es sehr gut zu beißen, wenn man euch verlässt, und deshalb kann, was du annimmst, nicht passieren.«

Leopoldo hatte sich schon ihres Namens bemächtigt und wiederholte ihn sehr oft. »Teresa, du darfst nicht mehr zurückgehen … Nein, Teresa, auch nicht deiner Kleider und Sachen wegen … Dein Koffer, Teresa, riecht bestimmt nach dieser Rumpelkammer … Morgen, Teresa, kaufen wir alles, was du brauchst … Außerdem, Teresa, gib ruhig zu, dass all diese Sachen schon recht geflickt waren …«

Als Teresa sich auf eine öffentliche Bank gesetzt hatte, war es, als habe sie ein Schiff bestiegen, und von einem Schiff kann man nicht mehr herunter, wenn es mit dem Seemann an Bord einmal ausgelaufen ist.

Teresa, die geglaubt hatte, sie werde eines Tages nichts mehr haben als die Kleider auf dem Leib und am Morgen dieses x-beliebigen Tages auf einer Bank sitzen in dem bejammernswerten Zustand eines, der eine Reise gemacht hat, ohne sich dabei von der Stelle zu bewegen, Teresa, aufgelöst und nur in Bluse und Rock, nahm das Anerbieten an. Teresa war – und das kennzeichnet sie am besten – eines der letzten Mädchen in Rock und Bluse, ein Zug, der in Leopoldos Augen Gewähr für ihre Unschuld war, Leopoldo, der selber, ein unglückseliger falscher Elegant, in dunklem Jackett und heller Hose herumlief.

Teresa ließ sich küssen, und sie ließ sich rekognoszieren. Sie hatte eben den sanften Schmelz, der die Magnolien auszeichnete, und suchte in dem, was sie mit diesem Manne tat, eine Linderung des Kopfwehs, das ihr die Magnolien bereiteten, die Magnolien, die mit ihren Ausdünstungen so schwer zu vertragen und so berauschend waren wie das Vorspiel zu einer Hochzeit. Teresa hatte eine Magnolienstirn, so sehr, dass sie wie eine herabgefallene Magnolie aussah, als sie sich an Leopoldos Schulter lehnte. Sie war besiegt, mit glatter weißer Stirn.

»Ich will dir glauben«, sagte sie mit halb geschlossenen Augen.

Als Leopoldo sie so sah, zog er sie vorsichtig hoch und beförderte sie, wie man ein schlafendes Kind durch einen dunklen Flur bis ins Schlafzimmer trägt, wo man das Licht nicht anmacht, sondern sich zum Bett tastet.

»Wenn etwas sein soll, wie leicht wird da alles!«, dachte Leopoldo, der ganz beglückt war, dass er nicht lange hatte anhalten müssen, flehen, verzweifelte Anstrengungen machen, all das, wodurch eine Eroberung so unerträglich wird und erst dem in Schweiß Gebadeten gelingt.

Wie eine Schiffbrüchige hatte Teresa alles über sich ergehen lassen, und ohne viel Getue hat sie ihn nur angeblickt mit großen Augen und zärtlich verlangendem Mund. Diesen Gesichtsausdruck, reiner Ausdruck ohne störende Geste, nur Blick und wieder Blick, den Kopf in schwebender Haltung über dem Kopfkissen, würde er nie vergessen. In seinem Mund spürte er den köstlichen Saft schmelzend weicher Wassermelonen.

Und sie, die wenige Stunden vorher noch Unbekannte, sagte ihm nach dem Akt, und dabei hörte sie nicht auf, ihn anzublicken: »Du heiratest mich, nicht?«

Er, der bereits entschlossen war, sich für das Leben mit dieser Frau zu verbinden, sagte in aller Aufrichtigkeit: »Ja …, ich heirate dich.«

Er war erstaunt über die Naivität dieses Mädchens, und er hatte dafür nur eine Erklärung; er sagte sich: »So vielen Frauen gibt die Natur Brüste und Scham! … Deshalb ist es nicht weiter verwunderlich, dass sie sich mir gegenüber so uneigennützig gezeigt hat.«

In den Tagen nach dem Tag, an dem sie ein so natürliches Wesen zur Schau getragen hatte, dachte Leopoldo vor allem an den Satz, den sie ausgesprochen hatte nach der Hingabe an einen Unbekannten: »Du heiratest mich, nicht?«

Er fand ihn entzückend; er war bewegt und gerührt von diesem Satz, der in einem Gastzimmer so vertrauensvoll an einen Unbekannten gerichtet worden war.

In diesem Gasthaus, in dem die Wirtin sie duldete, konnte er nicht mit ihr leben. Die Freunde ließen ihm keine Ruhe und bildeten eine ständige Einladung zur Untreue.

Eines schönen Tages machten sie sich auf, um irgendwo ein kleines, abgetrenntes und abschließbares Zimmer zu suchen, und sie fanden es. Es war ausgestattet mit uralten, dunklen Tapeten, strotzte vor vergoldeten Kaminen und hatte traurige Balkone, doch Leopoldo nahm es, bezahlte die Bürgschaft und sechs Monate Miete im Voraus.

Am selben Nachmittag kauften sie auf dem Trödelmarkt ein Ehebett, ein Tischchen, vier Stühle und den Esszimmertisch, der im Vergleich zu den anderen Sachen viel zu billig war. Auch Kissen kauften sie dort und neu bezogene Matratzen. Von der Füllung wusste man allerdings nicht, wie alt sie war und ob sie nicht nur aus dem Flaum bestand, der sich im Innern der Taschen und in den Falten der Nähte bildet.

Gern hätten sie mehr mit nach Hause genommen, doch als sie wieder nach Madrid kamen, war es schon so spät, dass für nichts mehr Zeit blieb; die Läden hatten schon geschlossen. Hinter ihnen her rollte der kleine Karren mit den Möbeln. Diese Nacht schliefen sie wenigstens im eigenen Heim, obwohl sie ohne Bettwäsche auf den eben gekauften Matratzen schlafen mussten.

Sie war nicht mehr wieder zu erkennen, denn sie trug nicht mehr die armselige zweiteilige Gewandung, weiße Bluse, schwarzer Rock, die ihre Figur so entstellte, sondern ein ganzes Kleid mit einer seidenen Schärpe, einer breiten Schärpe, die auf dem Rücken in eine üppige Schleife auslief, eine Schleife, wie sie die Blumentöpfe in den Vorzimmern haben und die großen weihnachtlichen Präsentkörbe in den Schaufensterauslagen.

Das Eselchen kam nur schwer von der Stelle und packte die Möbel kaum, und so gingen sie langsam dem eben gemieteten Zimmer entgegen, von dem man noch nicht wusste, wie viel Kakerlaken es bevölkerten. Womöglich wurde der ganze Fußboden nachts davon schwarz wie dunkles Linoleum.

Er ging neben dieser kläglichen Frau her, und es jagte ihm eine gewisse Furcht ein zu sehen, wie sie sich mit Hilfe von ein paar alten Lumpen herausgemacht, unverhoffte Reize entwickelt hatte und Rundungen zeigte, die er vorher in ihrem Kommunionskleid für Erwachsene nicht bemerkt hatte.

Er klammerte sich an ihrem Arm fest; unwiderruflich würden dies seine einzigen Flitterwochen sein. Die Flitterwochen, die seinem Leben Erfüllung und Inhalt verleihen sollten. Er wusste, dass er ein kläglicher Mensch war, geboren, um ein armseliges Leben auf Pump zu führen in einem Zimmer mit dunklen Tapeten, hinter denen Wanzen lebten, endlose Reihen von Wanzen wie dünne, in die Wand geschlagene Nägel. Ach, Teresa würde der Knochen sein, an dem er sein Leben lang nagen würde, sich der ersten Liebesnächte erinnernd, als ihm noch Geld aus der mütterlichen Erbschaft geblieben war und er am Arm eines so anmutigen Mädchens mit einer schwarzen Seidenschärpe mit Fransen, lang wie eine zerzauste Kindermähne, alle Straßencafés von Madrid besuchte.

In seinem grämlichen Gesicht mit der hängenden Brille und den eingesunkenen Zügen spiegelte sich der Fatalismus des Spaniers, der ein Verhältnis eingeht oder heiratet, gleichgültig wie.

»Aber hatte er es anders verdient?« Wenn er die Sache so ansah, fand er, dass dies schon fast zu viel für ihn war, mehr als zu viel. Er hatte diese Frau nicht bezahlt, die nicht etwa nur der Abklatsch einer Frau war – er drückte ihr den Arm, um sich zu vergewissern –, und er würde sie nie bezahlen, weil ihnen bald das Geld ausgehen würde und sie die nie endende Qual eines hypothetischen Lebensunterhalts zu erdulden hätte.

Leopoldo fand, dass sie eine bäuerliche Grazie besaß, die ihre Flucht verhindern würde; denn niemals konnte sie eine Señorita werden, mit diesem Flaum, der ihren ganzen Körper bedeckte, ein verhängnisvoller Flaum, ein richtiger Pfirsichflaum, ohne dass zu diesem Vergleich große Einbildungskraft vonnöten gewesen wäre. Daran sah er, dass Teresa aus dem Volke stammte, dass sie etwas von der Tochter einer Wäscherin an sich hatte, dass sie eine Tochter der Madrider Gemüsegärten war, dieser Gemüsegärten, neben denen die Wäsche auf Pflöcken zum Trocknen aufgehängt wird.

Es befriedigte ihn tief, dass er diesem Mädchen auf einer Gartenbank begegnet war. Diejenige, die man in einem großen Hotel kennen gelernt hat, kann man für gewöhnlich nicht mehr in das große Hotel zurückführen, um ihr das »hier haben wir uns kennen gelernt« zu sagen. Mit Teresa dagegen konnte er immer wieder die Bank in dem kleinen Garten aufsuchen; an mehreren Tagen waren sie bereits dort gewesen, beide erstaunt, dass sich alles so einfach zugetragen hatte, beide in Selbstbewunderung erstarrt, so als hätten sie durch die Begegnung gewonnen.

Ihre Dachwohnung im fünften Stock mit dem Kaminluxus der alten Madrider Häuser, wo ein marmorner oder ein goldener Kamin in jedem Zimmer ist, hatte wenig Anheimelndes. Die Kamine in diesen Häusern waren nur nützlich, um die Utensilien eines Bohemelebens darauf abzulegen, Nähzeug, Rasiersachen, einen schmutzigen Kragen, zwei schmutzige Kragen, drei schmutzige Kragen. Sie flohen aus diesem kläglichen Zimmer und nahmen die Gelegenheit wahr, sich in den kleinen Gärten zu erfrischen, an all den unversehens überall auftauchenden Kiosken dieser bescheidenen Hidalgos, die den Platz, wo sie ihren kleinen Erfrischungsausschank aufmachen, wohl zu wählen wissen.

Von diesem Handel lebte in allen Stadtteilen, in jedem kleinen Viertel eine bescheidene Familie, die auf diese Weise an dem Gewinn der Kaffeehausbesitzer teilnahm. Eine große Industrie konnte in Madrid nicht gedeihen, wohl aber alle möglichen kleinen Gewerbe.

Der weißflächige, leicht gebaute kleine Ausschank erhob sich mitten zwischen Gärten und kleinen Plätzen; ein Wasserhahn, der mit den großen Bierfässern verbunden war, glänzte sauber poliert wie ein Schlangenkopf.

Das Lokal, das sie am häufigsten aufsuchten, war eins in nächster Nähe ihrer Wohnung: die »Druckerei-Bar« am Kirchplatz mit ihren Haufen von Korbsesseln. Dort ließen sie sich fast jeden Abend nieder; nachmittags schlenderten sie gern umher, am Abend aber gefiel es ihnen am besten in den Straßencafés ihres Viertels.

Mit großtuerischer, wahrhaft männlicher Geste ergriff Leopoldo die Sessel, so als packe er jemand beim Kragen oder teile Ohrfeigen an alte Feinde aus. Die forsche Art, wie er mit den Sesseln umging, erweckte den Eindruck, er weise im Esszimmer seiner eigenen Wohnung Stühle an: »Hier du … da ich.«

Der Kellner tat, als kenne er sie seit langem, mit diesem Bekanntheitsgetue, in dem die Kunst der Kellner billiger Bars besteht.

»Guten Abend, Señoritos.«

Die Leute um sie herum hielten sie für alte Stammgäste, und die anderen alteingesessenen Gäste blickten zu ihnen auf, bis irgendeine stattliche Señora, eine Dame von hoher Abkunft, wie inkognito an dem Straßencafé abstieg, obwohl sie durch ihre glitzernden Ohrringe auf eine Meile zu erkennen war. »Sieh mal, was für Ohrringe!«, sagten die übrigen Frauen in den Straßencafés zu ihren Männern, und alle betrachteten verstohlen die herrlichen Ohrringe, zwei Margeriten aus Brillanten.

Wie in einem Theater kamen sich alle vor, sie genossen das gesellschaftliche Leben der großen Kasinos, und doch fühlte sich jeder wie für sich, deshalb konnte man auch Auseinandersetzungen hören, die wie aus Schlafzimmertiefen zu dringen schienen.

Leopoldo und Teresa betrachteten die Häuser in der Umgebung. Die Lust am Betrachten von Balkonen war beiden gemeinsam. Sie fanden Gefallen daran, den Blick über Balkone schweifen zu lassen, nicht nur über die erleuchteten und bevölkerten Balkone, sondern auch über die dunklen, die wie Grabnischen des Lebens waren.

Sie wussten nicht, was es mit dieser dunklen, inbrünstigen Leidenschaft für die Balkone auf sich hatte, aber es war Freude am Leben, das Gefühl, mitten im Leben zu stehen, auf dem Friedhof der Lebenden, der in so üppigem und entscheidendem Gegensatz steht zum Friedhof der Toten.

Tatsache ist, dass sie bis halb ein oder ein Uhr nachts schweigend die Balkone betrachteten, den Kopf zurückgelehnt auf das harte Korbgeflecht der Sessel, das sich wie ein unabweisliches Gedankengitter in ihn hineinpresste.

Wie zwei Leute mit einem Anfall von Migräne auf der Terrasse eines Krankenhauses sahen sie aus, und doch waren sie nur zwei Willensschwache, Gescheiterte, die selber hätten dies Leben leben wollen in den Häusern mit den Balkonen, er, stets als vornehmer Beamter, der etwas versteht von Wissenschaft und Gesetz und dessen größter Triumph es vielleicht wäre zu sehen, wie die Leute aus der Nachbarschaft mit ehrfürchtiger Bewunderung zu ihm aufblicken …

Immer dies geheimnisvolle, verbummelte Etwas zu sein, das überhaupt nichts tut und dem immer ein paar Zeitungen aus der Tasche hervorgucken, vielleicht noch, eine rote Krawatte zu tragen, das war Leopoldos Ideal, aber darüber schwieg er sich aus, um Teresa nicht zu erschrecken. Solange dies süße Leben währte und während er das alles dachte, betrachtete er die Beine dieses Mädchens, das in einer Portierswohnung hätte zu Hause sein können, ihre schönen Beine in den hauchzarten Strümpfen. Niemand konnte das bestreiten, Teresas Beine waren wohlgeformt, hatten sanfte Rundungen und waren genauso reizvoll wie die höher gestellter Persönlichkeiten, wie die berühmter Tänzerinnen.

Ihre Beine waren seine Verrücktheit wert, waren es wert, dass er sich für immer an sie band. In jedem Augenblick standen sie da wie in einem Schaufenster, fest auf den Boden aufgesetzt mit der Koketterie einer Frau, die weiß, was sie tut, mit raffiniertem Wissen.

Verstohlen, denn er wollte nicht, dass sie es merkte, betrachtete er ihre Beine; nachher stellte er fest, dass man sie von allen Seiten weit weniger verstohlen betrachtete; sogar die Hunde näherten sich lüstern von unten, um an den schönen, zarten Beinen dieser so gewöhnlichen Frau herumzuschnüffeln.

Und er hatte diese Beine prostituiert; seinetwegen hatten sie bis unter die Dächer steigen müssen, als berührten die Füße den Himmel. Bis zu welchem Grad hatte er sie prostituiert? Das zu erfahren war seiner Seele dringendstes Anliegen; es beschäftigte ihn mit bösartiger Ausschließlichkeit. Das einzige Anzeichen dafür, dass man von ihnen Besitz ergriffen hat, ist bei dieser Art Frauen der Grad ihrer Prostitution. Was er wollte, war, ihre Sinnlichkeit aufreizen, aber nur er allein wollte es tun. Das bezahlte er mit einer Bindung fürs ganze Leben wie so viele andere; allerdings fand er nicht, dass das Leben noch andere, höhere Ziele habe.

Was hatte er ihr nicht alles beigebracht, er allein, er selbst, er, ja, er selber ganz allein.

In seinem Beichtstuhl aus Korbgeflecht zitterte er vor Glück, der Frau gegenüber, die an ihn glaubte, die so unschuldig war, dass sie jenes »Du heiratest mich, nicht?« zu ihm gesagt hatte, an das er sich erinnerte als an den Beweis ihrer einstigen Unschuld.

Obwohl es absurd schien, würde es damit enden, dass er sie heiratete. Denn war es nicht ein unschätzbares Verdienst, dass sie sich in seine Hand gegeben hatte, ihm gehörte, ihm mit seinem gelbsüchtigen Affengesicht und seiner herunterhängenden, abgenutzten Brille?

Schließlich war sie so etwas wie eine gehobene Zigeunerin, der immer etwas von jenen Frauen anhaftete, die in letzter Stunde in gewissen kleinen Cafés auftauchen.

Schlimmer wäre ein Dienstmädchen gewesen. In den Augen derjenigen, die ihn seit langem kannten und ihn für ungemein kurzsichtig hielten mit seinen dicht über der Nase klebenden Augen, die der Meinung waren, dass er zu gar nichts tauge, war sie eine wirkliche Eroberung. Die urtümliche Frau, die man aus den Wäldern mit heimführt wie ein richtiger, wilder Eroberer. Niemand hätte seine unaufhörlichen Bekenntnisse ertragen können. Sie hielt sie aus. Den ganzen Tag hörte sie ihm zu, obwohl sie auch verlangte, dass er ihr zuhörte. Doch, welche Wonne, eine Frau ihre alltäglichen Kleinigkeiten, ihre Torheiten und Irrtümer erzählen zu hören!

Er war selig und fühlte sich vom Glück bestrahlt.

Mit ihr an seiner Seite hatte eines der größten Kümmernisse seines Vagabundenlebens ein Ende gefunden, das Kümmernis, allein in den Straßencafés herumzusitzen vor einem Tisch mit drei Korbsesseln. Die Leere der beiden überzähligen Sessel war trübselig, und das dünne, knochenartige Korbgeflecht wie der Totenschädel einer Abwesenheit, das Skelett der Einsamkeit selbst, wie eine Anspielung darauf, was ihm bevorstand, und dass er als Knochengerüst enden werde seines Egoismus wegen.

In dem Straßencafé fühlten sich beide inmitten der großen Welt, wie in die Gesellschaft eingeführt an den Gestaden der bewegungslos daliegenden Stadt; wie auf der Terrasse des großen Kasinos kamen sie sich vor. Sie nahmen die Welt aufmerksam wahr und konnten von sich behaupten, dass sie an Deck eines der Ozeanriesen gereist waren, die das Rote Meer des Madrider Sommers überquerten.

Diese Nächte konnte ihnen keiner mehr nehmen. Er sah, wie sie alles genoss, sah es wie einer, der seine Frau zu einer Tanzveranstaltung ausgeführt hat, und zu ihr hinüberblickend sah er, wie sie in die Lichter hineinträumte.

Je weiter vorgerückt die Stunde war, umso deutlicher hörte man die Uhren schlagen, die Uhren, die eine nach der andern schlugen, nachgingen oder vorgingen mit Bezug auf die ideale Uhr? Welche ging richtig?

Von allen Häusern schleuderten die Uhren das klirrende Geldgeschenk ihre Läutens.

Autos fuhren an dem Straßencafé vorbei, Autos, die sich des lebhaften Betriebs in dieser Nacht freuten, der zahlreichen, wenn auch nur undeutlich wahrgenommenen Leute in ihren Korbsesseln, derentwegen es sich schon lohnte, in einem schnellen Auto vorüberzufahren.

Alle, die sich der Geschwindigkeit verschrieben hatten oder dem Zauber des Umherschlenderns, rechneten mit diesen Leuten, die ruhig da saßen. Man vernahm Bruchstücke von der Unterhaltung der Übrigen, Bruchstücke, die diejenigen, die sie hörten, eine Weile nachdenklich stimmten.

»Das Verhängnis hat sie dir ins Haus geführt …«, sagt ein Mann zu der armen Frau, die ihn erträgt.

Wen? Wann? Wie kam das Verhängnis ins Haus? Was tat jenes Dienstmädchen oder jene Freundin?

Man hört nichts mehr.

In der Ferne Straßenbahnen, die zusammenbrechen.

Burrum – bum-bum … vor Altersschwäche sind sie zusammengebrochen, in tausend Stücke zersplittert.

Häufig vernahm man: »Ich hätte den Frauen die Zunge abgeschnitten.«

Am Ende wurde alles bestimmt von der Notwendigkeit des Aufbruchs. Die Glühbirnen schienen geschmolzen zu sein, und die Kellner hoben nervös die Hand an der Westentasche.

Leopoldo bezahlte, und sie begaben sich in ihr drückendes kleines Zimmer, dessen Wände so glühend heiß waren, als hätte man mitten im Sommer all die Kamine angezündet, mit denen es ausgestattet war.

Sie war an Bastschuhe gewöhnt, und wenn sie die Schuhe auszog, schienen die Füße aufzuatmen und ein erleichtertes »Ah« auszustoßen.

Er umarmte und küsste sie.

Es war die Stunde, auf die sie sich den ganzen Tag über vorbereitet hatten, die Stunde, in der sie die Glückseligkeit des Einsseins mit dem Leben genossen, die das Leben immer gewährt, obgleich es sie nachher verleugnet oder sich nicht mehr an sie erinnert.

Sie, die das Schlimmste noch nicht wusste, was eine Frau wissen kann, das Ärgerlichste und Bösartigste, nämlich »dass man sich verweigern kann«, entsprach seinem Verlangen mit großer Natürlichkeit; dann verlor das Zimmer seine Dürftigkeit, und er, der arme Habenichts, war so entzückt, als sei er in dem kleinen Garten auf die wahre, die vollkommene, die einzige Eva gestoßen.

Die Straßencafés blieben weiter die große nächtliche Zerstreuung dieser glücklichen Monate.

Madrid war voll von Straßencafés, auf allen Plätzen, in allen Gärten befanden sich Straßencafés; in Innenhöfen und vor den Haustüren waren Straßencafés angelegt.

Man musste schon so ein Straßenbummler sein wie Leopoldo, um eine annähernde Vorstellung von allen vorhandenen Straßencafés zu haben.

Für gewöhnlich waren die Straßencafés so etwas wie die Ausnutzung von Grundstücken, dieser mit Sand bestreuten Grundstücke, dem weißen Sand der Zirkusarenen; starke Glühbirnen hingen darüber, an denen Tränen eines stets schmelzenden Metalls herabtroffen wie ein leuchtendes Ohrgehänge im Etui der Birne.

Hell erleuchtet und mit Korbsesseln, die glänzten wie neu, boten die Straßencafés ihre Spezialbiere an, die nur aus Erfindungsgabe und dem Wasser des jeweiligen Viertels bestanden.

»Welches Straßencafé besuchen wir heute?«, fragte Teresa, die bereits vom Straßencafé-Fieber befallen war.

Leopoldo suchte ein weit entfernt liegendes Straßencafé aus, um einen Spaziergang mit einem bestimmten Ziel vor sich zu haben, weil Spaziergänge ohne Ziel fürchterlich müde machen, auch wenn sie viel kürzer sind als die Spaziergänge mit Ziel.

Und Leopoldo und Teresa machten sich auf den Weg nach dieser Lichtoase inmitten dunkler Straßen. Sie sahen die bereits aufgetragenen Bockbiere smaragdfarben auf den runden Tischen glänzen und beschleunigten ihre Schritte wie Leute, die fürchten, zu spät zur Vorstellung zu kommen. Die Leute, die aus den Fenstern der Häuser in der Umgebung guckten, waren die Zuschauer für sie, wie Leute, die nur darauf gewartet hatten, dass die Coupletsänger der Straßencafés auftauchten und sich auf den knochigen Korbsesseln niederließen.

Vorstellungen mit wenig Schauspielerinnen und vielen Schauspielern waren diese Straßencafévorstellungen; deshalb ruhten alle Blicke auf Teresa, und sie fühlte sich von Blicken wie gestreichelt. Beim Sprechen blickten alle auf sie und schienen ihre Unterhaltung ihr zu widmen. Die Neuankömmlinge drehten ihnen ihre Korbsessel zu.

Leopoldo genoss das, und er lächelte in sich hinein bei dem Gedanken, dass niemand es für möglich halten würde, dass er diese Frau, die sich Tag für Tag mehr herausmachte und so viel gelernt hatte, auf einer Gartenbank gefunden und bekommen hatte innerhalb der kurzen Zeitspanne eines Nachmittags. Ihr Bier trank sie schon wie ein geübter Trinker und mit deutscher Gier, ihr gefiel der Schaum, der ihr einen Greisenschnurrbart um den Mund machte.

Die Straßencafés schmiedeten diese Frau noch enger an ihn; durch das Sich-zur-Schau-Stellen manifestierte er seine

Verbindung mit ihr, und wenn er mit ihr auf den Ehesesseln der großen Madrider Empfangspodeste, die es in jedem Viertel gab, Platz nahm, ließ er alle auf den Bänken um sie herum an ihrer Vermählung teilhaben.

»Heute Abend debütieren wir in einem Straßencafé, das ich auf der Ronda de Toledo entdeckt habe«, sagte er zu ihr.

Von dem Café dieses Debüts aus sahen sie auf die Wohnungen in ihrem gelblichen Schein, in denen sich Ehepaare inmitten eines Haufens von Kindern ausziehen und sich hinlegen, Kinder wie Tote mit müden, eingefallenen, grämlichen Gesichtern, so als hätten sie in unterirdischen Stollen gearbeitet.

»Sag mir, ob wir in ein hell erleuchtetes Straßencafé gehen oder in ein wenig beleuchtetes, damit ich weiß, ob ich mich zurechtmachen muss oder nicht«, sagte sie.

Die Schleife an ihrem Kleid war bereits platt gedrückt und hing schlaff herunter. Wer hätte gedacht, dass es dieselbe üppige Schleife war, aus der sie einmal einen richtigen Fasan mit Aufsehen erregendem, wallendem Schweif gemacht hatte? …

Wenn sie die wenig beleuchteten Cafés aufsuchten, gaben sie sich manchmal verstohlen einen Kuss und verfolgten die verräterischen Bewegungen der Leute in den übrigen Ecken.

In langwierigen Beobachtungen bekamen sie heraus, was man auf den ersten Blick nicht vermuten konnte.

In den dunklen Straßencafés, auf denen nur der Getränkeausschank etwas Licht verbreitete, nahmen sie mehr von den Dingen in ihrer Umgebung wahr, konnten sie besser über das Leben nachdenken und fiel ihnen der größere Wohlstand der anderen mehr auf, diese Speisezimmer mit Spiegeln und Silber, die im Sommer so unverschämt glänzen und aussehen, als seien sie voll von Metallringen, den Ringen, auf denen sich Papageien schaukeln und von einem zum andern hüpfen.

Die verschiedenartigen Laternen in jedem Viertel beeindruckten sie in jedem Café immer neu, besonders von den wenig beleuchteten Cafés aus.

Die Laternen in den volkstümlichen Vierteln waren scheel und strahlten ein gelbliches Licht aus, die in den bürgerlichen Vierteln glänzten, fröhlich, gütig und zärtlich, die in den reichen Vierteln waren kalt und vornehm; sie wollten mit dem Straßencafé nichts zu tun haben; auch wenn sich das Straßencafé neben der Laterne befand, blieb es weiter im Dunkeln, denn dass das Straßencafé auf die Straße hinaustrat »wie Portiersleute«, war etwas Unvornehmes; »wie Portiers«, schienen alle Balkone der Umgegend zu sagen.

Sie standen unter den hohen Funktürmen, zu deren Höhe der Blick kaum hinaufreicht, dieser Art Sternenputzerleitern, diesen Kapitänsbrücken auf festem Grund.

Sie setzten sich unter einen großen Obelisken neben den Eiffelturm von Madrid und genossen das Leben in seiner Monumentalität wie in seiner Einfachheit. Unmöglich hatte der Erbauer dieser lästigen Eisentürme damit rechnen können, dass er beim Publikum der Stadt die Idee von Riesenbauten wachrief, ja in einigen Köpfen sogar die Vorstellung von Wolkenkratzern.

Vom Dunkel dieses oder jenes Cafés aus sah man Schatten gegen die Mauern gepresst, und dann, wie sie unbeholfen ein paar Schritte vorwärts taten, mit den epileptischen Bewegungen von Menschen, die sich die Hose zuknöpfen.

Die Bewegungen der Straßenbahnen, ihre Geschwindigkeit, ihr nicht enden wollendes, lästiges Vorüberfahren kann man nur von einem Straßencafé aus gut beobachten. Sie sahen die Leute im Innern, denen es vor Hitze und Langeweile fast übel war, sahen, wie sie sich mit den Blicken ankotzten, die auf der einen Seite kotzten die auf der andern an; sie hatten sich gründlich satt und konnten es in dieser gemeinsamen Verbannung der Straßenbahn nicht mehr miteinander aushalten.

Leopoldo und Teresa verlebten herrliche Sommerferien. Sie unternahmen jene Ausflüge in die nähere Umgebung, die dank der Straßencafés wie Reisen nach Ostende waren oder nach Etretat.

»In diesem Haus«, sagte Leopoldo und zeigte auf einen beleuchteten Balkon, »ist jemand krank … Man sieht es an dem abgeschirmten gelben Krankenlicht … Die Blindenorgel macht sie sicher nervös.«

»Ja, das Leben!«, sagte sie, die sich glücklich fühlte und fröhlicher Stimmung war.

»Die tiefe Stille dieser Stunden, die den Straßen einen größeren Ernst verleiht, wetten wir, dass du nicht weißt, worauf sie beruht? …«, sagte er.

»Nein, ich weiß es nicht«, erwiderte sie.

»Fällt dir nicht auf, was zu dieser Stunde fehlt?«

»Ich verstehe dich nicht … Nein …«, beharrte sie.

»Die Kinder, Frau, die Kinder … Sie sind alle zu Hause, wohl verborgen … Glücklicherweise gehen sie früh zu Bett … Das Fest der Nacht ist ein Fest für Erwachsene … Es sind alles Eltern, die ihre Kinder zu Hause im Bett haben …«

Sie sprachen über viele Dinge, stellten über vieles Berechnungen an.

»Wie viel Personen, glaubst du, dass in diesem Haus wohnen?«, fragte Leopoldo.

»Viele, viele«, sagte Teresa.

»Guck dir mal die Balkone genauer an ... Das ist eins von den Häusern, die man ›Titanic‹ nennt zur Erinnerung an das große Schiff mit seinen unzähligen Passagieren.«

»Mindestens tausend«, sagte sie, um die Diskussion, bei der sich nur ihre Unwissenheit oder Einfalt herausstellen konnte, abzubrechen.

»Mindestens dreitausend«, sagte er etwas in Bausch und Bogen, um sie in Erstaunen zu versetzen; die Frauen muss man nämlich immer in Erstaunen versetzen.

Dann wandte sich das Gespräch den roten Karaffen der Terrassen zu. »In den roten Karaffen aller Cafés, Terrassen, Restaurants und Hotels von Madrid befindet sich mindestens ein Viertel des Wassers aus dem dritten Wassertank ...«

»Und es muss besseres und schlechteres Wasser geben«, sagte sie, »je nach der Straße ... Am Wasser des tüchtigsten Viertels müssten sie eigentlich heilkräftige Eigenschaften entdecken ...«

Sie sprachen über die Lage des Lokals, in dem sie sich gerade befanden.

»Dieses Café hat etwas von einem Stierkampfplatz«, sagte er von dem Café auf dem Platz Nicolás Salmerón.

»Dieses Café gefällt mir«, sagte sie, »weil es mitten auf der Straße liegt wie eine Pferdedroschke ... Wie eine abgestellte Pferdedroschke, die Rast macht.«

»Was mir hier am besten gefällt, sind die Sitze; es sind die bequemsten Sessel in ganz Madrid ... Ich sitze darin, als wären sie für mich nach Maß gemacht«, sagte sie in einem anderen Lokal.

»Schade«, sagte er in einem ärmlichen, aber interessant gelegenen Café, »dass sie hier diese Eisenstühle haben, die zweifelsohne vom Prado oder der Castellana gestohlen sind ...

Sie schneiden ins Fleisch … Das wird den Besitzer ruinieren, jammerschade, an diesem ausgezeichneten strategischen Punkt, von dem aus man hübschere Dinge sieht als in den anderen Lokalen Madrids.«

Hinsichtlich des Biers gingen ihre Meinungen auseinander.

»Wie findest du, dass das Bier schmeckt?«

»Ich finde, dass es einfach nach Bier schmeckt.«

»Nein, es schmeckt nach Stroh.«

Oder sie äußerten Ungereimtheiten wie »dies Bier schmeckt nach Kölnischwasser« oder »dies Bier schmeckt nach mariniertem Fisch« oder »es schmeckt nach Krebsen, vielleicht, weil im Fass heute ein Krebs ertrunken ist, einer von denen, die zum Bier verkauft werden«.

Mit der ganzen Stadt machten sie sich vertraut; sie kannten sie bis in die Geheimnisse jedes Orts; sie kannten das Haus der Marquisen mit den stets herabgelassenen Markisen, das Haus der Esszimmer, in dem alle Familien sich in den Esszimmern versammelten, das Haus der Säle, in dem alle sich in Sälen versammelten mit vier Glasglocken an der Decke, das des Architekten, der bei einer großen Lampe an der neuen, frisch gespänten Holzplatte eines großen Tisches arbeitete, das Haus der Grammophone, das Haus der jungen Leute, die in diesem Schlafrock mit Gürtel auf den Balkon heraustraten, während sich die Silhouette ihrer Beine auf dem unteren Teil des Balkons abzeichnete, das Haus mit dem Hirsch an der Wand, das Haus, in dem alle in die Sommerfrische gefahren waren, und das, in dem alle weggefahren waren außer einem, dem unglückseligen Bewohner, der nun die ganze Einsamkeit der Straße ertragen muss und der sich damit abfinden muss, dass die Treppe ihm allein gehört und Diebe nach Herzenslust ans Werk gehen können, weil niemand sie auf der Treppe hören kann.

Leopoldo und Teresa sogen die Luft jedes Viertels in vollen Zügen ein und mieteten in jedem Viertel Traumwohnungen.

»Wie schön wär's, hier eine Wohnung zu haben! ... Was für eine Aussicht man von diesen Balkonen haben muss.«

Die Wohnungen, an denen »Zu vermieten« angeschrieben stand, bildeten eine ständige Versuchung für sie, und sie mieteten sie im Geiste sofort. Was für ein Sommer, in dem sie in allen Straßencafés waren! Gegen zwei Uhr nachts schlug die Wachtel drei- oder viermal, wie eine kaputte Uhr, und beide erhoben sich; sie, deren Hüften mit jedem Tag ausladender wurden, machte sich mühsam von dem Krinolinengestell des Korbsessels frei. Einige Sessel hatten sie lieb und wollten sie nicht loslassen.

Langsam machten sie sich auf den Weg nach Hause. Schon huschte jener Laternenwärter an ihnen vorbei, der, obwohl es noch gar nicht so spät ist, übermäßig viel Laternen ausmacht, es wie etwas Verbotenes tut und wie ein böser Geist die Flucht ergreift.

»Sie geben jedem Stadtverordneten zehntausend Duros, damit er ein Auge zudrückt und darüber hinwegsieht, wenn die Laternen eine Stunde eher ausgemacht werden«, sagte Leopoldo, entrüstet über diese Strolche, die ihm den Weg verdunkelten.

Umschlungen stiegen sie die Treppe zu ihrer Wohnung hinauf, wobei sie sich gegenseitig Mut machten durchzuhalten.

»Als wollten wir uns fotografieren lassen«, pflegte er auf diesem nicht enden wollenden Anstieg zu sagen.

»Das Brautbild«, sagte sie mit vager Anspielung auf den weißen Schleier, den sie eines Tages gern getragen hätte.

Die Matratze vom Trödelmarkt war schon stark ausgebeult und wies hie und da tiefe Täler auf, aber sie bot noch genügend Bequemlichkeit für beide. Er machte das Licht nicht an, um die Balkontür nicht schließen zu müssen, und zog sich schnell aus. Auf dem Bett, von dem sie der Hitze wegen Decke und Überschlagtuch abgenommen hatten, sah sie aus wie ein großes Kind.

»Täglich kommt es mir so vor, als brächte ich aus jedem Stadtviertel eine andere Frau mit heim, heute ist es eine aus Las Peñuelas«, sagte er; dabei wählte er den Namen des Viertels je nach der Straßenbahn, die sie benutzt, oder dem Fußweg, den sie auf der Suche nach neuen Straßencafés gegangen waren. Sogar aus »La China« – diesem berühmten Madrider Viertel – brachte er eines Tages eine neue Teresa mit heim. »Du hast schlitzförmige, einwärts blickende Augen«, sagte er an diesem Tag.

Leopoldo, wohl wissend, dass sein Vermögen zerrann, kostete es voll und ganz aus, diesen Magnolienbaum an seiner Seite zu haben, dessen Magnolien ihm zugänglich waren: statt der Eva des klassischen Apfelbaums die Eva des öffentlichen Magnolienbaums.

Sie waren bereits drei Monate zusammen, und der August näherte sich seinem Ende.

In den Straßencafés erlebten sie kalte, graue Tage, an denen sie sich zwar nicht ins Innere begeben wollten, aber doch unter einem Dach Schutz suchen mussten. An den Tagen, an denen Kälte und Regen stärker einsetzten und man die Korbsessel hereintun musste, war es, als habe eine große

Überschwemmung sie hinweggespült, als trieben sie auf dem Wasser des beginnenden Herbstes dahin.

Teresa ging stets in ihrem schwarzseidenen Mantel aus. Beide spürten das Bedürfnis, den Bummel durch die Straßencafés, die so viel Abwechslung boten, als seien es Portierslogen für eine ganze Straße oder ein ganzes Viertel, noch bis zur Neige auszukosten.

Sie genossen dieses Leben bis zum Letzten, weil sie beide fürchteten, nie mehr einen so glücklichen Sommer zu erleben wie diesen, in dem sie wie ein jungvermähltes Paar alle Nächte ihren Honigmond feierten, immer Honig und Vollmond, obwohl es ein abnehmender Honigmond war. Eine richtige Hochzeitsreise hatten sie gemacht; es war, als seien sie in allen möglichen Weltgegenden gewesen. Fehlte nur, dass sie von jedem Straßencafé eine Karte geschrieben hätten.

So kam der Tag heran, an dem sie ihm ein intimes Geheimnis mitteilen musste.

Sie sagte es ihm, nicht, wie auf ein Recht pochend, sondern aus liebendem Herzen. Nicht wie einer, der sich jemand noch mehr verpflichten will, sondern mit großer Freude.

»Mir scheint, dass ich bereits …«

Und mit Gesten, mit einem Niederschlagen der Augen zeigte sie Leopoldo an, was sich ereignet hatte und was in den Händen einer Hebamme enden würde.

Leopoldo hatte das befürchtet, aber er war gewillt, es hinzunehmen. Sein ganzes Leben hatte sich dank ihrer geändert, und er war jetzt wirklich fest entschlossen.

Der Zustand der Untätigkeit, den er sich mit einer gewissen Wollust zu ertragen gewöhnt hatte, hatte ihn ziemlich ruiniert, aber er besaß den Mut, sein Geschick zu meistern. Das würde diese Frau noch mehr in seinem Heim verankern, auch wenn sie noch schöner würde, als sie so schon geworden war.

Dank dieses Kindes konnte er den einflussreichen Persönlichkeiten, wenn er sie um etwas bitten würde, sagen: »Mein Sohn … Mein armer Sohn.« Das würde den Kreis schließen, ihn endgültig an diese Frau binden. Im kommenden Jahr würden beide zu Hause ihren Sohn hüten, und der Fußboden würde übersät sein mit herumliegenden Sachen. Straßencafés würde es dann nicht mehr für sie geben; immer aber würden sie an diesen Sommer in den Straßencafés denken, immer, und am Abend würden sie sich dadurch schadlos halten, dass sie mit ihrem Sohn durch die kleinen Gärten gingen, weil er ein Gartenkind war, dem der Wärter erlaubt, auf dem Rasen zu spielen und die Blumen von den Beeten zu pflücken. Sein Sohn würde der kleine Junge sein, der von der höchsten Baumspitze in den öffentlichen Gärten die Prozession mit ansieht, den Reiterzug oder den Einzug des fremden Königs, vom höchsten Ast, dem besten strategischen Punkt.

Deutsch von Marlene Trier

ten Beines auf Höhe des Oberschenkels. Das alles wegen eines Fitzelchens, eines kaum sichtbaren Stückchens Metall. Sie ist gestorben. Ist auch nicht mehr wichtig. Ich liebe dich, will dich. Aber dein Blut will ich nicht.

Sie kommen wieder, schwirren, schießen, wie die Scheiben zittern!

Der feine Flaum deines ebenmäßigen Nackens. Deine Zunge, der schwere Volant deiner Zunge, belegt und fiebrig, die gekörnte Feuchtigkeit deiner Zunge, zweigeteilt wie ein Rosenblatt, die öde Höhle deines Mundes, der harte Totenkranz deiner Schneidezähne auf der glühend rauen Reife meiner Zunge. Versenke sie in meinem Gaumen, meinem Hals, wenn meine halb geöffneten Lippen auf deinem vollen Mund liegen, schwarz in der schwarzen Nacht! Stoße sie hinein! Uns bedrängt die Finsternis. Fühlst du deine Brüste, wie ich sie fühle? Angeschmiegt an mein pelziges Brustbein.

Der Tod fällt fächerförmig. Gleich klingelt das Telefon und sie rufen mich fort.

Sieben rechte Arme, sieben einzelne Arme möchte ich, dich zu preisen, sieben Hände, die meine beiden unterstützen: eine, dein schwarzes Haar zu kämmen, eine zweite für den zarten Flaum deiner Schläfen, eine weitere, deine Schulterblätter zu halten, eine für die Hitze deiner Flanken und deine fließenden Hüften, eine weitere für den satten Schwung deiner Hinterbacken; die feinsten Hände für deine Schenkel, wenn nicht für deine Knie oder die Buchten deiner Kniekehlen, und noch zwei weitere für deine Füße als Boden. Und wenn ich mehr als sieben hätte, ich wollte dich streicheln und liebkosen überall, behaglich geborgen in der Beuge deines Brustkorbes.

Rundum regnet der Tod! Umhülle mich, dunkle Einsamkeit, errette mich vor der Dunkelheit, umschlinge mich mit deinen Fingern – jenen jungen Schlingen –, diesen meinen alten Stamm. Dein Herz soll klopfen im Galopp! Die Kuppe meines Zeigefingers über den feinen Bogen deiner Brauen gleiten lassen. Und, belüge mich, meine Liebste, belüge mich, während ich deine golden reglosen Kniescheiben berühre, Renetten, Pflaumen aus Eigelb, Pfirsiche, die die Blüten deiner Kniekehlen bedecken.

Es kehrt zu mir zurück, das Schiff meiner hohlen Hand, Oberschenkel aufwärts, schaukelndes Floß, verloren in der Augusthitze deines Fleisches. Welche Erde, einen Morgen lang von der Sonne beschienen, könnte ihre Wärme mit der deinen messen? Welcher Mittag? Welche Siesta mit ihrer Brise vom Land her? Wärmequell. Meine Heimstatt! Kein Schwimmzug im Meer, leidenschaftlicher Schwimmer, und sei der Sommer noch so leuchtend und brütend heiß, kann es aufnehmen mit dem Halbmond deiner Hüften: weich und hart, heiß und lau, fest und nachgiebig, hoch und kurz, mein und dein, weit oder schlank, je nach Liebkosung oder Griff. Äquator, von dem aus es immer nach Süden geht, als einzige Inseln meine Hände, als einzige Sternbilder über ihm meine Arme, du mein Kontinent, meine See.

Der Schweißfilm, der auf dem weichen, kühlen Pfad deiner Wirbelsäule hervortritt, Quelle reicher Ebenen, fruchtbarer Erhebungen, unser Dunst, dein Zuckerguss, feuchter Schimmer, der meinen Fingern, die Wasserperlen hinterlassen auf ihrer Bahn, den Weg erleichtert: meine Fingerabdrücke in der Ebbe deines Meeres. Ich habe dich mit Haut und Haaren geraubt. Was ist, dass du dich plötzlich in gischtenden Brechern gegen mich rollst, mich, dein Kliff, du mein Gestade, jetzt aufgewühlte See? Schaum

Auch wenn sie zu hören sind, man hört die Flugzeuge nicht, wenn ich dein fleischiges Ohrläppchen zwischen die Zähne nehme. Aber die Krankenwagen. Sie rasen. Wer hat diese Nacht Dienst? Luis, Jiménez, Segura.

Auf deinem Mund ein Frühstück, in deinem Nabel ein Mittagessen, auf deinen Brüsten ein Nachtisch, zwischen deinen sehnigen Muskeln Abendessen. Moos, Zweige, mein Stamm.‹

»Beschläge, Schlüssel, Scheitelpunkt, Angelpunkt, meine Fabrik.«

»Licht.«

»Du mein alles überspannender Bogen.«

»Bin ich dein Bogen, bist du mein Pfeil.«

Julián Templado redet und antwortet sich selbst.

Im Kielwasser des anhaltenden Sirenengeheuls flackern die Glühbirnen wieder auf. Mariquita, zu einem Accent circonflexe gefaltet, wie ein Segel über ihrem Peiniger gerefft, sagt ganz ernst und mit einem Hauch von Bewunderung in der Stimme:

»Du bist Klasse, Doktorchen.«

Der Angesprochene spreizt sich innerlich. Selbstgefällig.

Und sie, aus der Tiefe ihrer Weisheit:

»Ein Bombardement erlaubt kein Mittelmaß.«

Sie treten auf den Balkon hinaus, um Luft zu schnappen. Die Bäume nackt, die Nacht rein, die Passanten, Glühwürmchen auf dem nächtlichen Schlachtfeld, orientieren sich immer wieder an ihrer glimmenden Glut. Die stummen Schritte, ihr Raum. Nur das Gehen der anderen gibt eine Vorstellung von Weite; das eigene, Einsamkeit.

»Ich muss nach Hause. Meine Mutter erwartet mich, zum Traubenessen. Weil es keine gibt, nehmen wir Haselnüsse.«

Aus den Tiefen einer anderen Welt zieht Julián eine Dose Ölsardinen hervor, dann bricht er einen Kanten Brot in Stücke.

»Härter als der Kopf von González Peña.«

»Wer hat dir das denn beigebracht, Mädchen?«

»Keine Ahnung, das habe ich im Café gehört.«

»Schade nur, dass es keinen Wein gibt. Wermut zum Frühstück, Wermut zu Mittag, Wermut zum Abendessen. Wermut um … Wie viel Uhr ist es? Fast zwölf. Wermut um zwei Uhr morgens.«

»Im *Ritz* gab es vor einem Monat nur Málaga.«

»Du hast die Champagner-Ära nicht miterlebt, Mariquilla. Das war vor heiligen Zeiten. Wenn man einmal ernsthaft die Geschichte des Krieges schreibt, wird man ihn in drei Epochen unterteilen: Die des Champagners, die des Rotweins, die des Wermuts und …«

»Was?«

»Die der Sintflut.«

Julián Templado dreht am Dosenöffner und bricht ihn ab. Irgendwie, weiß Gott wie, schafft er es, die Konservendose mit einem Schuhlöffel zu öffnen.

»Eine Sardine«, sagt die Schmeichlerin. »Mensch, Doktorchen? Eine Sardine! Ein Jahr, ohne zu wissen, wie eine Sardine in Öl schmeckt. In reinem Olivenöl. Das steht hier, auf der Dose. Sieh nur, diese silbergraue Farbe! Dieser matte Ton in der Höhlung! Dieser Glanz! Diese Festigkeit! Wie rein, und wie sie nach Sardine duftet! Die feinen Gräten, wie graues Haar, und das Fleisch rosa wie alter Marmor! Du öffnest sie, und schon sind es zwei! Schau nur das Rückgrat, wie eine Cordobeser Kette aus Weißgold, so durchscheinend!«

»Spargel und Sardinen gewinnen als Konserve«, sagt der Gastgeber, denn er ist ein beschlagener Mann.

»Hast du Spargel gesagt?«

Das Biest packt das Messer und richtet die stumpfe Klinge gegen seine Brust.

»Hast du Spargel gesagt? Nimm das zurück und schwöre, dass es nicht wahr ist. Bestätige, dass du das nie gesagt hast, dass du dieses Wort nie in den Mund genommen hast. Es ist verrückt, erfunden, Zauber, Abrakadabra. Du weißt gar nicht, was das ist, du hast im Fieber gesprochen, ohne zu wissen, was du sagst; du warst nicht bei dir, wirr, gaga, ballaballa. Was ist ein Spargel? Kannst du mir sagen, was ein Spargel ist, Schönling?«

»Du bist ein Spargel.«

Sagt er und umturtelt sie.

Sie essen.

»Mariquilla, was bist du?«

»Ich bin eine Tochter aus gutem Hause.«

Was stimmt. Gerade perlt das Wasser der Dusche über den Abhang ihrer Schultern, teilt sich vor den kleinen Kegelfelsen ihrer Zitronenbrüste, sprudelt über den Saumpfad ihres Bauches.

Für sie ist die Welt Krieg. Am 19. Juli verlor sie ihre Jungfräulichkeit und beim Fall von Badajoz ihre jugendliche Scham. Beim ersten Kampf um Madrid war er überrascht, wie beherzt sie ihr Schicksal in die Hand nahm. Ihre Fröhlichkeit war nicht gespielt, Bombardements sind für sie Alltag.

»Kennst du Lola?«

»Die mit den Muttermalen?«

»Welche sonst?«

»Nein. Mit der Sorte verkehre ich nicht. Trotz der achthundert Peseten, Nebenkosten extra. Interessiert sie dich? Du weißt, ich bin nicht eifersüchtig. Ich mache es, weil es mir gefällt. Weil du mir gefällst. Warum gefällst du mir, du hässliches Hinkebein?«

»Hat man dir Gegenspionage angeboten?«

»Natürlich! Und Zigaretten, das ist viel wichtiger. Jetzt, wo du nirgendwo mehr welche bekommst. Der Sekretär des Postdirektors ist ein durchtriebener Kerl. Manche Mädchen machen es, damit sie was zu rauchen haben. Alles andere ist ihnen schnuppe, wie mir. Pfeif drauf, denn hinter der nächsten Ecke verkaufen sie dir Essig für Öl.«

Sie zieht sich den Schlüpfer an, die Bluse, den knappen Rock, das ist ihr ganzer Aufzug. Wie alt sie ist? Sechzehn, siebzehn, achtzehn Jahre? Sie ist wie eine Katze. Katzenaugen, katzenhafte Bewegungen, und dazu ihr Schnurren. Julián Templado liebt Katzen.

»Mit der Stelle im Ministerium, meiner Mutter zum Anstehen, und mit dir für das andere, was soll ich mir den Kopf zerbrechen und aus den Leuten herauskitzeln, was ihnen eh auf der Zunge brennt. Mit dem einen ins Bett steigen und noch einmal mit jenem, weil er möglicherweise … weil vielleicht blabla, vielleicht blabla. Der Gipfel, Doktorchen, der Gipfel ist das. Kommst du mit? Wieso nicht?«

»Es ist kalt.«

»Und ich?«

»Bleib doch.«

»Du weißt, dass das nicht geht. Meine Mutter würde es nicht erlauben. Heute schon gar nicht. Holst du mich morgen ab?«

»Nein.«

»Du kannst mich mal, Doktor. Ich komme zum Abendessen, Doktorchen. Julián, du hast doch Mariquilla.«

Und sie klappert über den Marmor davon, mit allem wiegend, was Gott ihr gab.

›Die drei von heute Morgen, die drei, das Mädchen und die beiden Alten. Das war gestern und zählt schon nicht mehr. Was zählt, ist das Heute, der eisige Wind, der über den Balkon streicht. Werden sie Teruel zurückerobern? Sei's drum, ich rauch die letzte Lucky vom Herrn Generaldirektor, dämlicher Dickschädel, alter Hurensohn.‹

Julián steckt den Stängel an, tritt auf den Balkon. Vom Stockwerk tiefer zischelt es zu ihm hinauf.

»Kommst du runter?«, flüstert Hope. »Es gibt Flüssiges und Hühner.« (Seine Übersetzung von ›poules‹.)

Julián vermutet Lola dort. Er irrt nicht. Lola und andere Mädchen, Hope, zwei kürzlich angekommene Nordamerikaner, Alfonso Suárez, zwei Flaschen Whiskey, ein Grammophon mit Sordine, Butter, Baguette aus Perthus, schachtelweise Chesterfield.

»Das Paradies in Dosen«, sagt eins der Mädchen.

Alle sind ziemlich hinüber.

»Ich sollte morgen abfahren«, sagt Hope, »aber wegen der Sache mit Teruel bleibe ich.«

»Ihr vergeudet Schlachten«, merkt Suárez an.

»Nein, Gäule. Schließlich ist ein Kriegsberichterstatter am Ende immer ein Picador.«

Der Alkohol schlägt durch bei dem Arzt. Er drängt Lola in eine Ecke.

»Geh nach oben. Ich will mit dir reden.«

»Das kostet Sie fünfzig Peseten.«

»Mehr.«

»Schämt ihr euch nicht!«, ruft Suárez. »In eurem Alter! Zu dieser Stunde!«

»Es gibt keine schlechte Stunde«, bemerkt Templado, während er, gefolgt von dem Mädchen, die Treppe hinaufsteigt.

»Sie unverbesserlicher Optimist.«

»Das wurde mir heute Morgen schon einmal gesagt, und ich war sehr früh auf. Das kommt vom vielen Fleisch.«

Als er den Schlüssel ins Schlüsselloch steckt, schießt Julián Templado wieder Teruel durch den Kopf, die Stadt, die Kälte, die Kameraden, der Schnee, die Lazarette.

›Muss ich mich denn rechtfertigen? Drei Tage habe ich durchgearbeitet, um diesen einen frei zu haben. Etwas beunruhigt mich, zwickt, beißt. Mit dem Bistouri in der Hand wäre ich ruhiger.‹

»Komm herein.«

Deutsch von Albrecht Buschmann und Stefanie Gerhold

Julio Llamazares
Im magischen Gegenlicht des Feuers

Mit dem Roman *Wolfsmond* (1985) nimmt sich Julio Llamazares eines Bürgerkriegsthemas an. Die republikanische Front in Asturien ist im Herbst 1937 zusammengebrochen; zahllose Flüchtlinge suchen Zuflucht vor den Franco-Truppen in der Einöde des Kantabrischen Gebirges. Misstrauisch, weil sie Verrat wittern, finden Ramiro und der Erzähler schließlich Schutz in einem kleinen Gehöft.

Den ganzen Tag über halten Ramiro und ich uns im Stall versteckt, auf einem Haufen Stroh ausgestreckt und mit dem Pferd als einziger Gesellschaft.

Der Besitzer des Gehöfts und seine Frau, die wir bisher nur durch das kleine Fensterchen haben sehen können, laufen ständig hin und her und gehen ihren häuslichen Geschäften nach. Ab und zu, wenn sie am Vordach vorbeigehen, werfen sie einen kurzen Blick zum Stall hinüber.

Nach unseren Informationen – Marcial, der Müller von Vegavieja hat uns dabei als Verbindungsmann gedient – lebt das Ehepaar allein und kinderlos hier oben von der Arbeit auf dem Hof und von der Beförderung von Gütern und Menschen, die der Mann über den Pass bringt. Er kennt diese Berge wie seine eigene Westentasche, und deshalb – und wegen des Hasses, den die zwei Jahre Gefängnis nach dem Krieg in seinem Herzen aufgestaut haben – ist er für die Flüchtigen in dieser Gegend der zuverlässigste und wertvollste Verbindungsmann. [...]

»Und jetzt wollen sie auch noch, dass wir angreifen.« Ramiro hat sich ereifert und ist beim Sprechen zusehends lauter geworden. »Wissen Sie, was mich an den Parteien einzig und allein interessiert? Die Waffen. Wenn sie angreifen wollen, dann sollen sie doch hierher kommen. Sollen sie doch in die Berge kommen, die Politiker.«

Der Besitzer des Gehöfts zuckt mit den Schultern.

»Meine Aufgabe beschränkt sich darauf, euch miteinander in Kontakt zu bringen«, erwidert er. »Dann könnt ihr das ja mit dem *Franzosen* bereden.«

Die Frau sitzt schweigend neben ihm, ohne an unserem Gespräch teilzuhaben. Sie ist noch jung, sehr viel jünger als ihr Mann, aber ihr Gesicht hat einen ältlichen Zug, zeigt Spuren von Melancholie oder Ermüdung.

Und sie wird verlegen, wenn ihr Blick flüchtig den Tisch überquert und sich plötzlich überrascht mit meinem kreuzt.

Als wir mit dem Abendessen fertig sind, zieht der Mann seine Hirtenjacke über, nimmt eine Laterne und einen Regenschirm und geht in den Stall, um das Pferd zu holen.

Durch das halb offene Fenster sehe ich, wie er aufsitzt, den Schutz des Vordachs verlässt und sich bergan in Nacht und Regen verliert.

»In zwei Stunden bin ich zurück«, hat er gesagt, bevor er hinausging.

Ramiro bleibt wie immer misstrauisch. Und nachdem er seine Zigarette zu Ende geraucht hat, nimmt er eine Decke und geht hinaus unter das Vordach, um Wache zu halten. So dass die Frau und ich jetzt allein in der Küche sind.

Als wäre auch ich gegangen, räumt sie schweigend und ohne mich anzusehen das Geschirr weg und wischt den Tisch ab. Dann holt sie aus der Speisekammer einen Topf Milchrahm und setzt sich neben die Feuerstelle, um ihn zu schlagen, während sie auf die Rückkehr ihres Mannes wartet. Bestimmt hat sie das viele Male in ihrem Leben getan. Und sie hat wohl auch viele Nächte völlig allein in diesem einsamen Gehöft verbracht.

Im magischen Gegenlicht des Feuers, geschützt durch das Halbdunkel, das mich ihrem Blick entzieht, kann ich ihre melancholischen, ungemein blauen Augen, ihre wehmütigen Lippen betrachten. Und unter dem schwarzen Schatten des Kleides auch das Beben ihrer Brüste erahnen, so nah und wehrlos wie sie selbst, die warme Liebkosung ihrer Beine zu beiden Seiten des Topfes, in dem sie jetzt mit langsamen Kreisbewegungen den Rahm schlägt, so dass sich gleichzeitig auch ihr ganzer Körper mitbewegt.

Sie muss meine Gedanken erraten haben. Aber sie sagt nichts. Sie setzt ihre Arbeit fort, ohne auf meine Anwesenheit zu achten, wenngleich sie instinktiv die zerknitterten Falten ihres Rocks zwischen den Knien zusammenrafft.

Erst nach einer ganzen Weile, als das Feuer schon zu Raureif zerfällt und der Rahm im Topf zu gerinnen beginnt, wendet sie mir ihren Blick zu.

»Du warst schon lange nicht mehr mit einer Frau zusammen, stimmt's?«

Sie hat es mit neutraler, ausdrucksloser Stimme gesagt und mich dabei im Dunkel der Küche mit ihrem Blick gesucht. Und ihre Worte, die ersten, die sie den ganzen Tag gesagt hat, schweben zwischen uns, als wären sie schon immer da gewesen.

Ich war eingeschlafen. Die Trägheit nach dem Essen und die Wärme des Feuers hatten mich eingeschläfert. Und obwohl die Frage und der Blick der Frau mich aufgeschreckt haben, bleibe ich schweigend und zusammengesunken auf der Bank sitzen, weiß nicht, was ich antworten soll, und finde nicht den Mut, ihrem Blick standzuhalten.

Sie stellt den Topf zur Seite.

»Komm«, sagt sie, steht auf und geht zur Tür.

Als ich in das Zimmer trete, erwartet sie mich bereits auf der Bettkante sitzend.

Die Frau empfängt mich mit einem sanften Seufzen. Bei der ersten Berührung krümmt sie sich zusammen, als wäre sie von einem Messer durchbohrt worden. Langsam, ohne dass wir etwas sagen, knöpfe ich ihr Kleid auf. Sie lässt mich gewähren, bleibt mit zu beiden Seiten der leicht gespreizten Beine schlaff herabhängenden Händen sitzen und blickt mir starr in die Augen. Ich knie nieder und küsse begierig ihre Schultern und ihre Brüste, die wie eine blutrote Blume glühenden Lippen, während meine Hände unter dem unergründlichen Rock unbeholfen nach der aus Feuer und Milch geformten Fülle ihrer Schenkel tasten.

Sie konnte es nicht mehr länger aushalten. Sie ist plötzlich wie ein berstender Ast zusammengeknickt, hat mich auf den Boden gezerrt und meine Augen mit schwarzem Licht gefüllt. Es ist vollends Nacht. Endloser Taumel. Das Gewölbe der Zeit, das mit dem Tosen zweier aufeinander treffender Flüsse über uns einzustürzen beginnt. Flüsse, die aufeinander treffen und verschmelzen. Flüsse, die aufeinander treffen und verschmelzen und verschmelzen.

Sie ist einen Augenblick lang nackt und bebend neben mir liegen geblieben. Dann hat sie sich schweigend angezogen und mich allein im Zimmer zurückgelassen.

Als ich in die Küche zurückkomme, sitzt die Frau wieder am Feuer, das Haar gekämmt und hochgesteckt, und schlägt erneut den Rahm im Topf.

Sie hebt nicht einmal den Blick, um mich anzusehen, als ich eintrete.

Gegen Mitternacht weckt mich das Hufgeklapper eines Pferdes. Es kommt in leichtem Trab durch die Pfützen plantschend auf das Gehöft zu.

Ramiro ist immer noch unter dem Vordach, und die Frau, die nach wie vor am Feuer sitzt, wirft mir einen flüchtigen, ausdruckslosen Blick zu. Vielleicht war sie beim Warten auf ihren Mann ebenfalls eingeschlafen.

Ohne mich von der Bank zu rühren, lade ich die Maschinenpistole durch und richte sie auf die Tür.

Kurz darauf wird sie aufgestoßen.

Es ist jedoch nicht der Mann, der da erscheint. Es ist Ramiro, nervös und mit vorgehaltener Pistole.

»Es ist allein«, sagt er. »Das Pferd ist allein zurückgekommen.«

Die Frau und ich sind aufgestanden. Sie verharrt einen Augenblick reglos und betäubt neben der Feuerstelle, kann noch nicht glauben, was uns Ramiro soeben mitgeteilt hat. Doch dann stürzt sie schreiend zur Tür.

»Sie haben ihn umgebracht! O Gott, sie haben ihn umgebracht!«

Ramiro gibt ihr einen Stoß, dass sie bis zur Wand zurücktaumelt.

»Sind Sie verrückt geworden?«

Sie schaut ihn verzweifelt an, ohne zu begreifen.

»Wenn sie ihn umgebracht haben«, sagt Ramiro, »dann

umzingeln sie jetzt schon das Haus. Also gehen Sie ruhig raus, wenn Sie wollen, dass man Ihnen den Kopf wegpustet.«

Durch den Fensterspalt kann man nur mit Mühe die schwarze Regengarbe erkennen, die das Vordach zerreißt.

»Wohin geht diese Tür?«, fragt Ramiro die Frau und zeigt auf die Tür, die hinter uns aus der Küche führt.

»In den Stall. Wir benutzen sie im Winter, wenn es schneit.«

»Ist sie auf?«

Die Frau holt den Schlüssel aus dem Wandschränkchen.

»Hören Sie gut zu«, sagt Ramiro. »Ziehen Sie sich aus und gehen Sie ins Bett. Keine Angst. Ihnen werden sie nichts tun. Wir werden versuchen, von hier zu entkommen.«

Die Frau bleibt allein in der Küche zurück, ohne zu wissen, was sie tun soll, ohne zu wissen, ob sie schreien oder zusammensinken soll, ohne zu wissen, ob sie sich im hintersten Winkel des Hauses verkriechen oder hinauslaufen und ihren Mann suchen soll.

Die Frau bleibt allein in der Küche zurück, wie ein Standbild, das man dem Entsetzen errichtet hat.

Deutsch von Wilfried Böhringer

Juan Goytisolo
Dolores. Eine Rettung in Paris

Vor der Finsternis des Franquismus flieht der junge Álvaro Mendiola in Goytisolos 1966 veröffentlichtem Roman *Identitätszeichen* nach Paris, wo er eine bislang nicht gekannte Freiheit genießt, aber auch die Ziellosigkeit und Zerrissenheit des Emigranten erfahren muss. Er bricht auf der Straße zusammen, kehrt nach Spanien zurück und versucht anhand von Gesprächen, Fotos und Begegnungen, seine zerbrochene Identität zu rekonstruieren. Eine dieser evozierten Begegnungen ist jene mit der jungen Dolores in Paris, auf die er in der Sprachschule und Pension von Madame de Heredia getroffen ist und für die er – nicht uneigennützig – hinter ihrem Rücken die rückständige Miete bezahlt hat.

Die Geschichte begann dich zu interessieren. Eine stumme Solidarität verband dich mit Dolores, mit der ausweichenden Silhouette von Dolores, die sich an der Gegenwart Madame de Heredias und ihres strengen Schülertribunals stieß. Mehr als einmal hattest du während deiner häufigen Schlaflosigkeit gehört, wie sie früh am Morgen auf Zehenspitzen nach Hause kam und sich ins Bett legte, ohne Licht zu machen. Ein dumpfer Drang verleitete dich dazu, ihr zu folgen, wenn sie am Morgen den Augenblick, in dem die Professorin Toilette machte, ausnutzte, um leise die Wohnung zu verlassen, und in ihrem weißen Anorak in dem dunklen, melancholischen Winter von Paris untertauchte. Du begleitetest sie in vorsichtigem Abstand bis zum Bureau de la Main-d'œuvre Étrangère, das sie in der Hoffnung, Arbeit zu finden, oft aufsuchte, ohne dich dazu entschließen zu können, mit ihr zu sprechen – vielleicht weil du die Heftigkeit der Liebe, die zwischen euch entstehen sollte, ahntest, und mit egoistischer Lust den Augenblick der Entdeckung hinausschobst.

Ahntest du damals, wie hilflos sie war? Sicherlich nicht, denn du warst ganz vertieft in die Gewissheit deiner Neigung für sie, in das jubelnde Vorspiel eurer Geschichte. Dolores schien ebenso in sich versunken zu sein, und sie zu beobachten, ohne ihren Verdacht zu wecken, war für dich, der du solche Abenteuer schon gewohnt warst, ein Kinderspiel. Eines Tages sahst du sie mitten auf der Straße mit einem Unbekannten sprechen, und plötzlich hattest du Angst. Warst du eifersüchtig? Es wäre absurd gewesen, denn du hattest bis zu diesem Augenblick nichts getan, um sie zu erobern, und du wichst ihr sogar aus, wenn ihr euch zufällig auf der Treppe begegnetet. Als die beiden sich verabschiedeten und sie allein weiterging, bemächtigte sich deiner eine nie gekannte Glückseligkeit, und da du eine höhere Instanz suchtest, an die du dich wenden konntest – so wunderbar erschien dir dieses Ereignis –, danktest du Gott.

Einige Tage später klopfte Madame de Heredia, als sie die Post in den Zimmern verteilte, an ihre Türe: »Rien encore pour vous, ma petite. Est-ce que vous comptez vraiment sur votre mandat?«

»Oui, Madame.«

»Ça fait deux mois que vous me faites attendre. Je ne peux pas vous garder la chambre indéfiniment.«

»J'attends une réponse pour aujourd'hui.«

»Vous êtez sûre?«

»Je l'espère.«

»Bon. Nous en reparlerons demain.«

Du folgtest ihr durch das Quartier Latin bis zum Zentrum der Studentenhilfe in der Rue Soufflot. Dolores hatte an einem Kiosk auf dem Boulevard Saint-Michel eine Zeitung gekauft und las mit abwesender, strenger Miene die Anzeigen. Mehrere Male sahst du, wie sie einen Bleistift aus der Tasche des Anoraks nahm und mit raschen Strichen irgendeine Adresse einrahmte. Als sie im Portal des Gebäudes verschwand, gingst du in das Café nebenan und trankst eine Tasse Tee. Einige Minuten später kam Dolores wieder heraus und ging in den Jardin du Luxembourg.

Der Dezember hatte die Bäume entlaubt, und die Kinder liefen dick vermummt wie kleine Gespenster umher. Die Sonne war eine weiße Scheibe ohne Glanz und Wärme.

Sie setzte sich mit dem Gesicht zu den Blumenbeeten auf eine Bank und warf die Zeitung in den Papierkorb. Ihre Augen betrachteten geistesabwesend die winterliche Trostlosigkeit des Parks. Plötzlich schlug sie die Hände vors Gesicht und begann zu weinen.

Du entferntest dich verwirrt. Du fühltest dich rückblickend schuldig und fasstest den festen Entschluss, in Zukunft deine Verantwortung zu übernehmen, das für dich unerwartete Geschenk dieser Liebe freudig anzunehmen. Als du in die Pension der Professorin kamst, hatte Madame de Heredia eben ihre mühselige Morgentoilette beendet.

»Excusez-moi, Madame, avez-vous parlé avec Dolores?«

»Oui, mon petit. Je lui ai dit ce matin que je ne peux pas lui garder la chambre. Elle est gentille sans doute mais, qu'est-ce que je peux faire d'autre? Le Centre d'Accueil m'envoie tous les jours de nouveaux élèves. Je dois respecter mes engagements.«

»Combien d'argent vous doit-elle? Deux mois de chambre, plus les leçons?«

»Exactement.«

»Je viens de la rencontrer en face des PTT et elle m'a prié de vous remettre cette somme.« Du reichtest ihr das Banknotenbündel, und Madame de Heredia betrachtete dich ungläubig. »Vous pouvez compter.«

»Elle a reçu le mandat?«

»Il était retenu depuis longtemps à la Poste.«

»Pauvre petite, où est-elle maintenant?«

»Elle est partie faire des courses.«

»Je vais prévenir tout de suite le Centre d'Accueil. Je leur dirai que la chambre n'est pas libre. A quelle heure doit-elle rentrer?«

»Je ne sais pas.«

»Je voudrais lui faire une surprise. Lui acheter un bouquet de fleurs.«

»Vous êtes trop gentille, Madame.«

Das war alles: Hinter ihrem Rücken war ihr Schicksal besiegelt worden, unwiderruflich entschieden in einigen Sekunden durch die nackte Heftigkeit deiner Liebe. (Dolores saß vielleicht noch auf der Bank im Luxembourg, ohne etwas von der Richtungsänderung zu ahnen, für einige Stunden noch dem Leben entzogen, das sie in Zukunft mit dir teilen sollte, noch fremd dem beiderseitigen Verlangen, das so tief sein sollte, dass ihr es in einem Jahr und noch einem und noch einem nicht zu stillen vermochtet.)

Als sie endlich zurückkehrte, hatte Madame de Heredia ihre Lektionen beendet, und der Salon war leer. Du rauchtest in deinem Zimmer, auf dem alten malvenfarbenen Federbett liegend, und das kaum hörbare Geräusch ihrer Schritte schreckte dich auf. Du hörtest sie an deiner Tür vorbei durch den Korridor gehen und den Schlüssel in das Schloss der ihren stecken. Dann erfüllten dich die laute Stimme der Professorin und ihr erstauntes Schweigen mit Glück und Unruhe. Du schlugst ein Heft der IDHEC auf und gabst vor, dich in seine Lektüre zu vertiefen. Einige Minuten lang begleiteten deine Herzschläge gemessen den Monolog. Madame de Heredia versicherte, n'avoir jamais mis en doute sa parole, und Dolores schwieg mit rätselhaftem Einverständnis. Als sich die beiden trennten, zeigte die Uhr Punkt zehn. Einige Augenblicke später klopfte es an deine Tür.

»Entrez!« (Sagtest du es auf Spanisch oder auf Französisch?)

Dolores erschien in der halb offenen Tür und blieb einige Sekunden auf der Schwelle stehen, gleichgültig und wie im Voraus mit deiner Anwesenheit sich abfindend, mit einer fremden, zornigen Miene, die du niemals mehr vergessen solltest. Sie trug eine schwarze Hose und einen dicken Pullover. Das kurze, in die Stirn gekämmte Haar verlieh ihr das unbestimmte (glückliche) Aussehen eines Knaben.

»Madame de Heredia sagte mir, dass Sie …« Ihre Stimme klang seltsam hart.

»Ja.«

»Warum haben Sie das getan?«

»Ich weiß nicht«, stottertest du.

»Ich nehme an, ich muss mich bedanken.«

Sie nahm eine Zigarette aus der Tasche und zündete sie mit einer abrupten Bewegung an. Du standst vom Bett auf und tratst neben sie, wagtest aber nicht, sie anzusehen.

»Ich wusste, dass du in der Klemme warst.«

»Sie waren sehr liebenswürdig.«

»Ich wollte nicht, dass …«

»Bitte! Drehen Sie sich um, während ich mich ausziehe.«

Du wandtest ihr die Schulter, ohne noch zu begreifen,

was sie vorhatte, und betrachtetest beklommen das grünliche Licht der Lampe mit den Fransen am Schirm und die schweren Fenstervorhänge. Eine blonde Hirtin lächelte mit Verschwörermiene in einem ovalen Rahmen von Kleeblättern und Girlanden. Das unordentliche Bett lud plump zur Liebe ein. Plötzlich traten dir Tränen in die Augen.

»Nein«, sagtest du. »Nein, nein, nein.«

Dolores hatte den Pullover ausgezogen und betrachtete dich mit offener Bluse, ihre Hose war schon halb hinuntergeglitten, und plötzlich wurde sie (als die innere Feder gebrochen war) in ihrer herausfordernden Bewegung angehalten.

»Um Gottes willen, nein.«

Zum ersten Mal saht ihr einander an. Der Ausdruck des Zorns war aus ihrem Gesicht gewichen, und ihre Hilflosigkeit hatte sich ganz auf deine eingestimmt: beide verschmolzen zu einem einzigen, langen, unerträglichen Arpeggio.

»Was hast du?«

»Ich weiß nicht.«

»Verzeih mir«, sagte sie.

Auch ihre Stimme klang brüchig, und ihre glänzenden Augen senkten sich vor den deinen.

»Ich dachte, du …«

»Nein.«

»Ich wollte dir nicht wehtun.«

»Ich weiß.«

»Sieh mich nicht so an.«

Du schlossest die Augen, und ihre Hand streichelte dich betäubend, rettend. »Geliebter, mein Geliebter …«, mit einer durchsichtigen, magnetischen Stimme, die sie für dich zum ersten Mal zu gebrauchen schien.

In dieser Nacht schlieft ihr zusammen, und du nahmst sie

Juan Marsé
Klassenliebe

Juan Marsés 1966 erschienener Roman *Letzte Tage mit Teresa* erzählt im Nachkriegsbarcelona die Geschichte eines jugendlichen Herumtreibers und Motorraddiebes, der sich in Teresa, eine Studentin aus gutbürgerlicher Familie, verliebt. Während Teresa in Manolo einen Revolutionär der Arbeiterklasse sieht, der sie aus ihrem Milieu befreien soll, erhofft sich Manolo durch Teresa den Aufstieg in die ihm verschlossene bürgerliche Welt. So entzünden sich die heftigsten erotischen Abenteuer an einer missverstandenen Klassenliebe.

O que ma quille éclate! O que j'aille à la mer!
Rimbaud

Teresa Simmons, im Bikini am Strand seiner Träume entlanglaufend, im Sand liegend, sich unter tiefblauem Himmel räkelnd, um ihre Taille das Wasser, die Arme nach oben ausgestreckt (ein goldener Glanz in ihren Achseln, flimmernd wie unter einer Brücke die Spiegelbilder im Wasser), dann schwimmend in fantastischem Stil, ihr jauchzender Körper mit seinen schlanken, behänden Hüften, aus den schäumenden Wellen auftauchend und schließlich vom Wasser her auf ihn zukommend wie eine lebendige, klingende Bronzestatue, ihr kleiner Bauch sehnsüchtig zuckend, ihr ganzer Körper gischtbedeckt und funkelnd. Jean Serrat, ihn anlächelnd, von weitem grüßend mit erhobenem Arm, ihn grüßend, den dunklen Murcianer, diesen geschmeidigen, katzenhaften, auf der Lauer liegenden Haufen von Ansprüchen und Begierden und unaussprechlichem glühendem Verlangen und schmerzlichen Befürchtungen (ich werde sie verlieren, es darf nicht sein, sie ist nicht für mich, ich werde sie verlieren, bevor ihr mir Zeit gelassen habt, ein Katalane zu werden wie ihr, Scheisssssskerle!), der jetzt, ganz so, als lebte er auf Zeit in einem fremden Haus, in der Sonne lag, auf einem großen bunten Handtuch, das ihm ebenso wenig gehörte wie die Badehose, die er anhatte, die Sonnenbrille und die Zigaretten, die er rauchte: Was tust du hier, Junge, was erwartest du von dieser flüchtigen und eigenartigen Freundschaft zwischen zwei Stationen, wie in einem Zugabteil, nur Launen eines reichen und verwöhnten Mädchens und dann *adiós*, aus den Augen, aus dem Sinn? Nur um sie so zu sehen, langsam gehend, halb nackt und selbstbewusst, sich abhebend vor dem Hintergrund von Palmen und unerforschtem Wald – war dieser Sommer vielleicht nicht die verlorene Insel? –, lohnte es sich, und sie gehörte ihm, gehörte ihm im Augenblick mehr als ihren Eltern oder jenem Ehemann, der sie irgendwann erwartete, mehr als irgendeinem der vielen Liebhaber, die sie morgen bewundern und besitzen könnten. Die spezielle Sammlung seidenglänzender Bilder öffnete sich in seiner Hand wie ein goldschimmernder Fächer: Er und sie verloren auf der goldenen tropischen Insel, allein, sonnengebräunt, wunderschön, frei, glückliche Überlebende eines entsetzlichen Atomkriegs (bei dem wir natürlich und mit Recht ums Leben gekommen sind, lieber Leser, so konnte das nicht weitergehen), sie bauen sich eine Hütte wie ein Nest, laufen den endlosen Strand entlang, essen Kokosnüsse, fischen Perlen und Korallen, betrachten Sonnenuntergänge wie Feuer und Smaragd, schlafen zusammen in Betten aus Blumen, liebkosen sich und lernen, sich ohne metaphysische Besitzängste zu lieben, während das Scheiß-Leben anderswo weitergeht, weit weg, jenseits dieser verschwommenen Behändigkeit sonnengebräunter Glieder (Teresa kam noch immer langsam über den Sand auf ihn zu), die sich jetzt in leichtem Rückstand zum Traumbild dahinschleppt, mit einer Trägheit des Unterleibs, die nicht vorankommt: der Eindruck, dass sie sich im Nebel nicht vorwärts bewegt, ein schmerzliches Versprechen, das sich ihren Schultern entreißt und sich um ihre Hüften windet, sich geschmeidig die Beine hinunterzieht, um befreit über ihre Füße zu fließen, sich zerstreuend wie das Licht, bis zum letzten Pochen jedes Schrittes. Sie kam mit ihrem leuchtenden Lächeln und einer Kokosnuss, die sie zwischen Taille und Arm gefangen hielt, keuchend und nass, brachte etwas von dem kühlen Grün der Meeresregionen mit, ließ sich gemächlich neben ihm nieder, wobei sie die wunderschönen Knie beugte und die Kokosnuss fallen ließ. Ihr Körper schien so sehr daran gewöhnt, an Stränden entlangzulaufen und zu liegen, als wäre sie dort aufgewachsen und von der Natur in besonderer Weise dafür ausgestattet, hier zu leben, immer, in der Sonne …

»Gehst du nicht mehr ins Wasser?«, fragte sie, als sie bei ihm war.

Teresa hatte den Gummiball fallen lassen. Sie saß auf ihren Füßen, den Kopf zur Seite gedreht, und suchte jetzt in ihrer Tasche die Sonnenbrille. Die Haare verdeckten das halbe Gesicht, und eine sinnliche Anmut lag auf ihren nassen Hüften und auf ihrem aufrechten Rücken über der schmalen Taille. Was für ein peinigendes Verlangen, dieser eingesunkene Unterleib, kindlich, zu einer Faust zusammengeballt, weißer Liebling der umherwandernden Augen des Murcianers.

»Wo zum Teufel hab ich meine Brille hingelegt?«, fragte sie. »Hast du sie gesehen?«

»Nein«, log er amüsiert (er hatte sie im Sand vergraben).

»Leg dich hierhin, los, und vergiss die Brille. Ich muss mit dir über etwas reden, dich um einen Gefallen bitten.«

»Einen Gefallen?«

»Ja …«

Auf dem Bauch liegend, das Kinn auf den Unterarm gestützt, beobachtete er aufmerksam Teresas Bewegungen. Er dachte nach. Sein glattes schwarzes Haar fiel ihm schräg in die Stirn. Wenig Leute am Strand (am belebtesten war er bei den Pinien), wenige und in der Ferne im dunstigen Licht nur undeutlich zu erkennen. Sie lagen an dem einen Ende, ganz für sich, dort, wo ein langer Streifen von Sumpfpflanzen begann, der sich in der Ferne verlor. Hinter ihnen, auf einem stoppligen Gelände, gleich neben der Straße, schlief die weiße *Floride* in der Sonne wie ein Luxushündchen. Teresa hatte sich ein Buch mitgebracht und darin bis jetzt gelesen, zwischen dem ersten und dem zweiten Bad. Genau da, als er sie mit jener etwas häuslichen Ruhe lesen sah (den Kopf auf dem Ball und die Knie übereinander gelegt, leicht hin und her schwankend), fühlte er sich wie ein erbärmlicher Gelegenheitsdieb, und blitzartig schoss ihm jener Gedanke durch den Kopf, der bald zu einer fixen Idee werden sollte: Versuchen wir, einen Schlussstrich zu ziehen und ein neues Leben anzufangen, hier ist die Gelegenheit – Teresa (und mit Teresa ihr Vater) –, eine Stelle zu bekommen, eine richtige Anstellung, vielleicht eine fürs ganze Leben, mit der Möglichkeit zu …

»Einen Gefallen?«, wiederholte Teresa. »Was für einen Gefallen?«

Nachdenklich zog Manolo mit dem Finger Kreise in den Sand.

»Noch nicht«, sagte er. »Es ist noch Zeit. Wir haben Ferien. Später sage ich dir, worum es geht. Ich möchte nur, dass du weißt, dass es sehr wichtig für mich ist. Hast du Vertrauen zu deinem Vater?«

»Ja, natürlich. Also, das ist wirklich zu komisch.« Sie meinte die Sonnenbrille, die nicht zum Vorschein kam. Jetzt leerte sie den Inhalt der Tasche auf dem Handtuch aus. »Hatten Sie sie nicht, junger Mann?«

»Nein, Señorita.«

Teresa durchwühlte den Sand um sie herum. Nach einer Weile bemerkte sie Manolos nachdenklichen Gesichtsausdruck.

»Woran denkst du, Manolo?«

»Woran soll ich schon denken? An dich.«

»Sag bloß. Du bist wirklich ein sonderbarer Kerl. Eins würde mich mal interessieren ...« Sie lächelte geheimnisvoll. Ein Lächeln, das kaum zu erkennen war unter den Haaren, die ihr ins Gesicht hingen, weil sie auf allen vieren kriechend im Sand wühlte. Sie hatte schon bei früheren Gesprächen eine starke, unersättliche Neugier in Bezug auf die Vergangenheit ihres Freundes an den Tag gelegt, hatte sich aber nicht für sein Gefühlsleben interessiert (wenn man von der Geschichte mit Maruja absieht), das ihr noch immer ein Rätsel war. »Ich denke mir, dass ein Junge wie du ... Hast du mit den beiden Mädchen irgendein Abenteuer gehabt? Wenn du nicht willst, brauchst du es mir natürlich nicht zu sagen.«

»Mit denen, die heute vorbeigekommen sind ...? Wenn ich ehrlich sein soll, ich kenne sie kaum. Warum fragst du?«

»Ach, nur so. Ich bin eben neugierig.«

»Außer bei der Arbeit kann ich nichts mit ihnen anfangen.«

»Also, es schien so, als ob sie ... Guck mal, ein Flugzeug.«

»Hast du uns beobachtet? Ich sehe sie sehr selten, aber sie sind für mich wie Schwestern. Verstehst du? Ich wollte schon immer eine Schwester haben, schon als ich klein war.«

Teresa lachte. »Gut, dass du so naiv bist«, sagte sie und beobachtete dann weiter das Flugzeug, das in geringer Höhe über der Brandung dahinglitt.

»Würde es dir gefallen, wenn ich deine Schwester wäre?«, fügte sie lachend hinzu. »He, Sie, würde es Ihnen gefallen, wenn ich Ihre Schwester wäre? Ich bin immer allein gewesen, mir hätte es auch gefallen, einen netten, lustigen Bruder zu haben.«

Was hatte sie gesagt? (In diesem Moment flog das kleine silberne Flugzeug mit grollendem Dröhnen über sie hinweg und ließ Reklamezettel herunterregnen, die die Meeresbrise zu ihnen herüberwehte.) Manolo drehte sich auf die Seite und erhaschte ein Flugblatt, und als er sich wieder zurückfallen ließ, fasste er nach einem von Teresas Füßen. Aber sie schaute immer noch zum Himmel, schützte die Augen mit der Hand vor der Sonne und sah zu, wie sich die Maschine entfernte. Pass auf, du Idiot, sagte er sich, das ist Blödsinn, was du da machst; Teresa ist ein intelligentes Mädchen, das keine Angst hat, die Dinge beim Namen zu nennen.

»Nein«, sagte er und ließ ihren Fuß los. »Als Schwester möchte ich dich nicht haben. Dafür bist du zu gut.«

Der Sand um sie herum war mit Flugblättern übersät. Teresa las eins und warf es dann fort. Sie fragte:

»Ich bin zu was?«

»Du bist für was anderes gemacht.«

»Für was denn, wenn man fragen darf?« Und gleich darauf: »Aber wo zum Teufel habe ich die Brille hingelegt?« Noch immer suhlte sie sich auf den Knien.

»Vielleicht hast du sie verloren, deine Brille. Für die Liebe, du bist für die Liebe gemacht, Teresa.«

»Nun werd mal nicht romantisch, ja?«

»Ich werde, was ich will, wenn es der Señorita nichts ausmacht.«

»Gut gebrüllt, Löwe. Vor einer Weile hast du sie auf der Nase gehabt, ich hab dich doch damit gesehen. Wo hast du sie hingetan?«

»Guck mal, ein Boot ...«

»Um auf die Mädchen zurückzukommen ...«

»Was willst du wissen? Die Ältere ist verheiratet und ... lebt getrennt, es ist ihr sehr schlecht ergangen, sie hat ein ganz süßes Kind, würde dir bestimmt gefallen, blond wie die Sonne, so wie du.«

»Und die andere?«

»Achte mal auf das Boot. Da sitzt ein alter Mann am Ruder, guck dir das mal an. Hierher kommen nur wenige Leute, nicht wahr? Nun leg dich schon hin, vergiss die Brille.«

»Ich brauche sie zum Lesen.«

»Es gehört sich nicht, in Gesellschaft zu lesen. Aber die Señorita ist eben ein launisches und verwöhntes Weibsbild und verdient eigentlich eine Tracht Prügel. Ich würde dir schon Beine machen ...«

»Apropos Beine machen«, sagte sie, »du bist wohl noch nie zwischen Leuten hergerannt, den Knüppel eines Polizisten eine Handbreit von deinem Kopf? Da hast du was verpasst ...«

Glücklich eingehüllt, immer noch, in jenen Kreis von Gefahren, in die feste Annahme heimlicher Verbindungen und Kontakte, die ihren Ursprung in der dunklen Haut des Murcianers hatten (nebenbei: wie gut sich die alte und verwaschene granatrote Badehose von Papa auf dieser seidigen Haut machte), fing sie an, ihm von den Gefahren zu erzählen, die der studentische Kampf mit sich bringt.

»... ein anderer Student lief vor mir her«, schilderte eine seltsame Teresa Simmons, die endlich die Suche nach der Sonnenbrille aufgab und sich auf der freien Hälfte des Handtuchs auf den Rücken fallen ließ, »aber in der Calle Pelaye haben wir uns getrennt. Gefährlich bei diesen Demonstrationen, die andererseits auch wieder sehr lustig sind, ist es, bei einer Einkesselung den Anschluss zu verlieren. Das ist genau umgekehrt wie bei euch, ihr tretet ja am besten einzeln auf ... So bin ich zum Gros der Demonstranten zurückgelaufen, dem es gelungen war, sich wieder zusammenzuschließen, und dann griffen die Polizisten noch mal mit den Pferden an, und plötzlich lag ich auf dem Boden, ich hab noch die Narbe am Knie, guck mal. Jemand hat mich aufgehoben, es war ein ganz junger Polizist, ich entsinne mich, dass er sehr helle grüne Augen hatte, kam bestimmt vom Land, er schien mehr erschrocken als ich, schob mich aber sanft zum Bereitschaftswagen, ich hab mich gewunden, ihn geschlagen, ihn getreten, ich verstehe heute noch nicht, warum er mir nicht eins mit dem Knüppel übergezogen hat, und ich hab's geschafft, mich von ihm loszumachen, aber es gab keine Möglichkeit zu entkommen bei dem Chaos, das da herrschte, in der einen Ecke waren wir mindestens hundert Studenten, alle übereinander gestapelt, man sah nur Ellenbogen und Beine, die nach allen Richtungen ausschlugen, wir dachten nur noch daran abzuhauen ... Sag mal, hast du genug Platz? Willst du ...? Warte, zieh das Handtuch zu dir rüber, so, jetzt hast du reichlich, Mensch, komm doch näher. Willst du 'ne Zigarette?«

»Ja, gerne.«

»Also, wie ich dir gesagt habe … Es interessiert dich bestimmt, es ist eine Seite des Kampfes, die du nicht kennst. Steck dir erst mal deine an … Also, wir dachten nur noch daran, zu …«

Manolo hielt ihr das Streichholz hin.

»Hier.«

Der Duft ihrer goldenen Haare, platt gedrückt auf ihrem süßen Kopf, eine weitere Qual: Die Flamme erlosch in seiner hohlen Hand, weil er es so wollte, nur um noch einmal jene Ferne aus der Nähe einzuatmen, jenen unsäglichen Geruch einer verlorenen Jugend – wo verloren, wusste er nicht. Er streifte mit seinen Lippen wieder das glatte Gesicht, das sich über die rosa Flamme des Streichholzes beugte, dann wich sie zurück und sah ihn mit einem sonderbaren Ernst in ihren blauen Augen an, hielt aber dem Blick des Jungen nur einen Augenblick lang stand.

»Ja, also so sah es aus, als ich geschrien habe, es sei das Beste, sich in die Universität zu flüchten, aber ich nehme an, dass mich niemand gehört hat. Es war der einzige Ausweg, und in gewisser Weise hatten wir unser Ziel ja erreicht. Aber die Leute standen im Weg, anstatt zu helfen, das darf man nämlich nicht verschweigen, viele haben nur zugeguckt, ohne einen Finger zu rühren, und in der ersten Reihe haben sogar einige gelacht, die alten … Und schließlich haben sie mich richtig fest gepackt, mein Kleid war zerrissen, und von Luis und den anderen habe ich nichts mehr gesehen, bis sie mich zum Präsidium gebracht haben. Sie haben uns verhört … Es war etwas grotesk, was soll ich dir das erzählen, stell dir vor …«

Ihre weit aufgerissenen Augen starrten in den Himmel – von einer dieser Krisen des Idealismus befallen, nach denen sie sich Jahre später, in monotonem und leichtem, ehelichem Seegang treibend, so sehr sehnen würde –, und in ihren blonden Haaren schwang das Licht kleine, blitzende goldene Degen. Manolo betrachtete ihr Profil vor dem dunstigen Hintergrund von Sand und Meer, und während er ihr zuhörte, nickte er ab und zu schweigend mit dem Kopf und erschuf wieder flüchtige Illusionen (Teresa, unter die Hufe eines Pferdes der Bullen geraten, mit zerfetztem Kleid, Teresa, schreiend an der Spitze einer Studentendemonstration, dann im Verhör bei schurkischem Licht, dann von ihrem Vater auf dem Präsidium freigekauft), und er rückte näher an sie heran, jetzt wusste er nicht genau, ob er es tat, um den Geruch ihres Haars aus größerer Nähe einzuatmen oder um einen tiefen und geheimen Wunsch zu ergründen, den sie hinter ihrem endlosen Bericht verbarg (erinnerte er nicht ein wenig, in anderer Form, an Lolas Wortschwall?). Aber er wusste, dass dieser Wunsch, welcher auch immer es war, ruhig und glücklich in ihrem weiblichen Gemüt oder in ihrer mädchenhaften Brust wachsen konnte, denn früher oder später würde er sich erfüllen. Es könnte bloß sein, dass er nicht in ihrer Nähe sein würde, um es mitzuerleben.

»Und du hast niemals Angst gehabt?«, fragte er sie. »Du bist ein mutiges Mädchen.«

»Manolo, ist dein Pass in Ordnung?«

»Warum fragst du mich das? Ja, natürlich.«

»Man muss vorbereitet sein. Du weißt ja: für den Fall, dass du plötzlich abhauen musst, über die Grenze. Du wärst nicht der Erste.«

»Aber Mädchen, was fallen dir bloß für Sachen ein. Ich würde sterben.«

»Was sagst du?«

»Ich würde sterben, wenn ich hier wegmüsste.«

»Das verstehe ich nicht ...«

Teresa beharrte auf dieser erdachten Flucht, drehte sich plötzlich auf die Seite und sah ihm ins Gesicht. Mit einer kindlichen Geste legte sie beide Hände unter die Wange, wie ein kleines Mädchen vor dem Einschlafen, und sah ihren Freund fest an: »Was willst du damit sagen?« Ihre Augen, in denen ein fröhliches Licht flackerte, begegneten einem unerwartet sehnsuchtsvollen Blick des Jungen. Die fahle Nachmittagssonne spielte mit einigen an der makellosen Schulter klebenden Sandkörnchen und entlockte ihnen ein regenbogenfarbenes Funkeln. Als sie ihn so ganz aus der Nähe sah (er schielte ein wenig), dachte Teresa daran, wie sie zum Wasser gegangen waren, nachdem sie sich im Auto ausgezogen hatten, sie ging ein paar Meter hinter ihm und musterte ihn, wie ihm die alte Badehose stand, sah seinen schlanken Rücken, die kräftige Kontur seiner Schultern, und dachte finster: ›Das mir so liebe stille Wasser hat in diesen Armen gezittert, viele Nächte lang, während ich über ihnen in meinem Zimmer die Beauvoir gelesen habe, allein ...‹ Da hatte sie geglaubt, auf dem dunklen Rücken des Jungen, in seinen Bewegungen ein Muskelspiel wahrzunehmen, das sie für den Ausdruck gewisser verrückter Hoffnungen hielt. Jetzt strich er ihr mit der Hand die Haare zurück, und Teresa schlug die Augen nieder. Die Hand (es war natürlich die verletzte) legte sich dann auf den Hals des Mädchens, einen leichten Druck auf ihren Nacken ausübend. Teresas schlanker Hals pochte unter seinen Fingern wie ein verängstigter Vogel. »Du bist sehr hübsch, und es würde mir sehr wehtun, wenn ich plötzlich fliehen müsste, weshalb auch immer, und dich zurücklassen würde. Keiner dieser politischen Scherze wird mich dazu bringen können, dich zu vergessen … (›Schlecht, du machst es schlecht, du Blödmann‹, sagte er sich.) Er rückte näher an sie heran und streifte ihren glühend heißen, halb geöffneten Mund, aus dem milchweiße Zähne blitzten. »Bitte, was machst du da …«, murmelte Teresa mit gesenktem Blick. Sie schien intensiv nachzudenken, ganz auf sich selbst konzentriert: Ihr Dahinschmelzen war meisterhaft.

»Ich wusste, dass das passieren würde«, fügte Teresa flüsternd hinzu. »Ich wusste es … Das Leben ist ekelhaft.«

»Red keinen Unsinn.«

»Ich red keinen Unsinn. Und selbst wenn du mich küsst, ich warne dich, schlag dir den Gedanken aus dem Kopf, mit mir ins Bett zu gehen. Ich bin ganz offen, Manolo, du kennst mich noch nicht. Ich habe gerade eine Erfahrung gemacht, und ich denke nicht daran, sie zu wiederholen.«

»Wer redet denn davon? Bei mir brauchst du keine Angst zu haben«, war seine zweideutige Antwort.

»Nie wieder, verstehst du?«, betonte Teresa, die Augen dabei immer geschlossen.

»Sag mal, wenn ich plötzlich wegmüsste, würdest du mich vermissen?«

»Wenn dir etwas passieren würde, meinst du?«

»Genau.«

»Ja, natürlich.«

»Warum?«

»Ja, weil … Ich weiß nicht«, seufzte sie. »Wie seltsam das alles ist, nicht wahr? Du und ich hier, so friedlich, und vor einem Monat haben wir uns nicht mal gekannt … Was für ein sonderbarer Sommer das ist. Wenn sie zu Hause, wenn meine Freunde wüssten, dass ich mit dir zusammen bin …« Sie kicherte nervös und vergnügt. »Aber du, es stimmt, weshalb habe ich so viel Angst davor, es auszusprechen: Es täte mir sehr weh, wenn dir etwas passieren würde.«

»Du würdest mich schnell vergessen.«

»Ich, warum?«

»Du bist sehr jung, fast noch ein Kind, du würdest mich vergessen; du wirst irgendeinen Schnösel heiraten …«

»Kann sein, dass ich dich vergesse; im Leben ändert sich manches. Aber niemals heirate ich einen Schnösel, egal, wie viel Geld er hat.«

»Du wirst es ja sehen.«

»Wie schlecht du mich kennst!«

»Das ist doch normal.« Er streichelte ihre Haare, die sanfte Linie der Schultern, den Nacken. »Es ist so leicht, dich zu lieben, so einfach. Die einfachste Sache der Welt. Du bist hübsch, intelligent …«

»Aber was redest du da?«

»Ja, dass du dazu gemacht bist, dass man dich bewundert (schlecht, sehr schlecht, du Versager, was ist los mit dir?), du bist ein Engel.«

Ihre Körper berührten sich. Teresa hielt den Blick noch immer gesenkt.

»Bitte … Wir sollten nicht vergessen, dass Maruja …«

Die neblige Luft zitterte über dem Sand, so als hüllte Dampf ihre dicht beieinander liegenden Körper ein. Teresa sah ihn an, und er sah sich in dem farblosen Kreis der durchsichtigen, arglosen Pupillen des Mädchens. Von der Meeresbrise bewegt, flatterten die Reklameblätter (Treten Sie ein in die herrschende Schicht mit Badeanzügen von K!) um den verwirrten Kopf des Murcianers. Teresa richtete sich mit einem Ruck auf, so als wäre sie gerade aufgewacht.

»Kommst du mit ins Wasser?«

»Gleich …«

»Du Faulpelz!«

Und sie entwischte ihm, lief zum Wasser. Es geschah, als sie zurückkam: Er hatte gerade über die wegen der Unerreichbarkeit geradezu unmenschliche Grausamkeit einer gewissen Anregung durch die Körperformen nachgedacht: die geringschätzige Beugung des Oberkörpers, das flüchtige und berauschende Leben des Pos, die sonderbare Abwechslung von Liebkosungen und Zurückweisungen, die jene etwas groben Knöchel versprachen, jener lustlose, träge Rhythmus der Kniekehlen; er wusste auch, dass er die Zeit sehr schlecht nutzte, die man ihm heute zugestand, und die Vorteile, die die Nähe bot, und er dachte noch, dass er sie vielleicht, wenn ihr beim Schwimmen etwas passieren würde – eine Ohnmacht –, aus dem Wasser holen würde, auf seinen Armen, und sie nass und besiegt in den Sand legen … Aber natürlich passierte so etwas nicht: Er stützte sich auf den Ellenbogen und spielte mit der (wieder ausgegrabenen) Sonnenbrille, während er Teresa, die aus dem Wasser kam, aufmerksam beobachtete; er sah, wie sie einen Moment am Rand des Wassers stehen blieb, sich zur Seite neigte und ihre blonden Haare schüttelte, mit den Fingern die neckischen Strähnen glatt streichend. Die Sonne funkelte kupferfarben auf ihrer Haut. Manolo setzte sich die dunkle Brille auf und legte sich bäuchlings auf das Handtuch. Dann sah er Teresa direkt auf sich zukommen, langsam und vorsichtig auf den Sand tretend, ohne nach rechts oder nach links zu schauen, in einer blauen Nacht, und etwas trat an die Stelle des Dampfes, den der glühend heiße Sand ausströmte, etwas den Nebelschwaden in einem Wald Ähnliches; und in dieser wunderbaren blauen oder grünen Nacht (waren nicht Brillengläser grün?) sah er sie auf sich zukommen, so als setze das Mädchen einen an einem weit zurückliegenden, aber dem Gedächtnis noch nicht entfallenen Tag eingeschlagenen Weg fort; es war derselbe unwirkliche, schwerelose Gang, den das kleine Mädchen in jener Nacht begonnen hatte, als es durch die mondbeschienene Lichtung ging; es war, als wäre jene vor dem nebligen, sehnsuchtsvollen Hintergrund eines Traums geborene Freundschaft schon auf ihn zugekommen, als ginge sie jetzt mit Teresas langsamen und gemessenen Schritten weiter. Und diesmal ging sie nicht vorbei, sondern kam auf ihn zu und setzte sich neben ihn. »Küsst du mich nicht?«, fragte sie mit schüchterner Stimme (in Wirklichkeit sagte sie: »Badest du nicht?« und fügte hinzu: »Hattest du also doch meine Brille versteckt, hm?!«) und blieb da, und ihre Haare ließen Tropfen aus Licht auf die Schultern des Murcianers fallen, eine Handbreit von seinem Mund entfernt saß sie mit zusammengepressten Schenkeln auf dem Handtuch, in einer ihr kaum bewussten Haltung von Selbstverteidigung, so als erahne sie die unsichtbare Bedrohung. Aber über ihr, hoch über ihrem jungfräulichen Kopf, oben am Himmel brannte schon die stechende Sonne des Verlangens und die Besessenheit (Verbrüderung, die die pijoaparte Welt bewegt), brannte schließlich mit all ihrer Gewalt, und der Junge packte sie plötzlich an den Schultern und warf sie auf den Rücken, nicht grob, aber gebieterisch; während er sich in ihren Augen sah, die so tief waren wie das Meer, murmelte er etwas vor sich hin, was sie nicht verstand (trotzdem schien es ihr, dass es sich um einen dieser finsteren Flüche handelte, die die zu voller Stärke erwachte Männlichkeit diktiert, die Stimme des Geschlechts höchstselbst, die sich einen Weg bahnte durch die Zimperlichkeiten und Verlegenheiten eines bourgeoisen Töchterchens; sie war besorgt, weil sein Kopf, der schon die Sonne ganz verdeckte, so schnell hinuntersank). Sie hätte zwar das Gesicht nach rechts oder nach links drehen können (wie sie es einmal mit ihren Ansichten gemacht hatte, gewissermaßen, um Zeit zu haben, über irgendetwas nachzudenken), aber sie tat es nicht und ließ zu, dass er sie lange auf die salzigen Lippen küsste. Mit einer Überraschung, nicht weniger köstlich als die, die ihr dieser Mund verursachte, der sich auf ihrem abmühte und dessen kühnen Manövern zu folgen sie nicht umhinkonnte, spürte sie auf ihrem Unterleib den Magen von Ebenholz, und mit glühenden Wangen, fühlend, wie plötzlich Leben in ihren Armen aufstieg, hob sie die Hände, packte Manolos Kopf und wühlte in seinem Haar mit einer verzweifelten Zärtlichkeit: Ihre ersten Küsse waren, genauso wie ihre ersten Schritte durch die Studentenrevolte, furchtbar wüst, durch und durch hysterisch.

Dann überließ sie ihm die Initiative ganz, und ohne Vorsichtsmaßnahmen zu treffen und ohne dass es ihr etwas ausgemacht hätte, von den weiter weg liegenden Badenden beobachtet werden zu können, ließ sie zu, dass sich seine kühnen Hände unter den nassen Stoff schoben, der ihre Brüste bedeckte, und erlaubte auch, mit einer leichten Bewegung (undeutlich vortäuschend, sich aus einer unbequemen Stellung befreien zu wollen, in der sie sich aber keineswegs befand), dass er sich besser auf ihr bettete. Aber mehr nicht; eine Zeit lang würde sie ihm jenen blonden Dunst schenken, der um ihren Mund schwebte, sie würde sogar einige hinterlistige Zärtlichkeiten erlauben – das tun alle Mädchen –, aber mehr nicht: Sie durfte nicht zulassen, dass er sie für ein leichtfertiges Bürgertöchterchen hielt, leicht zu verführen und ohne Bewusstsein von anderen (dringenderen) Realitäten, die über jugendlichen Spielereien stehen. Trotzdem, einige Minuten später, als es ihr schon schwer zu fallen begann, die wirkliche Dringlichkeit zu begründen, konnte sie es nicht vermeiden, dass sich der Winkel ihrer Beine verstohlen einige Grade mehr öffnete. Glücklicherweise tauchten in diesem Augenblick zwei dicke Männer auf, in schrecklichen schwarzen Badehosen, die über ihre weißlichen, mit rosa Pickeln übersäten Hintern gerutscht waren, ließen sich in einigen Metern Entfernung nieder und beobachteten sie scharf. Sanft stieß Teresa ihren Freund zurück, der sah sich um, suchte den Grund der Störung. Sein Blick musste irgendeine geheime Kraft besitzen, denn Teresa sah, wie sich die beiden aufgeblasenen Herren rücklings in den Sand fallen ließen, die Knie anzogen und sich plötzlich für einige Wölkchen interessierten, die am Himmel vorüberzogen. Dann schloss Teresa die Augen. Der Junge kehrte mit neu gewonnenem Ungestüm zu ihrem noch glühenden Mund zurück, und sie leistete keinen Widerstand. Die Bestimmtheit und die Macht seines dunklen Auftrags, der plötzlich eine Hitzewelle auf sie übertrug, ihr heimtückisch nahe legte, sich zu entspannen, erstaunten sie jedoch weniger als die Kühnheit seiner Hände, die sie jetzt, nachdem sie sich ihrer Taille bemächtigt und den Arm unter sie geschoben hatten, zu sich heranzogen, sie sanft an die Schulter lehnten und unter dem Gummizug forschten wie in einem Sack Äpfel. Das andere Teil des Bikinis hatte seinen ursprünglichen Sitz verloren, und Teresas Brüste saugten gierig an der breiten Brust des Murcianers, wie an eine Fensterscheibe gepresste, ernste Kindergesichter, während sie sich inmitten einer schillernden Lichterexplosion immer noch schwor, sich nicht hinzugeben, genau in dem Moment, als er sie plötzlich losließ, so als hätte er ihre Gedanken erraten. »Man beobachtet uns«, sagte Teresa, in einem vergeblichen und verspäteten Versuch, die Initiative zu behalten. Aber er war es gewesen, der entschieden hatte, nicht weiterzugehen, und das erstaunte sie natürlich. Ohne dass zwischen den beiden irgendeine weitere Erklärung gewechselt worden wäre, trafen sich ihre Hände auf der Zigarettenschachtel, und sie brachen in Lachen aus. Dann, schon ruhiger (und vor allem glücklich, glücklich, glücklich), ließ Teresa zu, dass er sich artig um sie bemühte, wie ein zärtlicher und zuvorkommender Liebhaber: Vor ihr kniend, steckte Manolo ihr die Zigarette zwischen die Lippen und gab ihr Feuer; säuberte ihren Rücken vom Sand, räumte dann die um sie herumliegenden Sachen zusammen, stand auf, schüttelte das Handtuch aus und legte es wieder hin, damit sich das Mädchen bequem hinsetzen konnte.

Sie saßen ganz dicht beieinander, rauchten und schauten aufs Meer, schweigend, und es fing schon an, dunkel zu werden, als sie beschlossen zu gehen. Diesmal blieben die fetten und trübsinnigen Gaffer enttäuscht zurück.

… der Duft des Gartens in dieser Nacht, die auf der Rollschuhbahn tanzenden Paare, die Musik und die Raketen in der Nacht von San Juan, sie war sehr erschrocken; es war während einer kleinen Pause, nachdem sie noch eine Platte mit Schnittchen angerichtet und verteilt hatte (ich hab ja gleich gewusst, dass es nicht reichen würde), also, da hab ich mir gesagt, guck mal, setzen wir uns ein Weilchen auf den Beckenrand, um ihnen beim Tanzen zuzusehen, wir bleiben bei der Señorita, die jetzt allein ist, immer die Schönste des Festes, die Interessanteste und Begehrteste, aber auch die am meisten Kritisierte, und plötzlich sah sie ihn auf sie zugehen; das Glas in der Hand, ruhig und entschlossen: Kein einziges

Mal musste er stehen bleiben oder ausweichen, es schien, als machten die Paare auf der Tanzfläche von selbst den Weg frei für einen Anwesenden, der immer schon da war und der sich nicht anzukündigen brauchte. Er schien von nichts Notiz zu nehmen, so selbstsicher ging er, geradezu unverschämt (wer hätte gedacht, dass er sich so viel herausnehmen würde), und das Herz schlug ihr bis zum Hals, als sie sah, dass er auf Teresa zuging, aber als er bei ihnen war … – Schon damals hab ich gedacht, es geht nicht, zusammen mit den anderen auf der Bahn zu tanzen, das geht nicht, Liebster, verstehst du? Unser Platz war in der dunkelsten Ecke des Gartens – … er legt seinen Kopf in meinen Schoß und betrachtet durch das offene Fenster den Pinienwald und den mondbeschienenen Strand, und er redet und redet, bis er einschläft, flüstert mit seinem schönen Wolfsmund und mit einem süßen Trillern in der Stimme, einem Zittern, einem ich weiß nicht was aus Verwunderung und Hilflosigkeit, das sein Nacken meinem Herzen überträgt, er erzählt und hört nicht auf, von dieser anderen Küste und davon, wie und warum er eines Tages hier in die Stadt gekommen ist, vor einigen Jahren, um so zu enden, so töricht, in den Armen einer Minna, in einer Mausefalle, glaub ich, hat er gesagt, ich entsinne mich nicht ganz genau. Besser erinnere ich mich an sein Schweigen, an die Dinge, über die er nie sprach, an die geheimnisvollen Freunde und die dreisten Mädchen aus dem Viertel, die in seinen Augen schlafen, an den brutalen täglichen Umgang mit der Straße, mit dem Gesindel und seiner eigenen Familie. Denn er hat so getan, als gäbe es das alles überhaupt nicht: Nie hat er von seinen Leuten erzählt, er weigerte sich sogar, ihre Namen auszusprechen, den seines Stiefbruders, den seiner Schwägerin und die der Kinder. Die Seinen sind nur Schatten hinter ihm, gesichtslose Wesen, verschwommene Gestalten einer Geschichte, die zu ignorieren er immer bemüht war. Und trotzdem, er muss doch ein Zuhause haben, und bestimmt gibt es irgendwo ein Paar Frauenhände, die sich für ihn abmühen, die seine hübschen Hemden mit den Taschen waschen und bügeln und ihm jeden Tag das Essen auf den Tisch stellen … Und dieses Häuschen auf dem Carmelo, wie nah ist es und doch so fern: Wenn es regnet, geht das Licht aus, war das Einzige, was zu erklären er bereit war, immer war er schlecht gelaunt, wenn seine Maruja ihn nach seinem Zuhause fragte, und sie konnte sich nur eine trübe Glühbirne in einem kleinen Esszimmer vorstellen, die plötzlich ausgeht, wenn es draußen regnet; der Regen prasselt auf den Asbest und das Blech der Hütten, so dunkel und umklammernd muss das Elend wohl sein, so unerträglich das Leben eines Jugendlichen im Kreis der Familie. Denn die Liebe der Armen ist deren einziges Gut, er wird niemals lernen, die zu lieben, die ihn lieben. Das weiß ich; eine wie ich ist, wie sie ist, Señorita, ist ungebildet und versteht nur wenig von Männern; aber das bisschen, was sie von ihnen weiß, das hat sie bei ihnen im Bett gelernt, seine wunderschönen Haifischzähne gehören mir, und mich konnte er nicht täuschen, in jener Nacht auf der *verbena*: Nur ein armer Schlucker ist in der Lage, ein schlichtes, hübsches Gesicht mit Reichtum zu verwechseln und so dringlich zu küssen, als wolle er die Welt mit dem Mund einsaugen. Man konnte sich nicht einmal vorstellen, dass er Eltern hatte oder Geschwister, eine Familie, die er liebte und die ihn an irgendeinem Ort erwartete, denn anfangs war es auch unmöglich, sich sein Zuhause auszumalen, sein Zimmer, sein Bett, den Spiegel, in dem er sich jeden Morgen beguckt und kämmt; er schien wirklich niemanden zu brauchen, der sich um ihn kümmerte, keine Frau, er schien sich selber helfen zu können, und sein ständiges Vagabundieren durch die Stadt erweckte auch den sonderbaren Eindruck eines fehlenden Zuhauses, der sich noch verstärkte, wenn sie ihn Motorrad fahren oder mit den Alten Karten spielen sah. All das sieht man in seinem Gesichtsausdruck, wenn er schläft, wenn er an meiner Schulter verstummt ist, und in der Luft schwebt immer noch dieses Traumbild seiner ersten Schritte auf mich zu, von weit her: Da ist er, streift alleine durch Marbellas Straßen, eine Badetasche über der Schulter, gerade aus Ronda abgehauen. Er bleibt stehen, sieht sich die Schaufenster an, lauscht der Musik der Straßencafés, der Sprache der Touristen. Er geht zum Strand hinunter und badet seine Füße im Meer, beobachtet mit halb geschlossenen Augen die Fahrt eines auf den Wellen reitenden Bootes, und dann kommt sein hageres schwarzes Gesicht zum Vorschein, verkniffen von sich jagenden Wellen der Verwunderung und Entschlossenheit, im Hintergrund halb fertige Gebäude, ein Donner aus Eisen und Ziegelsteinen stürzt auf ihn herab, und mitten in einer Staubwolke tritt er kühlen Augen gegenüber, die unter der schäbigen Krempe eines Polierhuts hervorschauen. Wir wollen Arbeit, Landsmann, wir brauchen Arbeit. Ein Jahr als Hilfsarbeiter beim Bau: Die braunen, schwieligen Hände, die für mich bestimmt waren, mit Fingerknöcheln, die schön sein sollten wie Mahagoni, transportieren mit der Schubkarre Eimer voll Wasser und Ziegelsteine und Sand hin und her, gehorchen Befehlen und Schreien, die vom Baugerüst fallen wie von der Sonne der Gerechtigkeit betörte Vögel, und nachts ruhen sie wie rostige Haken auf dem Bett in dem Zimmer, das er mit einem Kellner aus Mijas teilt, der die Ersparnisse der Saison im Futter seiner Jacke aufbewahrt. Sein

Körper streckt sich, wird kräftiger, und diese Hände, die ihn täglich an- und ausziehen, die samstagabends das Geld ausgeben, das sie in der Woche verdient haben, während sie ein ums andere Mal an den von Touristen überfüllten Straßencafés vorbeispazieren, noch immer nach Zement und Gips riechend, diese Hände sind dieselben, die sich an einem strahlenden Sonntag am Strand verzweifelt im Wasser auf eine andere Hand stürzen, vortäuschend, sie hätten sich in der Person geirrt. Denn so fing alles an: blitzschnell entschuldigen sich, überlegen lächelnd, seine Augen, fünfzehn Jahre ist er alt und sieht aus wie achtzehn, die harte Arbeit und die Sonne haben diesen Oberkörper geformt, über den jetzt ein wunderbares grünes Augenpaar spaziert, ich sehe sie vor mir: eine kleine Frau, etwas rundlich, aber mit zierlicher Taille und herrlicher brauner Haut. Sicher ist sie liebenswürdig, die Dame, da ist Neugier, Angst und etwas wie eine unendliche Geduld in der weichen Rundung ihres Munds; da ist eine Zärtlichkeit in ihrem weichen, reifen, sonnengebräunten Bauch, die sich nur im Sommer entfalten kann. Die Dame ist Schwedin, Deutsche? Wie viel Tage badet er wohl schon an diesem Strand, immer zur gleichen Zeit, ganz in ihrer Nähe, sie bespitzelnd, im Sand liegend wie eine Eidechse? Sicher (o ja, sicher) war das rosa Hemd mit den kleinen Taschen, das er an jenem Tag trug, der Vorwand: Sie war ganz versessen auf das Hemd, als sie ihn beim Weggehen darin sah, und wollte es ihm abkaufen, denn so ausgeblichen von der Sonne war es sehr hübsch und originell, etwas Ausgefallenes wie die blauweiß gestreiften Hemden, die die Señorita eines Sommers ganz billig in einem Geschäft in Blanes entdeckte und die sie bei ihren Freundinnen in Mode brachte … Was danach kommt, ein Dienstmädchen weiß ja nicht, ob er es ihr erzählt hat oder ob sie es einfach nur geträumt hat (warte, Liebster, geh noch nicht, verlass mich nicht, es wird doch noch lange nicht hell), aber ein Dienstmädchen geht darüber hinweg und würde gern die nutzlosen Mühen des Tages vergessen, die gierigen roten Münder der Nacht und die eingecremten, geschwollenen Gesichter, die bei Tagesanbruch, schläfrig und dankbar, wie durch einen stockfinsteren Tunnel zu ihm zurückkehren: denn der neue Tag sagte ihm wieder, wie Jahre später, als er hier neben mir aufwachte, dass das Leben woanders stattfindet. So wird der Bau fertig, auf dem er jetzt arbeitet, und den ganzen September über tut er gar nichts, hängt nur an den Theken der Kneipen herum und gibt seine Ersparnisse aus. Die reife, traurige Deutsche fährt in ihr Land zurück, der Herbst kommt, und die Aussicht, wieder einen Winter lang Sand und Ziegelsteine zu fahren, wird unerträglich. Langsam die Küste hinauffahrend (Torremolinos: Küchenjunge in einem Restaurant, dann Kellner), erreicht er schließlich Málaga (zwei Wochen Arbeit in einer Tankstelle), und in seinem Kopf hallt das Pfeifen der Züge wider, bis er beschließt, nach Barcelona zu fahren, zu seinem Bruder ... Hier verliert sie den Faden der Geschichte, richtet sich im Bett etwas auf, stützt den Ellenbogen auf das Kopfkissen und beugt sich über deinen nackten starken Körper, der schweißnass ist vom Schlaf. »Schläfst du, Manolo?« Der Mond hatte sich vor einer Weile versteckt, und sie war immer noch wach, dir zugewandt, wird nicht müde, dich anzusehen. Eine Vergangenheit voller Schweigen und Dunkelheit: weil du dich schämst, davon zu erzählen, oder weil der Schlaf dich übermannt, wirst du nicht darüber sprechen, wer dich hierher gebracht hat, und auch nicht darüber, wie du sie kennen gelernt hast – bestimmt an der Tankstelle, wo er gearbeitet hat.

Ebenso wenig hat er sich zu der Fahrt und zu den Dingen, die er erlebt hat, geäußert – er sagt nur, dass man beim Trampen zu leben lernt. Und mit dreihundert Pesetas in der Tasche, der Badetasche über der Schulter und mit sehr hübschen Sandalen, die einem Engländer gehört hatten (noch eine Geschichte, die er mir nicht erzählen wollte), steigt er Mitte Oktober 1952 auf der Plaza de España aus einem Auto mit ausländischem Kennzeichen. Barcelona, grau im Regen, Nebelschwaden über der Straßendecke der Fahrbahnen, unterirdische Geräusche unter dem Asphalt, man wäre gerne schon zwanzig, nicht wahr? Sie kennt nur das Ende dieser Fahrt, ein Kuss, an den sich der Reisende wehmütig erinnert: Ein Kopf streckt sich aus dem Fenster des ausländischen Wagens, der ihn hierher gebracht hat, ein schöner, schlanker Kopf mit ganz kurzen roten Haaren, und der Junge bleibt zurück, steht da, winkt, während sich das Auto entfernt, weiterfährt nach Frankreich. Er geht auf einen Polizisten zu und fragt ihn nach dem Monte Carmelo, und dann streift er durch die Stadt, ohne Eile, die Badetasche immer noch über der Schulter; schließlich kann er der harmlosen Versuchung nicht widerstehen, in eine Straßenbahn zu steigen; bestimmt lächelt er hinter der Scheibe, eingeklemmt zwischen den Leuten, sieht sich alles mit erstaunten Augen an; noch erkennt er nichts in der Menge, noch ist er weit davon entfernt, seine Unschuld zu verlieren, zu lernen, sich einen Weg zwischen diesen eleganten und arroganten Paaren zu bahnen, er kommt auf mich zu, der Arme, weiß nicht, wer ich bin, weiß nicht, dass ich gerade das Tablett abgestellt habe, dass ich gesehen habe, wie er gekommen ist, aber wenn er mich zum Tanzen auffordert, sag ich nicht nein, auch wenn sie uns in hohem Bogen rausschmeißen, auch wenn sie mit dem Finger auf uns zeigen, nur ist es besser, dass sie uns nicht sehen, mein Liebster, lass uns dahin gehen, wo es dunkel ist, am dunkelsten …

Deutsch von Andrea Rössler

J. V. Foix
Sie stand allein im Bus

Sie stand allein mitten im Bus, die Augen halb geschlossen und eine Blume – frag mich jetzt nicht nach dem Namen! – im zerzausten Haar. Der Bus fuhr eine unbekannte Straße hinauf, mit Dachkammer, die geradewegs zu einem Gipfel mit der Klarheit eines schläfrigen Augenlids führte. Wir sahen, wie sie später Postkarten und Reiseführer von Ländern aussuchte, von denen niemand wusste, wo sie lagen, auch wir nicht, selbst als wir noch Erdkunde hatten und über trostlosen Landkarten mit Flüssen ohne Erlen, Vulkanen ohne Glut, Bergen ohne Schnee und Meeren ohne Stürme saßen. Wir hätten sie gefragt, wenn sie uns gesehen hätte, ob ihr das Land gefällt, in dem die Blüten des Ultra-Traums mit dunkelroten Kelch- und nachtblauen Kronenblättern aufgehen und schwanke Stängel mit der Frische des Flaums von Olivenbäumen sprossen. Ein weiteres Mal bog sie auf den Weg stadtauswärts ein, wo sie unter alten, von Agaven umgebenen Steinplatten zerknüllte Zettel mit Trinitarier-Schriften versteckte. Sie überquerte die Brücke, die zur Kapelle führt, als habe sie zur Messe gewollt, aber sie ging weiter, ohne stehen zu bleiben. Mittag war schon vorbei, da war sie am Flugplatz. Sie kam von Osten, Umhang und Kapuze aus Gold, die Lippen mit dem Rot einer subversiven Fahne geschminkt und überall Diamanten, ganz als ob sie in den Schluchten von Fornells Glimmer in den Wind würfe, allein, wie immer, auf einsamer Flur, im Luftzug der Flügel. In der Dämmerung sahen wir sie auf der *Estació de França,* in einem Kleid, so durchsichtig wie das Wasser in den Buchten, wenn der Mistral nachlässt. Sie stieg in den Zug mit der Zärtlichkeit geheimer Leinenwäsche mit Stickereien und Schleifen. Niemand hat sie ein Lebwohl gesagt. Sie hat uns nicht einmal gesehen, abwesend in verlorenen Landstrichen, wie immer. Der Konvoi fuhr ab, ganz allein mit ihr und den Sternen.

Deutsch von Eberhard Geisler

Terenci Moix
Lili Barcelona

Versuch eines Melodramas »Camp« einschließlich »Kinky«, ohne selbstverständlich auf »That Charming Queer Touch« zu verzichten.

Für Enric Lahosa und Pere Ignasi Fages, eine Erzählung ohne »ismen«

Als ob sie noch am Leben wäre, als ob wir noch hofften, ihr zu begegnen, bezaubert uns Lili nach wie vor, und uns überfällt dann und wann wie eine Zwangsvorstellung der Wunsch, ihr Gesicht kennen zu lernen. Lili, das heißt: jenes kokette Mädchen, von dem alle sprachen, das lange in London, in Paris, in Amsterdam und in Rom lebte und in allen vier Städten gemeinsame Freunde von uns hatte. Genau das nämliche, wunderbare Bild der erahnten Lili, das in allen Pausen am Liceu gesucht wurde, weil wir wussten oder uns einbildeten (was schließlich das Gleiche war), dass sie anwesend sei. Keine andere Lili, keine x-beliebige, einem modischen Bestseller oder einem snobistischen Film (Marlene heißt Lili Shanghai in einem Film von Sternberg) entnommene Lili, sondern Lili mit dem Zunamen Barcelona, wie unsere Stadt voll gotischer Viertel; als ob sie lebte, jene Lili, die, wie man uns eines Tages sagte, vollkommen göttlich war, auf der Linie einer Harlow oder auf der Camp-Ebene, ein gutes Stück Charleston.

Wenn wir mit Alfonso über sie reden, können wir uns noch gegenseitig mit ihrem Namen hereinlegen, ein im Übrigen liebenswürdiges Spiel, und wir können uns einbilden, dass die Illusion wirklich existiert hat. Es ist jedoch für uns nicht leicht, sie mit ihrer blendenden Welt, der Aureole von

Shawls und Boas und der meterlangen Zigarettenspitze und der um sie hängenden Perlenschnur zu akzeptieren, das heißt, diese ganze von Lili geschaffene Welt ernst zu nehmen.

Wir machten sie zu einem Ideal. Lili Barcelona, das versteht sich, konnte man nicht mit jenen zahlreichen gewöhnlichen Matronen verwechseln, die sich Tag für Tag zu Sprachrohren jener Schwerfälligkeit aufwerfen, die für Barcelona typisch ist, und jenem totalen Mangel an Fantasie: Matronen, die unausweichlich der übrigens einzigen Lösung zutreiben, die darin besteht, dass sie Jahre und Ohnmachten summieren, kleine gelbliche Ferkel zur Welt bringen, am Markt der Konventionen mit einem Gesicht teilnehmen, als gingen sie durch die Welt und als verließen sie sie schließlich, ohne irgendeine erhebende Erinnerung hinter sich zu lassen. Lili als Hausfrau? Aber ich bitte euch! Lili war von diesem allen in Barcelona geborenen Frauen gemeinsamen Schicksal ausgeschlossen. Wenn dem nicht so gewesen wäre, was hätten wir ihr bieten können, außer einem schläfrigen Lächeln und dem Gedanken, sie mit einer ordinären Rohheit zur Unseren zu machen, sie in einer nebulösen Zukunft zu verwischen, wie alle Bürgersfrauen in ihrem Haus? Vielleicht wie gerade eben Menchu, die im Mai heiratete und Pepin Cabestany ein Baby oder, wenn sie sich dazu entschließt, originell zu sein, eine Fehlgeburt mit einem Elefantengesicht schenkt (und nicht nur einen vergoldeten Elefanten mit einem Perlmuttertempelchen auf dem Rücken wie jener Elefant, den der Legende nach der Maharadscha von Kapurtula Lili schenkte, damit sie mühelos den verschlungenen Dschungel durchqueren konnte – ein wenig in der Art Salgaris).

Das Erste, was uns einfällt, wenn wir uns Lili Barcelona ins Gedächtnis zurückrufen, ist dies, wie sie aufhörte, sie selbst zu sein, um sich, nicht ohne allgemeinen Schrecken zu verbreiten, in einen Teil von uns selber zu verwandeln. Von jener ersten Nachricht an, dass es sie gab, jener Sicherheit, dass wir sie sehen konnten, jener Gewissheit, mit der wir anfingen, uns über ihre wiederholten Extravaganzen zu informieren, ihre ausgesuchten Verruchtheiten (in literarischem Sinne), die ihren Namen von Mund zu Mund trugen, vom Augenblick der Möglichkeit Lili Barcelonas an, begann jene zauberhafte Strömung, die uns immer noch nicht verlassen hat, sich unser zu bemächtigen.

Und die Junggesellenloge (Miquelet Riudepedrol, Estebancillo Sagarde, Nacho Perello, Berto Lluch) fing an, sich in einen Schützengraben zu verwandeln, mit Prismen und Feldstechern, die auf den Saal gerichtet waren. Mehr als ein Sopran, manch Mezzosopran und sogar jener Bariton, der die Eroberungen von Don Giovanni in den Schatten stellte, hätten uns ihr ganzes Leben lang gehasst, wenn sie je vermutet hätten, dass weder Donya Elvira (mochte sie Brunhilde, Leonore, gelegentlich Mimi sein) noch ein Montse Viladècans i de Llufarda, Fe d'Oliveras i Torquellada oder Mili de Torra-Cantons auch nur die geringste Macht hatten, uns von unserer Suche abzubringen und uns davon zu befreien, Seufzer auszustoßen, Herzen zum Schlagen zu bringen, Neugierden anzustacheln, die für uns das große, unübertreffliche Geheimnis Lili Barcelona darstellte.

Nacho hat Recht, wenn er behauptet, alles habe am Fest Jaumes angefangen, als wir bereits zu viel Judy Garland gehört hatten, und Jaume erklärte, Lili Barcelona hätte »Take Him to the Ritz« nie in jener nachromantischen Art gesungen. Wir stellten Fragen über Lili, Fragen, die noch sachlich, keineswegs leidenschaftlich waren, in der Art, wie in jener

Stadt, wo sich die ganze Elite sogar bis zum Nabel kennt, über jedes neue Gesicht gesprochen wird, das eben erst an die Öffentlichkeit getreten ist. Dabei muss erwähnt werden, dass wir kaum daran Interesse hatten. Und bei allem …

Noch heute, wenn wir über den verfluchten Jaume sprechen, erinnern wir uns ganz niedergeschlagen an Lili, unfähig, den von ihr entfalteten Mythos wieder in seinem Glanz erscheinen zu lassen, unfähig, irgendwie zum Ausdruck zu bringen, zu begreifen, dass irgendetwas von Lili uns blieb, etwas, das wir uns weigern zu akzeptieren, denn würden wir es tun, so würde das bedeuten, dass wir *sie alle* akzeptieren. Und würden wir sie anerkennen und akzeptieren, wer hätte die Kraft, das Chaos aufzuhalten?

Carlos Bru, alias »La Xelito«, weint immer noch mit seinem einer klassischen Statue ähnelnden Gesicht, auf dem Tränen lediglich auf die Spitze getriebene Koketterie sind. Er weint rückhaltlos, jedes Mal, wenn er von Jaume und Lili spricht, als hätten nur er und die Seinen das Recht, darüber zu sprechen.

Vielleicht erzähle ich euch ein wenig zu spät von Lili, aber ich dachte mir, dass ihr sie gerade noch verstehen könntet. Ihr liebtet sie gewaltig, als hätte es sich um eine gewöhnliche Frau gehandelt. Ihr verliebtet euch in sie, und das ist ein Sakrileg. Wir dachten an sie, als handle es sich um einen Gegenstand. Und das war nicht erlaubt. Man musste sie aus der Ferne verehren, über ihre stets brillanten Scherze lachen, ihr sagen: »Mais tu es divine«, und damit genug. Es ist eine Sünde, und es ist eure Sünde, dass ihr sie nun so ohne weiteres in den Händen eurer rohen Männlichkeit sterben ließt. Und plötzlich wollt ihr sie eurem Bedürfnis entsprechend zu einem Mythos machen und versteht, dass es sehr schwierig sein wird, in dieser so langweiligen Stadt wieder jemanden wie Lili zu finden. Und ihr seid wie von Sinnen, nicht wahr? Denn der Augenschein zeigt euch, dass Lili Barcelona mehr war als ihr, über viele Wunder verfügte, über viel von unserem Zauber (ich meine unsere Clique), aber nichts mit euch zu tun hatte. Lili. Genau wie sie war, das heißt nicht war: Lili Barcelona, die sterbend gerne einen Striptease à la Versailles gemacht hätte und es sich trotzdem versagte.

Nacho widerspricht »La Xelito«, was den Ausgangspunkt unseres Interesses für Lili betrifft. Ich aber setzte den Zeitpunkt mit größter Entschiedenheit ohne den Schimmer eines Zweifels mit jener Party von Carlos an, als Jaume Lili über alle Maßen lobte und alle anderen Jungen (oder vielleicht auch Mädchen) mitwissend lächelten und uns die Tür zu ihrer Welt versperrten, die nie dem entsprach, was man als typisch männlich bezeichnet, die wir aber aus kollektivem Schwachsinn und vielleicht aufgrund der merkwürdigen Mischung, welche die Stadt von der Diagonale hügelaufwärts beherrschte, frequentierten.

Der Erfolg Lilis beruht auf ihrer Frivolität. Wenn sie darauf zurückgreift, existiert sie wirklich. Sie macht uns wahnsinnig, weil sie in der Art einer Heldin von Anita Loos frivol ist. Sie macht uns verrückt danach, frivol zu sein, ihre Gesten nachzuahmen, die Schultern wie ein amerikanischer Vamp aus den vierziger Jahren zu heben und schließlich ein O mit den Lippen zu bilden wie B. B., die augenblicklich »in« ist.

»Wenn Lili nicht tot wäre oder wenn es Lili noch gäbe, das heißt, wenn Lili uns nicht verlassen hätte …«

Kurzum, es ist unumgänglich notwendig anzuerkennen, dass Lili Barcelona wirklich existiert hat. Sie hat stattgefunden, wenn ich auch nicht weiß, in welchem Augenblick unseres

Lebens. Sie hatte ein kleines Loch hineingemacht und zwang uns, sie nicht nur zu begehren, sondern sie auch wie irr zu suchen, und nachdem sie gefunden war, paff!, verschwand sie. Sie selbst hätte es so formuliert: »The while stuff sound woomply absurd.«

Von allen war Jaume der Effeminierteste, aber auch Carlos konnte sich sehen lassen. Sie sprachen von der Liebe in platonischen Symbolen und ersehnten ein sentimentales Nirwana, welches das Laster sublimierte. Für sie war jedoch eine Straßenlaterne ein attraktiver Gegenstand, weil er erotische Formen annahm, ebenso wie eine Schlange (die Kollektion pornografischer Fotos Vicentito Ollets) oder die Pfeile, die Mantegna und Foppa auf den nackten Sebastian schleuderten. Im Morgen zerfallend und durch die Salzstädte geweiht, wandelten sie, indem sie sich unter pseudointellektuellem modischem Glanz krümmten (Moden, die, wie es sich gehört, von berüchtigten Gecken diktiert wurden, deren Namen ich mich auszusprechen hüte) und halbdunklen Wirklichkeiten einer Nacht, welche den Lauf der bekannten Flüsse veränderten. Durch merkwürdige Ursachen, die wir erst später erfuhren (und es war erst sehr spät), verehrten sie Lili Barcelona, weil sie das Abbild all jenes ausgesuchten, ruhmreichen Glanzes war, von denn sie träumten.

»Hör mal: Kann man sie nun sehen, jene Lili, oder nicht?«

»Ja, schau her, sie hat immer Eile. Sie kommt, vollbringt herr-li-che Dinge, lässt sie jedoch nur einen winzigen Augenblick dauern. Sie kommt, spricht mit jedermann, wir küssen ihre Hand, sie erzählt uns die Liebe eines einzigen Tages, spricht über die Rolle des Liceu oder den Film, der gerade Mode ist, und plötzlich steht sie auf und geht weg, weil sie immer anderswo erwartet wird. Sie hat eine Menge Arbeit, sie wird viel verlangt, für alle Partys, wisst ihr … Man fordert sie aus der ganzen Welt an, aus jedem Salon, wo es elegante Menschen gibt, savoir vivre, joie du champagne …«

Bei der Fahrt Rambles-abwärts in irgendjemandes Wagen: »Jaume ist der, welcher am meisten über Lili weiß.«

An einem anderen Abend, während wir Bruc-abwärts gehen, sage ich zu Jaume: »Hör mal, Junge, gib mir Lilis Telefonnummer.«

»O nein, sie würde sich ärgern!«

»Na und?«

»Sie ist eigenartig. Neurotisch. Sie ist, wie jede Diva sein soll. Man kann Lili nicht dazu zwingen, Bekanntschaften zu schließen. Wenn sie auf einer Party erscheint, und du bist mit dabei, lernt sie dich kennen (oder auch nicht, denn bei ihr weiß man ja nie), und schon ist es geschehen. Aber sie zu Hause anrufen, nein, das geht nicht.«

Die Aufgabe, Lili Barcelonas Telefonnummer herauszubekommen, wurde mir zur Obsession. Ein nutzloses Unterfangen, da Lili nie den Namen unserer Stadt trug und es sogar sehr wahrscheinlich ist, dass sie nicht einmal den Taufnamen Lili brauchte. Sie zu suchen bedeutete, einem Trugbild nachzujagen. Ihr ein Gesicht zu geben wurde zu unserem wichtigsten Ziel: uns ihre Augen vorzustellen, ihren Gang, ihre Art, eine Zigarette anzuzünden oder in einer Bar des Passeig de Gràcia zu sitzen. Und außerdem die Kommentare der Clique: »Lili, dessen bin ich sicher, ist Lesbierin.«

»Aber nein, du Einfaltspinsel. Vor kurzem hatte sie einen Fußballspieler zum Gigolo.«

»Aber wenn wir Mireia Sans glauben wollen, hatte sie ein Techtelmechtel mit jenem Modell …«

Lili entflammte uns. Eine unstete Flamme, die uns verzehrte, obwohl ich mir ihrer grenzenlosen Absurdität bewusst war. Dessen bewusst, möchte ich sagen, dass uns unbekannt war, was uns verbrannte und wie es uns verbrannte.

»Aber kennt ihr denn Lili Barcelona immer noch nicht?«

»Nein, noch nicht.«

»Sie war vor zwei Nächten auf Virgilios Party ›La Tocanta‹. Nur zehn Minuten und nicht mehr. Und doch sagte sie so viel göttliche Dinge! Stellt sie euch voll behangen mit Geschmeide vor, wie neuerdings Clara Bow …«

»Und sie trug einen echten Smaragd.«

»Sie ist in Hollywood gewesen. Sie hat Rosalind Russell kennen gelernt.«

Ich träumte von Lili. Leidenschaftlich, einzigartig, und die Snobs, die wir geliebt hatten, um sich versammelt. Wie eine Schauspielerinnen-Niederlassung von früher; wie die Sublimierung des evasiven Elements, das wir in der Liebe wie in allen anderen Dingen verlangten. Lili, in tausend imaginären Dekors zur Göttin verwandelt, Dekors, die alle dem Wahnsinn ähnelten und deren Vorhandensein wenig mit Vernunft zu tun hatte. Was weiß ich? Wer will schon Klarheit? Lili eilt mit ihrem Federschmuck die große Treppe der Folies hinunter. Lili tanzt einen Cha-Cha-Cha, indem sie mit ihren Armen Arabesken beschreibt, voll behängt mit Geschmeide in einem an Marlene erinnernden durchsichtigen Kleid. Sie hebt das Bein mit einer Bewegung, die Cyd Charisse in den Schatten stellt. Und nicht genug: Sie wird zur Blume des Viertels, Lili, Tomate vom Rio de la Plata, verlöschend unter den rohen Seufzern eines kränklichen Tangos, weit mehr Gefangene ihrer selbst als unsere Gefangene. Sie verstand es, die indische Prinzessin irgendeiner orientalischen Fantasie von Yvonne de Carlo zu sein, und gleich stellte sie Modelle auf dem Laufsteg von Coco Chanel vor … Endlich stieg Lili Barcelona unter all diesen mythischen Geschöpfen auf und schwang ihre Zigarettenspitze, während ihre ganze Erscheinung eine Geschichte erzählte, die sich in Barcelona zutrug, ein Märchen, das sich aus Mädchen zusammensetzte, die mit einem an der Boqueria gekauften Blumenzweig ins Liceu gingen …

Jeden Vormittag verbrachten wir drei Stunden auf dem Passeig de Gràcia. Wir setzten uns gewöhnlich ans Tropeziens und plauderten ein wenig über Mädchen, das Einzige, was man in dieser langweiligen Stadt am Morgen tun kann. Später, als Tuset Street in Mode kam, verbrachten wir dort einen großen Teil unserer Zeit. Aber das war ein Jahr später. In der Zwischenzeit musste man sich mit dem Vorhandenen begnügen. Tropeziens war alles in allem ein Ort, der uns zusagte. Ich saß dort und wartete auf Pamela, als Jaume auftauchte, sich an meinem Tisch niederließ und anfing, auf mich einzureden.

»Partys, wie sie sich gehören, gibt es nur in Amsterdam. Auch in London, aber da musst du Mitglied eines *Private Club* sein. Wenn ich von Partys rede, denke ich an jene *mad partys* der zwanziger Jahre mit ihrem Geschmack von Verbotenem. Die gefallen Lili.«

»Seid ihr liiert?«

»Hat es dich erwischt, mein Lieber? Die heilige Lucia erhalte dir das Licht deiner Augen! Wie sollten wir liiert sein! Wir lieben uns trotzdem sehr. Lili ist eine große Schwester mit mehr Lebenserfahrung. Manchmal gibt sie mir Ratschläge. Wenn ich einmal niedergeschlagen bin, rufe ich sie an, und wir trösten uns dann gegenseitig. Wir haben sogar gemeinsame Liebesaffären gehabt.«

»Das heißt also, dass Lili zugänglich ist.«

Jaume sagte, das sei sie nie. Davon könne keine Rede sein. Und er wurde nachdenklich und sah mich weinerlich an, indem er ich weiß nicht um was für eine Wonne flehte.

Der Tag, an dem die Party bei Jaume stattfinden sollte, war gekommen. Man gab uns zu verstehen, dass wir vielleicht etwas überrascht sein würden, dass das Milieu uns kaum behagen dürfte. Einmal, weil Lili die einzige Frau sein würde, dann, weil alles zweifelhafte »Freunde« sein würden und uns vielleicht keiner von ihnen zusagte.

Am Samstagvormittag traf ich mich daher mit Nacho und Memo, um mit ihnen darüber zu reden, ob es der Mühe wert sei, den guten Ruf zu riskieren, nur um Lili kennen zu lernen. Memo war beleidigt, weil wir an seiner Männlichkeit zweifelten. Seiner Meinung nach liefen wir keinerlei Gefahr, und wenn einer zu weit ging, setzte es eben eine Ohrfeige ab, und *finis terrae.*

Die elegante Straße, der in neoklassischem und modernistischem, einschließlich barockem, futuristischem und baufälligem Stil angelegte Teil unserer Stadt für reiche Leute … Eine Wohnung mit riesigen Möbeln, zerschlissenen und doch zugleich kostbaren Möbeln, nachgedunkelten Bildern, weichen Teppichen auf ausgetretenen Fliesen, mit endlosen Gängen, das, was heutige Kleinbürger »eine Wohnung, wie man sie heute nicht mehr baut«, nennen.

Dort verwandelten sich alle in Divas, indem sie einen kleinen Pariser Salon der Régence nachahmten, als wären es Demoiselles aus anderen Zeiten, indem ihre Gesichter vom Zustand der Erregung in den der Schüchternheit hinüberwechselten, und manchmal erschien darauf die Genugtuung darüber, dass sie endlich angesehen waren. Zu wissen, dass sie bereits wussten, was ihnen fehlte, und dass es von uns abhing, sie zu verachten, sich über sie lustig zu machen oder ihr Spiel zu akzeptieren, ruhig und vom Zweifel befreit, wie wir, die wir Männer waren, angesichts ihrer fast suffragettenhaften Unruhe reagieren würden. Wir machten auf Kitsch: Es handelte sich darum, Namen früherer Schauspielerinnen mit Hilfe von Nachahmungen zu erraten, die ein Transvestit vorführte. Sie versuchten das Wahrheitsspiel, indem sie sich die Kleider am Boden auszogen, und kritisierten die anderen Freunde und stellten Hierarchien und irgendeinen Familienstand her (die mit jener verheiratet), und sie verliehen sich malerische Namen, wie zum Beispiel »La Medallona«, »Lola Puñales« oder auch »La Paquella« …

»Wir gingen nur hin, um Lili zu sehen, und sie ließ sich nicht einmal blicken«, sagte ich zwei Tage später, als ich Jaume nach einer Uraufführung am Theater Calderón traf.

»Oh, immer kommt sie nicht.«

»Aber wir möchten sie kennen lernen, mit ihr reden.«

»Aber sag mir, was sollte Lili mit Typen wie euch anfangen?«

»Stinken wir vielleicht?«, meinte Memo, den die Sache zu verdrießen anfing.

»Das will ich nicht sagen, aber ihr seid sehr ordinär. Lili kann Männer nicht ausstehen. Sie hasst sie. Bei ihr könnt ihr euch höchstens zu Sklaven machen lassen. Lili erobert Männer nur, um Sklaven aus ihnen zu machen. Sie ist hochmütig. Sie ist unerbittlich.«

»Was für ein Unfug! Was Lili Barcelona braucht, ist ein richtiger Mann. Keine Hanswurste wie ihr.«

»Wie man doch sieht, dass ihr sie nicht kennt! Sie will das

Unvorhersehbare, das Exotische. Sie wünscht eine Frivolität, die auf der Höhe der ihren ist. Und diese, mag es dir nun passen oder nicht, können nur wir ihr bieten.«

Die Vorstellung, Lili könne frigide sein, machte uns ganz benommen. Aber letzten Endes wurde sie dadurch noch attraktiver. Unser jugendliches Delirium war zu sehr angestachelt worden, als dass man ihm noch hätte Einhalt gebieten können. Lili fing also an, sich als Kranke darzustellen, welche der Heilung bedurfte. Damit alles klar ist: Was bei jeder anderen Frau ein Hindernis gewesen wäre, wurde bei der mythischen und sich stets entziehenden Lili Barcelona eine neue Ursache für ihren Zauber.

Eines schönen Morgens, kurz vor Weihnachten, als Nacho und ich im »Samoa« saßen, kam Memo keuchend an: »Heute Nacht habe ich im ›Ischia‹ eines der interessantesten Gespräche aufgeschnappt. Nie werdet ihr von mir erfahren über wen.«

»Pah! Das bringt man leicht heraus! Bei all den Bekannten, die wir in der oberen Stadt haben! Wir sind ja wie eine Pest. Wir sind hier bereits zu viel.«

»Jungs, haltet euch fest. Stellt euch vor, man sprach … über Lili Barcelona. Lupe Mirosa und ich erwarteten Marise und Gustavin. Da kamen Jaume und jener so effeminierte Freund von ihm an, Lluis … ja, Mann, jener Radioansager … Gut, aber das Wichtige bei der Sache ist, dass sie sich fast schreiend unterhielten und wir sie bestens verstehen konnten. Kurzum, sie sprachen über Lili, und Jaume sagte irgendetwas über den ›Troubadour‹ … der ›Troubadour‹ gefalle ihr sehr, und sie habe kein Samstag-Abonnement … das heißt im Liceu …«

»Habe verstanden«, sagte ich, »heute ist Samstag!«

»Das ist klar. Jetzt verstehst du, warum wir sie nie sehen. Wir suchten sie am Mittwoch.«

»Lass mich überlegen … Ja, ich hab's. Hat nicht Marichu Querada ein Samstag-Abonnement …?«

So suchten wir also Marichu auf, die an der oberen Balmes-Straße eine Boutique hatte. Sie war gerade dabei, das Schaufenster mit Weihnachtsmotiven zu schmücken.

Wir sagten ihr, alles sehe sehr hübsch und sehr modern aus. Sie war sehr geschmeichelt und ließ sich von uns zu einem Daiquiri einladen. Sie kam ins Plaudern und fragte uns, ob wir wüssten, *warum* sie mit diesem Trottel von Angel Udiarte Schluss gemacht habe. Wir wussten es, taten bei dem Quatsch aber eine Weile mit, damit sie ganz auf ihre Rechnung kam. Wir wollten nun gleich zur Sache, sie entwischte uns aber immer wieder und fragte uns, ob Piluca Riudellops glücklich verheiratet sei. Schließlich, als sei es rein zufällig, fragten wir sie, ob sie im Liceu neue Bekanntschaften geschlossen habe. Sie kannte selbstverständlich alle – Marichu gehörte einer fünften Generation von Liceu-Habitués an – und fing an, diesen und jene durchzuhecheln. Memo fiel ihr plötzlich ins Wort, um sie zu fragen, ob sie Lili Barcelona kenne, eine sehr mondäne und distinguierte Blonde, deren Bekanntschaft wir machen wollten. Marichu wurde nachdenklich, steckte sich den Finger in den Mund und lutschte daran (sie lutschte, wie es sich gehört), und gleich darauf kaute sie sogar an ihren Handschuhen.

»Hört her, es ist komisch, aber ich kenne sie nicht. Auf dem ersten Rang, sagt ihr? Könnte es nicht eine *invitée* in der Loge von Lloveras sein? Sie ist immer voll mit Ausländern, Madridern und jungen Leuten, mit denen die Töchter flirten. Zweifellos, so einfach … könnte ich es euch nicht sagen …«

Ich gehe nach Hause. In mein Zimmer. Lege eine Platte der Serie »Strip-Tease for Your Husband« auf. Während ich die aufregende Musik anhörte, machte ich eine Skizze von Lili. Die Kohle glitt über den dünnen Karton und verlor jeden Kontakt mit der Wirklichkeit. Ich stellte mir Lili mit einem Telefon ganz nahe an den Lippen vor oder vielleicht beim Essen einer Banane, oder während sie sich den Bauch mit einem Zauberstab von Fregoli rieb. Alles in allem gab ich ihr einen verführerischen Anstrich. In der Skizze erschien sie mit den Attributen, mit denen Jaume oder Carlos meine Träume stets auszustatten pflegten: grobmaschige Strümpfe, Boas, bunte Federn, mechanisches Lächeln, Grausamkeit im Blick … Lili war bereits mehr als ein Spiel.

Ich konnte es nicht mehr aushalten. Ich hängte mich ans Telefon. Drei Signale, bevor Antwort kam. Es war Jaume. Ich trage ihm Grüße an seine Mutter auf, und er lässt sich meinen Eltern empfehlen, und plötzlich fragt er mich, ob ich den letzten Film mit Sophia Loren gesehen hätte. Ich sage »nein«, und da erzählt er, sie sei so elegant und so sehr Dame geworden. Dann sagt er mir mit süßer und einschmeichelnder Stimme, es würde ihn sehr freuen, wenn er mich öfters sehen würde, ich sei ihm sehr sympathisch, jedermann sage, ich sei sympathisch und gut aussehend … »Warum gehen wir nicht an einem der kommenden Tage zusammen essen«, schlägt er mir vor.

Jetzt habe ich dich. Deine Schwäche wird mir helfen, Lili kennen zu lernen.

»Einverstanden, wir gehen zusammen aus, wenn du willst, sobald du mir Senyorita Barcelona vorgestellt hast.«

Er akzeptierte es, ohne auch nur einen Augenblick zu überlegen, und versprach mir, er werde mich mit Lili Barcelona bekannt machen, wenn ich noch heute Abend zu seiner Party käme. Er bat mich auch, ich möchte allein erscheinen, da meine Freunde diejenigen seiner Clique einschüchterten. Lili hatte versprochen, bei ihnen vorbeizukommen, nach einem Abendessen mit Rita Lobia, der argentinischen Schriftstellerin, die gerade eine Woche in Barcelona verbrachte, um ihr letztes Buch, die berühmte Abhandlung über weibliche Homosexualität, zu lancieren. Er wiederholte mir, wenn ich allein auf die Party käme (»ich verlasse mich auf deine Diskretion: Lili will nicht, dass sie jeder kennt«), sei es überhaupt nicht schwierig, dass auch ich in die Sekte der Diva-Verehrer aufgenommen würde. Nachdem ich aufgelegt hatte, kuschelte ich mich auf das Sofa, indem ich mich mit dem dumpfen Gefühl herumschlug, Lili sei verheiratet. Es war eine quälende Vorstellung, aber die einzige, welche ihre Manie, sich zu verbergen, erklären konnte. Und es war sogar nicht ausgeschlossen, dass dieser exotische Name (ein Java-Aroma vermischt mit dem Kitsch des Passeig de Gràcia) ein Pseudonym war, das sie in Umlauf gebracht hatte, um die Leute in die Irre zu führen. Und es war auf jeden Fall ein Name mit der Wirkung eines Aphrodisiakums.

Ich holte den Spiegel und betrachtete mich. Jung und gut aussehend, Ergebnis der Gymnastik und des Strandclubs, verfolgt von den Mädchen meiner Freunde, erstklassiger Verführer. Kein Ehemann, mochte er noch so vollkommen sein, konnte sich mit mir vergleichen! Diese herrliche Frau wünschte einen Geliebten wie mich. Ich fing an, mir ein ganzes Geflecht spannender Situationen für unsere geheimen Zusammenkünfte auszumalen, ein ganzes Repertoire andeutenden Lächelns und verstohlener Blicke für den Fall, dass wir uns im Liceu oder in einem Theater treffen sollten und sie ihr

Mann begleiten würde. Niemand würde sich vorstellen können, dass Lili Barcelona (die zum Beispiel eigentlich Marta hieß, weshalb Marucho uns keine Auskunft geben konnte) und ich, das letzte Erzeugnis der Romanschriftstellerei à la Somerset Maugham, uns dreimal wöchentlich in einem jener Häuser der Eixampla, deren Eigentümer (ältliche Paare, die von einer winzigen Rente lebten) geheime Appartements vermieteten, geschützt vom hehlerischen Schatten ihrer anerkannten Ehrbarkeit, treffen würden. Und ich stellte mir sogar die Worte vor, die ich Lili sagen würde, wenn wir beide, im Bett ausgestreckt, in dem der schwindsüchtige Sohn der Hauseigentümerin gestorben sein musste, uns mit dem Geschmack des Schuldbewusstseins auf den Lippen umarmen würden, mit dem Blick auf eine unmögliche Zukunft gerichtet. Dann würde sie, vollkommen nackt, aufstehen (oder vielleicht in eine gelb gestickte Steppdecke gehüllt), um sich in dem goldgerahmten Spiegel zu betrachten. Wenn Lili Barcelona sehen würde, dass sie größer war als ich, würde sie begreifen, dass sie in meinen Händen war. Während ich, im Bett ausgestreckt, mein Möglichstes dafür tun würde, damit sich der höchst expressionistische Rauch einer Zigarette zwischen meinen Augen und der Zimmerdecke ausbreitete.

Und in jener Nacht kam sie zur Party. Sie war in meiner Reichweite: konkret, absolut, voller Leben, vollkommene Symbiose all der Träume, die ich mir ausgemalt hatte. Sie, Lili! Prunkhaft, distanziert, Schöpferin eines Feuerrings um ihre Person wie eine neue Brunhild, die sich damit von allem trennte und einzigartig, unvergleichlich blieb, ein greifbares Symbol all dessen, was wunderbar ist, all dessen, was ungewöhnlich und fantastisch ist.

Lili war von zwölf oder dreizehn Personen umgeben, und deshalb musste ich ein hübsches Weilchen warten, ehe ich sie ganz zu Gesicht bekam. Über den unruhigen und gefärbten Köpfen der Verehrer wogte das platinblonde Haar Lilis hin und her und schuf dabei einen unvergesslichen Rhythmus. Als ich mich der Gruppe näherte, wurden meine Beine schwach. Ich schaute mich um und suchte Jaumes Hilfe. Man sagte mir aber, Jaume sei weggegangen, um neue Getränke zu kaufen. Man schaute mich halb belustigt und halb kritisch an. Es bestand kein Zweifel, dass sie durch die überwältigende Gegenwart Lili Barcelonas geblendet waren. Und auf einmal drehte sie sich um und sah mich an, so dass ich sie sehen konnte. Es war, als wäre sie bereits die Meine.

Haare wie aus Kunststoff, selbstverständlich eine Perücke, eine dunkle, runde und große Brille, die ihre Augen und sogar ihre Brauen verdeckte. Sie lächelte jedermann zu (es war ein Lächeln, das sie einem nicht näher brachte, sondern ganz im Gegenteil auf das Podest einer Göttin entrückte), und sie führte drei Unterhaltungen gleichzeitig, auf Englisch, Französisch und Italienisch. Ein tänzerisches Jüngelchen half ihr, den Mantel aus schwarzem Samt abzulegen. Plötzlich erschien ein glattes, herausforderndes Stück Haut ihrer Schulter. Und als Lili mir die Hand gab, die in eigenartiger Weise von schwarzen Samthandschuhen geschützt war, küsste ich sie mit einer Devotion, die gleichzeitig Verehrung und leidenschaftliche Erotik zum Ausdruck brachte. Als sie den Kuss verspürte, lächelte sie mir zu und murmelte »enchantée« und andere französische Worte.

Ich könnte nicht schwören, dass sie die schönste Frau der Welt war, aber nie gab es eine einzigartigere. Lili bewegte sich, sprach, hielt die Zigarettenspitze oder das Champagnerglas mit einer mathematischen Präzision. Ihr ganzes Auftreten war eine Wissenschaft. Sie setzte sich auf die Armlehnen der Sessel, karessierte den Kopf jedes Effeminierten, und dabei kritisierte sie die Opernsaison, sprach über den Karneval in Nizza und suchte ständig einen Bezug zu der Zeit, als sie für Dior Entwürfe machte, zu einem Zeitpunkt, als es, wie sie sagte, »était tout un privilège d'y travailler«. Sie war eine Truhe, die sich öffnete, um der Welt eine Million heimlicher Wunder anzubieten, eine heisere Stimme, die über alle Angelegenheiten, die in der Welt vorgingen, sprach, ohne sich je in eine zu vertiefen. Und für jene Gruppe von Versprengten wurde sie zu einem Mekka, in dem ihr Streben nach gesellschaftlichem Glanz seinen ruhigen Pol fand.

Ich trank einen Schluck nach dem andern. Etwas Unerträgliches quälte mich in meinem Innern. Mein Kopf war nahe am Zerspringen. Ich weiß nicht, nie habe ich herausbekommen, ob sie schön war oder nicht, ob sie jung war oder nicht (vielleicht fünfunddreißig), ob sie falsch oder echt war. Ich weiß nur – und das ist eine Gewissheit –, dass sie der Inbegriff der Faszination war, in ihrem wohltuenden und gleichzeitig krankhaften Aspekt.

In einem Augenblick jener Nacht (unvergessliche Strudel von Augenblicken) setzte sie sich neben mich und unterhielt sich mit mir, indem sie mit dem Champagnerglas den Rhythmus eines amerikanischen Musicals skandierte (war es nicht »Finia's Rainbow«?).

Sie sprach zu mir über Monteverdi (ich weiß nichts von Monteverdi) und von Dada (auch darüber weiß ich nichts) und von dem schauerlichen Hotelservice an der ligurischen Küste. Bald darauf (ich glaube, als sie über Dada sprach) zog sie eine neue Zigarettenspitze heraus, länger als die vorige, schob sie zwischen die Lippen und bat mich um Feuer. So geschah es, dass ich in einem Augenblick, welcher sich der absurden Vorherrschaft der Wirklichkeit entzog, die Bekanntschaft der legendären Zigarettenspitze von Lili Barcelona machte. *The one and only.*

Ein Teil ihres Ruhms beruhte auf der Kürze ihres Erscheinens. Es gab keinen Grund, warum sie diese Nacht in ein besonderes Ereignis verwandeln sollte. Meine Neugier bedeutete nichts für sie, die, im vollen Besitz ihres königlichen Zepters, zu dem Schluss kam, dass es bereits Zeit zum Aufbruch sei. Jeder protestierte, und ich merkte, dass wir sie alle bei uns haben wollten und sie wirklich brauchten. Aber Lili wurde für mich zur Obsession, und meine Leidenschaft war etwas weit Überwältigenderes als eine lediglich geistige oder auf Verliebtsein beruhende Macht. Es handelte sich um das Wunder, dass ich in meinem untätigen und öden Leben den Zauber des Mythos wiederfand, das blitzartige Eintreffen des Göttlichen, das in einer wunderbaren Frau, die ich mir nicht entgehen lassen durfte, Gestalt angenommen hatte. Ich trat auf sie zu.

»Ich muss Sie sehen, Lili. Ich muss Sie wiedersehen, und je eher, desto besser.«

Lili hob lediglich die Schultern und nahm die Brille ab. (Sie hatte stark bemalte goldene und blaue Augen, nach Art der Ägypter. Sie erinnerten mich an jemanden … Welcher Mythos war es?)

»Sie sollten wissen, dass ich fast nie ausgehe, chéri … Diese Nächte sind eine Ausnahme. Nein, nein, wir können uns nicht wiedersehen.«

Ich legte meine Hand auf die ihre. Sie aber zog ihre Hand ostentativ zurück.

»Was wünschen Sie? Ich bin eine Frau mit sehr viel Erfahrung. Hübsche Jungen blenden mich schon längst nicht mehr.«

»Aber ich …«

»Ich weiß, dass hinter der Illusion nichts steckt. Nein, gar nichts. Glauben Sie es mir. Ich weiß es aus Erfahrung. Ich weiß es. Nur die Impression gilt. Wie in der Liebe, wissen Sie? Wie dieser Augenblick von Lili Barcelona.«

»Nein, nein … ich muss Sie wiedersehen!«

»Wollen Sie einen Rat, junger Mann? Gehen Sie, gehen Sie weit, weit weg. Und vergessen Sie mich!«

»Ich werde Ihnen folgen«, rief ich. »Ich werde herausbekommen, wo Sie wohnen.«

Sie inhalierte den Rauch und setzte eine sehr harte Miene auf.

»Sie haben sich getäuscht, mein Freund. J'ai connu des hommes, mais ça ne fait rien. Sich sehen, sich lieben … das ändert gar nichts. Sie werden mich nicht wiedersehen, chéri.«

Die Bande von Verrückten entführte sie mir in einem feierlichen Zug. Alle miteinander machten sich über mein Getue lustig. Zweifellos waren sie stolz, als sie sahen, dass es meine Männlichkeit nicht geschafft hatte, ihnen ihren Schatz zu rauben. Der Jüngste von ihnen sprach den Wunsch aus, Lili solle einen Striptease vorführen, und nachdem sie sich lange hatte bitten lassen, kam sie seinem Wunsch wohlwollend nach. Wir machten ihr Platz, und Lili drückte meine Hände, bevor Carlos einen Cha-Cha-Cha auflegte, von der ebenso langsamen wie zweideutigen Sorte.

»Allez-vous-en. Je vous prie …«

»Nein, Lili, nur mit Ihnen.«

Die Musik war leidenschaftlich, und Lili schien in viele

Federn einer Kokotte aus der Belle Époque gehüllt. Mitten in dem freien Platz, den die Clique um sie bildete, zauberten Lilis Schenkel eine rotierende Bewegung von unglaublicher Sinnlichkeit hervor. Sie schuf, in Rauch gehüllt, einen besonderen Raum. Ich trank immer noch, und der Wodka bildete einen zitternden Vorhang vor meinen Augen. Die Bilder wurden verformt, besser gesagt: jedes Bild, das nicht *sie* war, das nicht Lili war, die ihr Kleid fallen ließ, indem sie mit der Schnalle eines roten Gürtels mit grünen Schleifen spielte. Völlig verzückt, wie in einem hochästhetischen, heidnischen Ritus, fing Lili unter Basin-Street-Trompetenstößen an, sich die Strümpfe auszuziehen. All das währte, bis ihr Blick auf meine Augen traf und ihr Körper plötzlich wie ein Stein mitten in jenem Raum, der ihr bereits gehörte, alle Kraft verlor.

Sie zog sich in aller Eile die Strümpfe an und rief: »Nein! Heute nicht! Den Mantel, die Handschuhe. Ich habe Eile …«

Mit einer raschen Bewegung hastete sie weg, ohne mir auch nur die Zeit zu lassen, mich zu erheben. Vier oder fünf ihrer Verehrer versperrten mir den Weg, um mich daran zu hindern, ihr zu folgen; es fiel mir jedoch nicht schwer, sie mit einem Faustschlag aus dem Weg zu räumen. Ich rannte durch den Gang in genau dem Augenblick, als die Tür zum Treppenhaus zuging. Ich lief in das Vorzimmer. Auch auf den Treppen hörte man kein Geräusch von Absätzen. Im Salon diskutierten die Gäste aufgeregt und verfluchten mich sogar. Jaume! Ich muss ihn darum bitten, dass er mir Lilis wirklichen Namen verrät, ihre Adresse, alles …

Ich rannte die Treppe hinab, aber Lili blieb verschwunden, und das Tor zur Straße war gut versperrt. Eines war für mich klar: Lili hatte, während sie ihr Kleid zuknöpfte, nicht die Zeit gehabt, so schnell die Treppe hinabzulaufen, das Tor aufzumachen, auf die Straße zu treten und dann wieder sorgfältig abzusperren. Vielleicht hatte sie sich in einem Raum der Wohnung versteckt. Ich ging wieder hinauf, nahm vier Stufen auf einmal und kam gerade an, als die effeminierten Jüngelchen die Tür zuschließen wollten. Ich trete wie ein Blitz in die Wohnung, werfe alles durcheinander, vollführe einen derartigen Lärm und ein solches Geschrei, dass ein Kleiner sich in die Ecke des Zimmers verkriecht, als wäre eine Polizeistreife eingetroffen.

Ich brüllte Lilis Namen. Die Gegenstände führten einen launischen Tanz auf. Sie waren in meinen Gin getaucht und in die Melancholie, die mich überkam, als ich meinen Traum zwischen den Fingern zerrinnen fühlte. Dieser Augenblick war ein Tod, der vor der Liebe kam und den ich bis zur Neige kosten und ausschöpfen wollte. Ich stieß mit den Füßen die Türen zu allen Zimmern auf – Zimmer, in denen die Zeit stillstand und die mit fast toten Erinnerungen voll gestopft waren, die ich auszutreiben schien, da sie beim Öffnen jeder Tür entwichen.

Als ich mich einer sehr kleinen Tür näherte, hörte ich ein Geräusch wie von Samt und Seide, von Seide und Samt, die knisterten. Mein Herz schlug wild. Lili! (Und mein Mund füllte sich mit dem Mysterium.)

Als ich die Tür öffnete, zog Jaume gerade die Strümpfe aus. Die platinblonde Perücke hatte er bereits abgelegt. Aber noch nicht die Lidschatten. Eine unendliche, namenlose Angst packte mich. Auch jetzt wusste ich noch nicht, wie sie beschaffen war. Das Gefühl einer plötzlichen Leere, auf welches jener Ekel folgte, der mich nie mehr verlassen hat.

Die Arme fielen mir auf beiden Seiten herab, als sei ich eben gestorben. In meinem Kopf wirbelten tausend Bilder aus jener Nacht und anderen Nächten durcheinander, welche die Möglichkeit Lili enthielten. Aber kein Bild konnte grausamer und viehischer sein als jenes von Jaume, während er sich einen der Strümpfe auszog.

Mit Hilfe vieler Püffe kam ich zur Treppe. Ich ging sie langsam hinunter, strich mit meinem Körper treppab die Wand entlang. Ich war durch und durch angewidert, schämte mich und verspürte vor allem einen eigenartigen Schmerz. Jaume lief hinter mir her, indem er mir die Geschichte zu erklären suchte. Er hatte einen Herrenmantel angezogen und sah eigenartig aus mit den bemalten Augen, mit dem ohne Halter bis zum Knie herabhängenden Strumpf, der Runzeln warf …

Ich ging durch die völlig verlassene Eixampla, die, ohne etwas von der Wirklichkeit zu kennen, in tiefem Schlaf lag. Nicht, als ob das für mich sehr wichtig gewesen wäre, aber ich fühlte mich als Opfer, und mein Egoismus war es, der angesichts von Jaume und seinen Freunden verhalten anfing, einen mehr oder weniger akzeptablen soziologischen Exkurs zusammenzubrauen. Ich überquerte die Arago-Straße. Ich kam mir vor wie ein Automat.

Hinter mir ertönten Jaumes Schreie, der mir noch immer folgte: dann ein langes Heulen, der Aufprall eines Gegenstandes, der gegen die Bäume geschleudert wurde, und ein Wagen, der heftig bremste.

Ich drehte mich um, und durch meine Finsternis hindurch sah ich, dass alle Effeminierten um den hingestürzten Körper des Freundes herumstanden, und jemand sprach von Tod, und der Chauffeur, halb betrunken, war sehr nervös und sagte, er habe keine Schuld. Was mir jedoch klar war.

Ein blutiger Körper, weder Mann noch Frau, ein Herrenmantel auf schwarzem Strumpf, ein rasiertes Bein, bemalte Augen: das war alles.

Die Kälte der Stadt machte aus meinem Gesicht eine Marmorfläche, aber ich freute mich darüber. Die Bäume, die ohne Blätter waren, verschwanden hinter mir, während ich unter ihnen hinging. Irgendjemand besprengte den Passeig de Gràcia, und Weihnachten kam näher, und ein Taxi brachte mich nach Hause. Ich war zu sehr außer Fassung, um selbst zu fahren. Ich wollte am nächsten Morgen den Wagen abholen. Ich trank zwei Glas Milch, gab mir aber so lange keine Rechenschaft darüber, bis ich mich im Halbschlaf an den Geschmack daran erinnerte.

Als sich später der Schlaf immer mehr bis in die Tage hinein ausdehnte, Tage, die endlos und ewig gleich waren, immer fad und ohne irgendetwas, das sie unterhaltsam machen konnte, kehrte die Erinnerung an jene zum Ideal gewordene Lili zurück, bemächtigte sich meines Körpers mit absoluter Tyrannei und der Unerbittlichkeit eines Krebsgeschwürs. Und noch heute, nachdem so lange Zeit verstrichen ist, hoffe ich immer noch, eines Tages unter den Tausenden abgestumpfter und nichts sagender Gesichter, die zu ertragen ich mir auferlegt habe, dem wahren, künstlichen und traumhaften, abwesenden und unsteten Gesicht Lili Barcelonas zu begegnen.

Deutsch von Johannes Hösle

Esther Tusquets
Giselle

Langsam verlöschten die Lichter im Saal, das Lachen und Plaudern im Publikum verstummte, die Türen der Theaterlogen schlossen sich oder wurden angelehnt, und Saras Herz pochte schneller, zum Glück konnten die Jungen – die Cousins und Freunde der Cousins, denn Sara hatte keinen Bruder – in der wachsenden Dunkelheit nicht sehen, wie ihr die Hände zitterten und ihre Wangen sich röteten, während die ersten Akkorde des Orchesters erklangen und sich auch der Vorhang ganz langsam hob, und einen Augenblick später stand die Frau da, beugte sich aus der Hütte, so bleich und so zerbrechlich, im weiten grünblauen Rock und smaragdfarbenen Leibchen aus Atlas und der Spitzenbluse, das dunkle Haar in einem Zopf um den Kopf geschlungen, wodurch ihre porzellanweiße Haut noch mehr hervorgehoben wurde. Dann trat Giselle ein wenig furchtsam, ein wenig verlegen aus der Tür ihrer Hütte, an die ihr zauberhafter Prinz gepocht hatte, bevor er sich versteckte – dieser zauberhafte Prinz, der abscheulichsten Verräter einer, dachte Sara mit kindlichem Groll –, und tanzte dann leicht neben ihm von einer Seite der Bühne zur anderen, leichtfüßig, beschwingt, lieblich, vom pechschwarzen Haar bis zu den Spitzen der roten Schuhe eine Schönheit, ein Kunstwerk, das auf unglaubliche Weise in Bewegung gesetzt wurde, und das Abend für Abend, aus einer geheimnisvollen und dennoch wohlwollenden Laune der Götter heraus mit Leben erfüllt wurde. Und Sara betrachtete sie wie hypnotisiert, wie verhext, versinkend in einer Fülle von Aufregung und Gefühlen, die sie bislang noch nie erlebt hatte, ähnlich jenen, die sie vor einigen Monaten während einer Reise durch Italien erfahren hatte – diese Aufregung beim plötzlichen Betreten des Platzes in Siena, beim Durchstreifen der Säle Botticellis in den Uffizien, beim unvermittelten Einbiegen in die weniger belebten Gassen Venedigs –, aber noch viel stärker, diese unerwartete rund totale Gewissheit, dass dies Schönheit war, dass dies Kunst war, etwas, was einem den Atem raubte, was uns weinen ließ, ein wollüstiger, dunkler Wald, in den man eindringen und sich rettungslos verlieren konnte ohne den Wunsch, jemals zurückzukehren. Für den Menschen gibt es keine größere Wonne auf Erden. Oder vielleicht doch, hatte Sara sich an einem der ersten Abende gesagt, weil vielleicht ein Tag kommen konnte, an dem sie nicht hier sitzen würde in der rötlichen Dämmerung der Familienloge, des Vorzimmers der vielleicht aufregendsten Hölle, zwischen ein paar Freunden und Cousins – alles junge Männer –, die von nichts etwas verstanden, die seit ihrer Geburt dazu bestimmt waren, zu jener Vielzahl von Leuten zu zählen, die niemals etwas verstanden, weil sie es weder konnten noch wollten, so anders als Sara selbst, so weit entfernt, auch wenn sie sie hinten auf ihr Motorrad aufsteigen ließen und sie zu einem Eis oder ins Kino einluden oder sie zum Tanz aufforderten und über die Möglichkeit daherredeten, ihr fester Freund zu werden, während Sara doch nicht im Entferntesten daran dachte, einen von ihnen im Laufe der Zeit zu heiraten, keinen, der ihnen ähnlich war, während es stattdessen – sie wagte zum ersten Mal, ihre Gedanken ausschweifen zu lassen, verblüfft und fasziniert – recht gut geschehen konnte, dass sie eines Tages nicht mehr in dieser Familienloge sitzen würde – der in Rot ausgeschlagenen Parterreloge, die sie alle zusammen vom Großvater geerbt hatten und nun gemeinsam nutzten – mit einem mehrreihigen Perlenkollier, einem goldenen Armband mit Münze für jedes Kind und einem Mantel aus Zobel oder Bison über den Schultern und den ringgeschmückten Fingern, die naschsüchtig in die Tüte kandierter Kastanien oder in die Bonbonniere glitten, sondern dort stehen würde, aufrecht und gefasst, in der Mitte der Bühne, im blendenden Licht der Scheinwerfer, das ihr liebevoll folgen und mit seinem Lichthof sanfter Wärme all ihre Bewegungen einhüllen würde. Eines Tages könnte sie Giselle sein, hatte sie bass erstaunt entdeckt, betäubt von der Plötzlichkeit dieser Entdeckung. Eines Tages würde sie Giselle sein, hatte sie mit unvermittelter Verwegenheit entschieden. Und das, was bisher der Tanzunterricht der bourgeoisen Tochter gewesen war, der gewissermaßen ihre Allgemeinbildung vervollständigte – und den die Eltern dennoch stets mit sehr skeptischen Blicken verfolgten, alarmiert womöglich von der übertriebenen Begeisterung, die Sara da zeigte –, würde zu etwas ganz anderem dienen, würde zum ersten radikalen Schritt werden, der sie jenseits der Trennungslinie des Rampenlichts stellen würde, definitiv auf die andere Seite.

Vermutlich hatte sich dieser Prozess bei Sara schon seit langem angekündigt, hatte im Unterbewusstsein gelauert und sich auf arglistige Art gesteigert und gekräftigt, ohne dass sie es selbst mit Gewissheit gespürt hatte, um dann plötzlich an jenem Abend an die Oberfläche zu dringen, an dem sie, wie so viele andere Male, in der Proszeniumsloge sitzend zwischen Freunden und Cousins, gesehen hatte, wie die wunderschöne, überaus zerbrechliche Gestalt auf Bitten des trügerischen und zauberhaften Prinzen an der Tür sichtbar wurde, so überlegen, so ganz anders als all das, was über sie in den Zeitungen berichtet wurde – auch wenn Kritiker und Kommentatoren sie als heilige Kuh behandelten, als unvergleichlich, göttlich und würdige Erbin der Pawlowa und der Duncan – so völlig anders auch als die vielen Primaballerinen, die Sara in der laufenden Spielzeit kennen gelernt und bewundert hatte, diese schöne und überaus zerbrechliche Gestalt, die grazil Zeichen in die Zeit setzte, ohne irgendeine Möglichkeit von Dauer – vielleicht bestand darin ihr größter Charme, ihre seltsame Faszination: diese Magie und diese Pracht, die nur jene erreichen, die um ihre Vergänglichkeit wissen, um das, was flüchtig ist und unwiederholbar – ein immer wieder neues Kunstwerk, das in sich selbst seinen Anfang hat und sein Ende findet.

Sara hatte in diesem Jahr fast alle Aufführungen gesehen – obgleich ihre Eltern murrten, dass sie mit ihren sechzehn Jahren noch nicht alt genug wäre, sich so viele Nächte um die Ohren zu schlagen und morgens sicher halb tot vor Müdigkeit aufstünde und den ersten Unterrichtsstunden nur im Halbschlaf beiwohnte –, und sie hatte sie mehrmals tanzen gesehen in einigen sehr unterschiedlichen Balletten, und jedes Mal war sie unverändert großartig gewesen, aber nur *Giselle* erreichte diese unglaubliche Vollendetheit, diese Intensität der Gefühle, die Sara zu Reisen ohne Wiederkehr mitriss und sie weinen machte. Und eines Abends – sie würde sich später daran erinnern, weil es ganz gewiss jener Tag war, als das, was wie eine vage Hoffnung emporgestiegen war, wie ein unmöglich zu beichtender Traum, plötzlich Gewicht und Körper gewann und sich in eine felsenfeste Entscheidung verwandelt hatte –, an dem die Atmosphäre gespannt und das Publikum sich unbehaglich fühlte, die Musiker zerstreut und die Tänzer unruhig waren, ohne dass jemand hätte sagen können, warum. Es war ganz einfach ein Unglückstag, an dem alle Dinge schief gingen. Und an jenem Abend stolperte sie zu Beginn des zweiten Aktes, oder vielleicht hielt ihr ungeschickter, zauberhafter Prinz sie nicht richtig fest, jedenfalls fiel sie hin. Und im Saal gab es ein enttäuschtes Murren, am Anfang sogar – wenn auch schnell erstickt – Buhrufe, weil die Göttliche, wie es schien, kein Recht hatte, sich an irgendeinem Tag zu irren, vor ihnen zu versagen, die investierte Zeit und das Geld und die gefühlsgeladene Erwartung zu enttäuschen, und als ein paar Minuten später, völlig fehl am Platz und ganz ohne Maß, ein Applaus losbrach, der den Abgang der Elfenkönigin krönte, einer nordischen Schönheit, die seit den ersten Tagen ihr flachsblondes Haar und ihre an spanischen Stränden bös gerötete Haut zur Schau stellte und die mit der langweiligen Präzision eines Automaten tanzte, mit der Ausdauer und dem Eifer eines wenig erzogenen Jungtieres, verstand Sara voller Empörung, dass diese Ovationen nicht diesem unbedeutsamen Mädchen galten, sondern dass es in Wirklichkeit ein alberner Ansporn war, eine inakzeptable Herausforderung an Giselle, die formelle Festlegung einer unglaubwürdigen Rivalität, die jedoch aus dem Publikum kam und sich in vereinzelten Reaktionen und erbärmlichen Pressekommentaren abzeichnete, und so verstand es Sara angsterfüllt und schmerzlich, und so musste es ohne Zweifel auch Giselle selbst verstehen, denn als sie auf die Bühne zurückkehrte – und schon von den ersten Schritten an, die sie zu der Stelle brachten, wo sie anfangen sollte zu tanzen, schon von der ersten reglosen Geste an, den Kopf anmaßend aufgerichtet, das Kinn vorgestreckt, während sie, ohne mit der Wimper zu zucken, auf die ersten Takte des Orchesters wartete –, bemerkten alle – nicht nur Sara, sondern viele von diesen Dummköpfen, die den Saal füllten und vor wenigen Minuten nahe an einem Pfeifkonzert und einer Entwürdigung waren –, dass jetzt etwas Außergewöhnliches geschehen würde und sie ganz unverdienterweise auserwählte Zeugen eines Wunders waren, denn niemals hatte jemand den zweiten Akt der *Giselle* so getanzt, wie sie es an jenem Abend tat, und niemand, nicht einmal sie selbst, würde das je wieder erreichen, weil die Grenzen der Perfektion überschritten worden waren – die Meisterschaft der Gebärde, die totale Beherrschung der Technik ohne Ermüdungserscheinung, die Widerstandskraft und die akrobatische Geschmeidigkeit des Körpers –, die plötzlich unbedeutend und vulgär erschien, beinahe wie schlechter Geschmack, um sich darzustellen und sie mitzureißen, weit weg, mit einem atemberaubenden Sprung ins Leere, ins Unerreichbare, das ein einziges Mal meisterhaft erreicht wurde. Denn es war unmöglich – es ist nicht möglich, sagte sich Sara ungläubig –, so zu tanzen. Und das Husten hatte aufgehört und das Geschwätz und das Räkeln der Körper in den Sesseln und das Öffnen und Schließen der Logentüren, und alle waren da, versteinert, mit offenem Mund, ohne mit der Wimper zu zucken, sie trauten sich nicht mal zu atmen – als ob die menschlichen Adler in der höchsten Zirkuskuppel sich anschickten, den dreifachen Todessalto ohne Netz zu zeigen –, verzaubert, hingerissen, und so von sich selbst entrückt, dass nicht, wie so viele andere Male, als die Tänzerin ihre Vorstellung beendet hatte, ein stürmischer Beifall losbrauste, sondern zuerst ein Schweigen von wenigen Sekunden herrschte, gerade genügend Zeit, um zu sich selbst zurückzufinden, Stimme und Bewegung wiederzuerlangen und aufzustehen und zu klatschen, wie Sara sie in all den Jahren noch nie klatschen gehört hatte (diese Leute waren ja so unwillig, wenn es darum ging, sich hinreißen zu lassen und sich zu begeistern, und vielleicht war ihre Emotion auch jetzt ursprünglich nur von einigen von ihnen empfunden worden, dachte Sara, vielleicht hatten nur einige wenige dieses Wunder wirklich wahrgenommen und die Übrigen mit ihrem Enthusiasmus angesteckt, aber das war egal), indem sie zuerst »bravo« schrien, dann ihren Namen, Silbe für Silbe in ständiger Wiederholung, bis sich Töne und Worte ineinander verschlangen und in ein unerhörtes Getöse wandelten, in ein riesiges Geschrei, das in dichten Wellen von den oberen Rängen herabbrauste und vom Parkett zur Bühne aufstieg. Und einmütig waren die Musiker im Orchester aufgestanden, und auch sie klatschten und schrien, und die Vorstellung war damit unvermeidlich unterbrochen und aus den Fugen geraten, und Sara rollten ganz langsam dicke Tränen aus den Augen, liefen salzig über ihre Wangen, tropften auf das blaue Samtkleid, aber es machte ihr diesmal nichts aus, in Gegenwart der Cousins und der Freunde der Cousins zu weinen, die andererseits aufgehört hatten zu existieren, genau wie die übrige Welt, weil hier und jetzt keine andere Wirklichkeit existierte als die grazile Gestalt der Giselle, die in der Mitte der Bühne stand, ohne auch nur ein Zeichen des Dankes oder einen Gruß anzudeuten, und dazu dieses immense Geschrei, das ihr entgegenbrandete, sie verfolgte, umfing und erreichte. Aber von der Proszeniumsloge aus konnte Sara bemerken, dass auch die Tänzerin, obgleich sie weder dankte noch grüßte, gerötete Wangen hatte und ihre Augen voller Tränen standen und ihre Brust von den Emotionen und den Anstrengungen heftig pochte, und in einem bestimmten Augenblick sah sie durch jenen Tränenschleier zu Sara hinüber – damals hatten sie sich schon kennen gelernt und waren einige Male zusammen gewesen – und machte eine ganz kleine Geste, die nur Sara auffangen konnte und die ihr zu verstehen gab, »wir haben sie überwältigt, Sara, wir haben Revanche genommen«.

Und Jahre später würde Sara denken, dass es genau in diesem Augenblick geschah, als sie sich entschieden hatte, »eines Tages werde ich Giselle sein, eines Tages werde ich du sein«. Koste es, was es wolle – der Preis spielt keine Rolle –, sie würde eines Tages Giselle sein, würde hoch aufgerichtet und herausfordernd in der Mitte der Bühne stehen, und aus dem Parkett würde dieses nicht enden wollende Geschrei aufsteigen und von den Rängen diese eine Stimme aus Hunderten von Kehlen herniederbrausen, die vorrückt wie Wellen, die ineinander übergehen, und zurückbleiben würden dann endgültig die Cousins und die Freunde der Cousins und die zukünftigen Ehefrauen der Freunde der Cousins, sogar die eigenen Eltern, die dann alle mit ihren Abendanzügen und langen Roben, ihren mehrreihigen Kolliers, ihren Bonbonnieren und mit ihren ausdruckslosen Gesichtern in der rötlichen Dämmerung der Loge sitzen würden, die früher dem Großvater gehört hatte (weil der Großvater und die Seinen vielleicht tatsächlich Musik und Tanz geliebt hatten, naiven Gefallen gefunden hatten an Kunst und Abenteuer, und die alle zusammen dieses Theater gebaut hatten in einer Stadt, die wohl zu jener Zeit – lange bevor Sara geboren wurde – hellwach und lebendig gewesen war), und unerschütterlich und rege teilnahmen – ohne das entfernteste Anzeichen von Lächerlichkeit – an diesem sich immer wiederholenden Ritual der Opern- und Ballettsaison, träge Zuschauer eines Schauspiels, das sie bezahlten, zu dem sie aber keinen Zugang hatten, wie zu so vielen anderen Dingen, die sie nicht im Entferntesten genießen oder verstehen konnten.

Sara hatte die Ankleideräume am dritten oder vierten

Abend betreten, wie sie es schon in früheren Jahren gemacht hatte, um die Künstler, die sie bewunderte, zu beglückwünschen oder sie aus der Nähe zu sehen, manchmal auch, um sie um ein Foto oder Autogramm zu bitten, nur dass ihr Herz bei anderen Gelegenheiten niemals so verrückt geschlagen hatte, noch hatte sie – ganz gegen ihren Willen – gespürt, dass sie errötete, noch war sie schwach geworden auf den Beinen, noch hatte ihre Stimme auf so klägliche Weise versagt, obgleich das Künstlerzimmer glücklicherweise voll war von Kritikern und Zuschauern, so voll gepfropft war mit Pflanzen und Blumen auf dem Fußboden und den Möbelstücken (es kostete sie ein Stück Arbeit, ihre eigenen langstieligen Rosen zwischen all den vielen Sträußen herauszufinden), dass niemand Sara irgendwelche Beachtung schenkte. Und dort, im Hintergrund des Ankleidezimmers, stand die Tänzerin, noch im Kostüm der Giselle, nahezu ohne die Lippen zu verziehen, stand neben dem Schminktisch, die eine Hand weich und gelassen auf dem vergoldeten Rahmen des Spiegels, den Körper ein wenig zur Seite geneigt, die andere Hand freundlich ausgestreckt – während sie ihnen aus der Tiefe ihrer violetten Augen zulächelte – denen, die gerade eintraten, oder denen, die sich schon verabschiedeten. Wie hübsch sie auch hier war, genauso zerbrechlich und wunderbar und liebenswert wie auf der Bühne. Immer in der Rolle der Giselle (obgleich Sara sich für einen Augenblick fragte, wo zum Donnerwetter konnte der abscheuliche und zauberhafte Prinz sich wohl versteckt halten?, denn hier sah man nur einen kleinen untersetzten Typen mit grauem Haar, alt genug, um der Vater der beiden zu sein, ein Typ, wie es schien, der auf alles aufpasste, sich um alles kümmerte und alles überblickte – er war es, der sie aus dem Ankleidezimmer hinauswarf, wenn er das Gefühl hatte, die Tänzerin wäre zu müde, oder wenn es sehr spät geworden war – mit seinen kleinen blauen Augen und seinen etwas übertriebenen, überschwänglichen Gesten).

Von da an kehrte Sara fast jeden Abend in das Ankleidezimmer zurück (sie versäumte keine einzige Vorstellung mehr, auch wenn ihre Eltern ohne besondere Überzeugungskraft protestierten – »wann wirst du dich in diesem Jahr endlich auf die Abschlussprüfung vorbereiten?« – und die Clique von Freunden und Cousins sich auf boshafte und rüpelhafte Art lustig machte: »Als ob es dein Verlobter sei! Sara hat sich in die Tänzerin verliebt!«), nach jeder Vorstellung eilte Sara in das Ankleidezimmer, bis einmal bei Saras Eintritt ein ganz spezieller Funken in den violetten Augen aufblitzte, der anzeigte, dass sie erkannt wurde, ein freundschaftlicher Hauch im Lächeln, der Sara aussonderte aus der sich stets wandelnden Menge anonymer Verehrer, obschon es nicht Giselle war, sondern ihr Ehemann (denn der pummelige Alte mit dem grauen Haar, den man für ihren Vater hätte halten können, war schließlich, Sara erstaunte sehr, ihr Ehemann), der sie eines Tages beiseite nahm und fragte, ob sie es wäre, die diese roten Rosen geschickt hätte, so viele und teure Blumen, ob sie es gewesen wäre, die diese leidenschaftlichen und schönen Briefe geschrieben hätte – »wirklich herrlich, du schreibst sehr gut; willst du Schriftstellerin werden?« –, und Sara errötete bis zu den Haarwurzeln, entrüstet und beschämt, dass jemand außer Giselle jene verrückten Geständnisse gelesen hatte, die sie voller Glut und Unruhe in schlaflosen Nächten niedergeschrieben hatte und die nur für »sie« bestimmt waren, nur »sie« allein – hatte sie gegen jede Logik fantasiert – konnte sie begreifen, und jetzt war Sara so beschämt, dass es ihr nicht mal gelang zu protestieren, nein, sie habe nicht die leiseste Absicht, Schriftstellerin zu werden, denn sie wolle Tänzerin werden, Giselle sein, im gleichen Theater tanzen, in allen Theatern der Welt, und als der Mann abschließend hinzufügte, »es sind hinreißende Briefe, dafür verdienst du einen dicken Kuss«, wusste sie nicht, ob sie ihm die Wange hinreichen sollte oder nicht, aber sie blieb ruhig, weil der Alte bestätigte, es wäre jetzt nicht der richtige Moment, und schallend zu lachen anfing und schon von anderen Dingen redete: »Warum kommst du nicht mal nachmittags bei uns im Hotel vorbei, damit wir zu dritt ein wenig plaudern können?« Und das war nun das Paradies, das sich plötzlich mit weit aufgerissenen Türen aus Gold und Marmor für sie geöffnet hatte, reserviert für die Auserwählten, die Beherrscher des Königreichs, und Sara blickte einen Moment erwartungsvoll und erstaunt auf Giselle, die gerade näher getreten war und die letzten Worte gehört haben konnte, und dann lächelte Giselle ihr zu und sagte ja und weshalb sie nicht mal an irgendeinem Nachmittag vorbeikommen wolle.

Jetzt hätte Sara am liebsten ein paar Tage verstreichen lassen, obschon es nur drei oder vier gewesen wären, bevor sie die Einladung genutzt hätte, um ihnen so kundzugeben, dass auch sie eine beschäftigte Person war und andere Dinge zu tun und zu bedenken hatte, während sie doch in Wirklichkeit (wie sie mit ihrem Verhalten klar und deutlich bewies, vor allem mit ihren Briefen, die beide gelesen hatten – nicht auszudenken, wenn nur er sie gelesen hätte) im alltäglichen Leben seit wenigen Wochen keine andere Sorge kannte als Giselle und ihre Liebe zu Giselle, und sie dachte mit wahrer Besessenheit den ganzen Tag lang an sie, und sie träumte unveränderlich jede Nacht von ihr, und die Ereignisse und Realitäten des Lebens erlangten einzig und allein ein gewisses

Interesse, insoweit sie sie irgendwie mit »ihr« in Zusammenhang bringen konnte, und es war, als würde Sara durch diese fremde Frau einen ihr bis dahin fremden Code erlernen, eine neue Art, die Welt zu begreifen. Alles ging drunter und drüber wegen dieser Liebe (weil – noch wussten sie nichts, und selbst wenn sie es gewusst hätten, wären sie dennoch gänzlich unfähig, es zu verstehen – die Jungen aus bloßem Zufall oder einfacher Boshaftigkeit genau ins Schwarze getroffen hatten, wenn sie behaupteten, um sie wütend zu machen, »dies« wäre Liebe).

Darum wäre es ihr schon lieber gewesen, ein paar Tage verstreichen zu lassen, zumindest drei oder vier, anstatt sich den Anschein zu geben, so erpicht darauf zu sein, schon am nächsten Morgen zitternd die Telefonnummer des Hotels zu wählen und sich vor lauter Schrecken zu verhaspeln – glücklicherweise »wusste« er, der Portier, nichts, während sie bat, sie mit dem Zimmer der beiden zu verbinden –, und es war auch ein Glück, dass sie nicht sehen konnten, wie rot sie geworden war, wie nervös, abgesehen vielleicht vom Flattern ihrer Stimme – »ist es Ihnen recht, wenn ich schon heute Nachmittag im Hotel vorbeikomme?«, und er – denn es war der Ehemann, der den Hörer abgenommen hatte, wie er es auch war, der die Korrespondenz las und beantwortete, der die lästigen und aufdringlichen Bewunderer wegschickte, der sich mit den Impresarios herumschlug und mit den anderen Mitgliedern des Ensembles, der die Pressekonferenzen organisierte und die Interviews bestimmte – »ja, sehr gut, aber komm nicht vor sechs, weil sie nach dem Mittagessen gern eine Weile ausruht« –, ohne auch nur ihren Namen zu nennen, weil sie ihn gar nicht nennen mussten, um zu wissen, dass sie die ganze Zeit von »ihr« sprachen, von Giselle.

Es wäre Sara auch lieb gewesen, wenn die Zeit bis sechs Uhr schneller und glatter verstrichen wäre, und es war ihr lästig festzustellen, wie unendlich langsam Minuten und Sekunden vergingen, und es langweilte sie, Beschäftigungen und Ausflüchte zu ersinnen, damit sie rascher vorbeigingen. Es wäre ihr sogar lieb gewesen, mit einer kurzen Verspätung zu kommen. Aber um Viertel nach fünf hatte sie ihre Möglichkeiten erschöpft, und sie fand sich dort ein, vor der Fassade des Hotels, und noch dazu voller Angst, dass die beiden in der Halle sein oder auf dem Balkon ihres Zimmers erscheinen könnten und so entdecken würden, dass sie wie eine Idiotin fünfundvierzig Minuten vor der ausgemachten Zeit eingetroffen war, mit mehr als genug Zeit, um am Kiosk an der Ecke eine Zeitschrift auszusuchen und sie in einer Bar von A bis Z durchzulesen, während sie eine Coca-Cola trank, die ihr nicht mal durch die Kehle wollte, und um noch einen Spaziergang um den Block zu machen und dabei ausgiebig die ungewöhnlichen Auslagen in den Schaufenstern für landwirtschaftliche Maschinen oder Bruchbänder zu betrachten, alles nur, um festzustellen, dass sie schon nach den beiden an der Rezeption fragte, als es erst zehn vor sechs war.

Der Ehemann kam herunter, um sie abzuholen, sosehr Sara auch darauf bestanden hatte, sie könne allein heraufkommen und das Zimmer finden, und dann, als sie zusammen und allein im Aufzug hinauffuhren, murmelte er halb im Scherz, »jetzt wäre eine gute Gelegenheit für den Kuss« (er hatte es nicht vergessen, hatte es also nicht nur so gesagt), und er gab ihr keine Möglichkeit, ihm die Stirn oder die Wange zu reichen, denn bevor Sara verstehen oder reagieren konnte, hatte er sie entschlossen und doch zart um die Taille gefasst, und ehe sie auch nur Zeit gehabt hätte, sich zu ängstigen, hatte er sie auch schon an sich gezogen und küsste sie voll auf den Mund – und es war das erste Mal, dass ein Mann sie küsste –, zuerst mit geschlossenen Lippen, dann versuchte er, ihre Lippen unter den seinen zu öffnen, obwohl er nicht versuchte, sie festzuhalten, als Sara sich schließlich aus der Umarmung losmachte und einen Schritt zurücktrat – mehr erstaunt als erschrocken –, und dann pfiff er ein paar Takte – die natürlich nicht aus *Giselle* stammten – und lachte zärtlich und vergnügt und betrachtete sie mit diesen so lebendigen und kleinen blauen Augen (die keineswegs, entdeckte Sara jetzt, die eines alten Mannes oder eines Erwachsenen waren: es waren die Augen eines Jungen), während er sagte: »Du bist wunderbar, weißt du das? Du wirst eine tolle Frau werden«, und es war ihr, als ob sie beide zur gleichen Zeit an die tolle Frau dachten, die oben auf sie wartete.

Für Sara folgten ein paar herrliche Tage, die bei weitem all das übertrafen, was sie sich in schlaflosen Nächten in ihrer Fantasie ausgemalt hatte, während sie verrückte Gedichte und leidenschaftliche Briefe geschrieben hatte und während sie durch das Fenster ihres Schlafzimmers unaufhörlich in die Dunkelheit gestarrt hatte, ohne in sie einzudringen. Denn die beiden – entdeckte sie – führten ihr Leben fern des übrigen Ensembles, deren Mitglieder sie nur während der Vorstellungen und der nicht sehr häufigen Proben sahen, und sie waren nicht mal im gleichen Hotel untergebracht, verfügten andererseits aber über fast keine Freunde in dieser Stadt, die für sie fremd war, weil sie sie das erste Mal besuchten, so dass sie unerwarteterweise zur Verfügung standen, und Sara konnte sie jeden Vormittag anrufen, etwas nach zehn, und sie unterhielt sich mit dem Ehemann, und sie verabredeten im gegenseitigen Einverständnis – allerdings immer in Bezug auf

»sie«, immer berücksichtigten sie an erster Stelle ihre Launen, Einfälle und Bedürfnisse – das ganze Tagesprogramm. Und es waren viele Stunden, die die beiden Frauen miteinander verbrachten – oder auch alle drei zusammen –, bei dem Friseur, der groß in Mode war, bei den besten Modistinnen der Stadt, in den verborgensten und erlesensten Antiquitätengeschäften, in Kunstausstellungen oder bei den Kartenlegerinnen – obgleich sie sich alle drei versicherten, weder an Magie noch an Handlesen zu glauben: es war eben nur ein Spiel mehr, das sie reizte und vergnügte –, sie kauften Geschenke für die Zeit, wenn sie in ihre Heimat zurückkehren würden (so suchte Giselle nach Babykleidchen für ein Enkelkind, das während ihrer Abwesenheit zur Welt kommen sollte, was Sara sprachlos machte, denn dass sie Großmutter sei, widersprach jeder Erwartung), oder sie durchstreiften die alten Stadtviertel auf der Suche nach modernen Antiquariaten, weil der Tänzerin alles gefiel, alles schien sie in Erstaunen zu versetzen, sie zu reizen und zu vergnügen, kapriziös und verrückt und charmant, so voller Leben, vielleicht noch mehr als Sara selbst, und zugleich so sicher, der Mittelpunkt der Welt zu sein, wie es auch die beiden anderen sein konnten.

Und eines Morgens, als die drei auf der Mole standen, auf das Geländer über einem grauen, tobenden Meer gestützt, in dem lange, bleierne Wellen einander verfolgten, sich einholten und übereinander schlugen, wo der Wind ihre Haare zerzauste und die Gesichter rötete, als Sara mit halb geschlossenen Augen ins Unendliche starrte, ohne nur irgendetwas zu betrachten, raffte sie sich schließlich auf und gestand: »Ich will Tänzerin werden, weißt du, ich wünsche mir nichts sehnlicher, als eines Tages so tanzen zu können wie du, meinst du, dass es dazu zu spät ist?«, und die Göttliche, auch mit dem

Blick auf den Horizont und mit dem Ausdruck plötzlicher Verträumtheit und Feierlichkeit, gab zu, dass sechzehn Jahre womöglich ein beträchtliches Alter wären, um einen so harten und schwierigen Beruf zu beginnen, es wäre viel besser, schon als kleines Mädchen damit anzufangen – sie konnte sich nicht einmal erinnern, wann sie begonnen hatte zu tanzen: wie ihr schien, hatte sie getanzt, seit sie aus dem Mutterleib herausgekrochen oder auf allen vieren aus der Wiege gekrabbelt war –, aber auf alle Fälle, wenn Sara es wirklich wollte, wenn sie sich anstrengen und durchhalten würde, könnte sie mit Sicherheit den anfänglichen Mangel aufholen. Das Auge in die Unendlichkeit gerichtet, der verträumte Blick, das dunkle Haar, das aufgelöst im Wind flatterte, ein Veilchenstrauß – die gleiche Farbe wie ihre Augen, deshalb hatte Sara sie ihr gekauft –, den sie in ihren feinen, langen, elfenbeinzarten und ein bisschen knochigen Fingern hielt – und vielleicht verriet nur das ihr Alter –, bis sie den Kopf schüttelte, als erwachte sie aus einem Traum, und ihr Haar wehte in der Luft, und sie brach in ein schallendes Lachen aus und versicherte, ja, sehr gut, es freue sie sehr – und da schlug der Mann gerade vor, Sara sollte an einem Abend nach der Vorstellung für sie beide tanzen, er wolle schon ein paar Musiker vom Orchester veranlassen, ein wenig länger zu bleiben – und sie öffnete verspielt die Finger, ließ die lila Blümchen weich zu Boden fallen, die durch die Wärme ihrer Hand schon halb verwelkt waren, und sie fielen in das tosende bleifarbene Meer, das eher einem Meer im Winter denn im Frühling glich.

Ja, es waren wunderschöne Tage, und ganz bestimmt – wiederholte sich Sara selbst ein um das andere Mal – war sie niemals so glücklich gewesen, aber schon seit Beginn dieser neuen Freundschaft, die für sie viel mehr als Freundschaft war, vielleicht schon seit jenem Tag, als sie das erste Mal ins Hotel gekommen war und mit Giselle plaudernd bei einer Tasse Tee gesessen hatte, oder noch früher, seit jenem Abend, als sie das erste Mal das Ankleidezimmer betreten hatte und sie dort im Hintergrund entdeckt hatte, gestützt auf den goldenen Rahmen des Spiegels, da hatte sich dies unerwartete und unsagbare Glücksgefühl, diese sich steigernde Ekstase, mit innerer Unruhe vermischt, denn sie wusste, dass das alles nicht übermäßig lange dauern würde, dass das für sie eine Leidenschaft ohne Zukunft war, oder zumindest ohne möglichen Fortbestand, weil nicht mal die Ballettsaison in diesem Theater lange dauern würde, und wenn sie vorüber wäre, würden die beiden an andere Theater gehen, in andere Städte, andere Länder, würden in ihre Heimat zurückkehren auf der anderen Seite des Ozeans, und es könnten Jahre vergehen, bis sich die Gelegenheit oder der Wunsch ergeben würde zurückzukehren, und zu allem Unglück wurde Giselle niemals Briefe schreiben, vielleicht las sie nicht mal welche (man konnte höchstens darauf hoffen, dass eine eilig hingeschriebene herzliche Nachricht des Ehemannes kommen würde), und sogar Sara würde in ihren Augen kleiner werden, zu einer verschwommenen, unbedeutenden Gestalt werden, eingesperrt in dieser stumpfsinnigen Stadt der Krämer, wo nie etwas passierte, eine der unendlich vielen Personen, die die Tänzerin in aller Welt bewunderten (ganz unmöglich, dachte sie, dass sie das fühlten, was sie verspürte, eine ähnliche Hingabe, etwas ihrer Leidenschaft Gleichbedeutendes, die sie hinriss, sie verstummen und auf die Knie fallen ließ …). Und die Angst vor der Trennung, die sie immer als unvermeidlich betrachtet hatte, die aber jetzt von Tag zu Tag näher kam, hatte sich über das Glücksgefühl gelegt, es vielleicht neutralisiert, oder vielleicht im Gegenteil, wer weiß das schon, es irgendwie weitaus intensiver gemacht.

Wie hypnotisiert nahm sie an der Abschiedsvorstellung teil, sie hatte einen Knoten im Hals, der es ihr unmöglich machte zu sprechen, der ihr sogar das Atmen erschwerte, und die Augen standen jeden Moment voller Tränen, während sie Giselle und ihren Bewegungen folgte – sie hatten *Giselle* als letzte Vorstellung angesetzt –, durch einen Tränenschleier hindurch, der sie trübe und unklar werden ließ und ihr einen mysteriösen Hauch von Unwirklichkeit verlieh, als ob sie aus diesem vagen, nebligen Stoff gemacht wäre, der manche Träume charakterisiert. Hie und da schlug ihr Herz ganz verzweifelt gegen ihre Brust, und es fiel Sara ein, dass es sie verriet und die anderen es hörten und erschraken, und manchmal schien es, als vergäße es zu pochen, als wäre es plötzlich gelähmt, und Sara fantasierte, es wäre gut möglich, dass es von einem Augenblick zum anderen erliege (»aus Liebe gestorben«, machte sie sich über sich selbst lustig, nur dass der Scherz überhaupt nichts nützte, um sich weniger unglücklich zu fühlen, weil doch Giselle am nächsten Morgen abreisen würde, vielleicht um niemals wieder zurückzukehren, und Sara schaffte es nicht, sich vorzustellen, wie ihr Leben ohne Giselle bloß sein würde, geschweige denn, wie sie es anstellen sollte weiterzuleben, und es gab nicht einen Trost oder mildernden Umstand für diese verzweifelte Angst).

Danach lief alles endgültig ab wie in einem Traum, als ob Sara betrunken wäre aus lauter Trauer, trunken vor Traurigkeit und Liebe, und diese schauderhafte, vorweggenommene Sehnsucht, die schon vorher angefangen hatte, sogar bevor die andere abgereist war (»niemals werde ich sie je wieder so

gemeint war, noch, dass sie so gut getanzt hatte). Und dann war es Giselle, die ihre Hände drückte und sie an sich zog und sie auf beide Wangen küsste und ihr versicherte, es habe ihr gut gefallen, allerdings sei Scheherezade vor allem ein erotisches, ein sinnliches Ballett, ein Sinnenrausch profaner Liebe, und jede Geste der Tänzerin müsste ausgestattet sein mit brennender Körperlichkeit, mit glühender Sehnsucht. Und schon in ihrer Straßenkleidung, zog sie sich nur die Schuhe aus und summte ein paar Akkorde vor sich hin, ohne die Mithilfe des Orchesters zu erbitten, und dann wirbelte sie ein paar Sekunden über die Bühne, machte nur ein paar Schritte, »mehr oder weniger so, verstehst du?« – und war sich vielleicht endgültig dessen sicher, dass sie anfing zu altern und sogar zu dünn war, aber das furchtsame kleine Mädchen vom Lande, zunächst verliebt gemacht und dann von ihrem bezaubernden Prinzen verlacht, diese Giselle, die Sara unter der Vielzahl möglicher Gestalten bevorzugte, war jetzt eine Frau in der strahlenden Reife ihrer Sexualität und Schönheit, eine Bacchantin, die vor Sinnenlust und Wonne zu bersten schien, die die Luft um sich herum elektrisierte –, »verstehst du?«, und Sara verstand nur zu gut, es war unmöglich, nicht zu verstehen, aber in das Verstehen mischte sich die Furcht, es niemals zu schaffen, auch nur annähernd so zu tanzen, das Offensichtliche des vielleicht unüberbrückbaren Abgrundes, der sie trennte, und für einen Augenblick standen die Hingabe, mit der sie sie liebte, die schreckliche Sehnsucht, mit der sie begonnen hatte, sie jetzt schon zu vermissen, in dumpfem Gegensatz zu ihrem Zorn, zu ihrer Eifersucht und ihrem Groll.

Alles Weitere verlief mit dieser seltsamen Verschwommenheit, die die Träume beherrscht. Und jetzt war Sara wieder hier – ohne dass es zwischenzeitlich irgendwelche Eindrücke gab, jedenfalls konnte sie sie in keiner Weise heraufbeschwören –, in dem gleichen Ankleidezimmer, wo sie vorher das Trikot und die Tanzschuhe angezogen hatte, und Giselle-Scheherezade war verschwunden (vermutlich im Hotel, um die Kleider zu wechseln und sich zurechtzumachen), und sie weinte verzweifelt, bäuchlings auf dem Diwan ausgestreckt – einem mit schwarzem Satin bezogenen Diwan mit roten Blumen, den sie nie vergessen würde –, mit dem Gefühl von Verlassenheit, mit dem sie als Kind geweint hatte – und niemals war ihr die Kindheit so fern erschienen –, mit diesem schwierigen Weinen, das, wenn es einmal ausgebrochen war, durch nichts mehr aufzuhalten war, und deshalb war sie auch so wütend, dass sie angefangen hatte zu heulen. Sie weinte und weinte auf dem schwarzgrundigen Diwan mit den roten Rosen, den Kopf in die Kissen vergraben, während sie sich tausendundeinmal wiederholte und sich dabei an ihren Schluchzern verschluckte, dass sie sie liebte und ohne sie nicht mehr weiterleben könnte, und irgendwann, sie hätte nicht bestimmen können, wann, war der Ehemann in das Ankleidezimmer gekommen und hatte sich neben sie gesetzt, hatte ihr langsam übers Haar gestrichen, hatte ihr ein um das andere Mal die Tränen mit seinem Taschentuch getrocknet und ihr mit heiserem, beruhigendem Murmeln zugeredet: »Das ist doch alles nichts, Kleines, du weißt doch, dass wir dich sehr lieb haben und dass wir zurückkommen werden«, und er hatte, ohne dass sie sich dessen bewusst wurde, ihre Bluse aufgeknöpft und begonnen, ihr mit warmen, trockenen und zarten Händen die Brüste zu streicheln, die er liebevoll aus dem Büstenhalter herausgeschält hatte, und in ihrer Verwirrung hatte Sara keine Geste der Abwehr oder des Protestes gemacht, aber der Mann hatte weiterhin mit ihr gesprochen wie mit einem kleinen Mädchen, hatte ihre Hände geküsst, ihre Schultern gestreichelt und ihr Haar, und dabei unermüdlich wiederholt: »Du weißt doch, dass wir beide dich sehr lieben, du weißt, dass wir zurückkommen müssen« – immer im Plural, auch wenn Sara eigensinnig darauf beharrte, »ich liebe sie«, und er legte seine zarten, so warmen Hände wieder auf ihre unruhigen Brüste, die sich unter ihrem Schluchzen stürmisch auf und ab bewegten, und dann küsste er sie vorsichtig, und während er sie küsste, ließ er eine Hand an ihrem glatten Leib entlanggleiten, und Sara erschrak jählings, machte eine Geste des Protestes und der Abwehr und presste ihre Schenkel fester zusammen, aber der Mann lachte einmal mehr und redete mit zärtlich beruhigendem Gemurmel auf sie ein, als wollte er ein kleines Kind besänftigen – dachte Sara inmitten ihrer Träumerei –, das gerade erschrocken aufgewacht war in dunkler Nacht, oder als ob er eine junge Stute besänftigte, die das Reitgeschirr fürchtete und verweigerte, und er fuhr langsam mit den Fingerkuppen an der Innenseite ihrer Schenkel entlang, während er sie ganz fest umarmte und sie erneut auf den Mund küsste. Und Sara wusste, dass sie sich eigentlich zutiefst erschrocken fühlen musste, beleidigt, empört gegenüber diesem Mann, gegenüber sich selbst, und das vor allem wegen Giselle, die sie beide im Begriff waren ganz schändlich zu betrügen, und sie versuchte, sich vorzustellen, für den Fall, dass sie es erführen, was die Cousins und die anderen Freunde wohl sagen würden, versuchte, sich die Reaktion der Eltern auszumalen (nicht mal der Großvater, der sagenumwobene Verteidiger der Musik und der Abenteuer, hätte so etwas gerechtfertigt), aber alles wich mehr und mehr zurück, und anstatt Furcht oder Abneigung zu empfinden, durchflutete sie eine Woge wohliger Wärme, ein tiefes Wohlbefinden – wieso hatte ihr niemand erklärt, dass der Kontakt zweier Körper, das Gewicht des anderen Körpers auf ihr, ein Mund auf ihrem Mund, eine Zunge, die die ihre suchte und bis tief in die Kehle drang, ein paar Finger, die mit unendlicher Vorsicht die Brustwarzen aufblühen ließen und leicht spielend zwischen ihren Schenkeln eindrangen in die dunkle, dichte, feuchte Höhle des Geschlechts, dass das so angenehm und so erschütternd zugleich sein konnte?

Sara stellte fest, dass ihr das alles viel zu gut gefiel, als dass sie sich beleidigt oder erschreckt fühlen konnte, dass es ihr viel zu gut gefiel, als dass sie sich tatsächlich vor irgendjemandem hätte schuldig fühlen können, und dann gab sie sich hin, erregt und zitternd, kurzatmig, die Augen geschlossen, und ließ ihn gewähren ohne Widerstand und Proteste, und es war der Mann, der seinem Streicheln – als das Mädchen vor Lust stöhnte, vor allem aber auch vor Staunen und Ungläubigkeit (»das« war es also, wie konnte man ihr nur nicht erklärt haben, dass es so etwas geben konnte …), und die Augen plötzlich sperrangelweit aufriss und ihn geradeaus anblickte, sich mit unvermuteter Kraft an ihn klammerte und den Kopf dann an seiner Schulter barg – ein Ende setzte und ihr half, den Büstenhalter zurechtzurücken, ihre Bluse zuknöpfte und ihren Rock glatt strich, und während er ihr mit der Hand übers Haar streichelte, fragte er sie nur: »Das hat dir sehr gefallen, nicht wahr?«, als würde er ein kleines Mädchen befragen, dem er gerade ein Schokoladeneis spendiert hatte, »wenn du sehen könntest, wie hübsch du jetzt bist …«, und »eines Tages, ganz bald, wirst du eine wirklich tolle Frau sein«, wiederholte er. Und während Sara verblüfft feststellte, wie sie wieder zu Puste kam und ihren üblichen Atemrhythmus zurückgewann, fühlte sie sich entspannt und befreit und angenehm wohlig, und dunkel bemerkte sie, dass das, was hier geschehen war, auf konfuse Weise, aber ganz bestimmt, im Zusammenhang stand mit ihrer Liebe zu der Tänzerin, sosehr es auch schien, dass sie sie gemeinsam betrogen haben mochten – mit ihrer Leidenschaft für den Tanz, ihrem ungestümen Wunsch, selbst Giselle zu sein, mit ihrem gerade gefassten Entschluss, der Familienloge, dieser ganzen Stadt der Krämer, diesen stumpfsinnigen Freunden und sogar den Eltern für immer zu entfliehen. Alles war seltsam verschlungen und zugleich schlecht verbunden, und es war letzten Endes gut, dass es so war, und wenn sie auch aufs Geratewohl und einem plötzlichen Instinkt folgend den einzig richtigen Weg eingeschlagen hatte, den genau richtigen Weg, wusste sie jetzt, dass sie wirklich tanzen lernen und sehr bald eine richtige Frau werden würde – vielleicht eine tolle Frau, wie der Mann bei zwei verschiedenen Gelegenheiten wiederholt hatte –, hier würde sie das Ende ihres Wachstums erleben, während sie auf sie wartete, während sie auf die beiden warten würde, und sie wusste nun auch mit absoluter Gewissheit, dass sie zurückkommen würden, auch wenn es nur deshalb wäre, weil so unendlich viele Dinge, die sie alle drei betrafen, offen geblieben waren.

Deutsch von Margarete Born

Manuel Vázquez Montalbán
Liebesgeschichte der Bernsteindame

Es gab welche, die waren aufregend wegen der dunkelvioletten, lasziven Augenringe, die auf ein latentes Leberleiden hindeuteten, oder diese Dunkelhaarigen mit ihrer nackten Üppigkeit, die immer nur an ihren blassen, mageren Ehemännern mit Glatzenneigung hängen, Männer, die von der Arbeit und den erodierenden Zudringlichkeiten besitzergreifender Frauen ruiniert sind. Sogar eine Rothaarige mit geröteter Haut und zwei vorwitzigen Brustwarzen, die die dezent ausgeschnittene Seidenbluse spannten, ein Versprechen spröder Haut und starker Düfte, wenn man ihr Geschlecht aus seiner rotblonden Versunkenheit befreit. Sie dagegen war wie ein leichter Hauch von Bernstein in dem Gruppenbild zu Abend speisender Ehepaare, die abendlichen Essen von Ex-Kombattanten aus der verlorenen Schlacht der empfindsamen Jugend, deren sie gedachten und einer anderen Nacht, als wäre die Erinnerung an ihre amouröse und ihre politische Initiation das wahre Motiv ihrer periodischen Treffen. Sie erholten sich, sie bekannten sich und kehrten darauf zu ihren eigenen privaten Leben zurück, mit dem Lächeln auf Halbmast – die noch nicht ganz erkaltete Asche der vorletzten Freuden des Beisammenseins nach Tisch, in die Länge gezogen mit dem resignierten Einverständnis der Kellner Chez Pipò.

Etwa um den zweiten Gang herum begann das Treffen mich zu ermüden, und nachdem ich mit wankendem Enthusiasmus an den verbalen Gefechten teilgenommen hatte, zog ich mich zurück und betrachtete sie von der Nachhut her, von meinem Stuhl, wie Affen im Käfig ihrer eigenen Erinnerung, und ließ meinen voyeuristischen Impulsen freien Lauf. Bis zu jenem Abend waren meine Augen relativ desinteressiert über sie hinweggegangen. Die anderen kannte ich auswendig, und ich frequentierte ihre sichersten Winkel mit dem Selbstvertrauen eines äußerst erfahrenen visuellen Anfassers. Mein Blick konnte das Gewicht jeder einzelnen Brust berechnen oder den Code ihrer Blicke dechiffrieren, mit denen sie die fremden Ehemänner taxierten, auch mich selbst, geistige Spiele der Untreue nach Tisch, die bis auf eine begrenzte persönliche Erfahrung nicht weiter gingen, soweit mir bekannt war. Die Ausnahme war bis dahin die Rothaarige gewesen, Silvia Masdeu, zwei Wochen nach einem jener abendlichen Essen, es ist zwei Jahre her, als sich unsere Füße unter dem Tisch trafen und sich mein rechter Schuh aus echtem Pekari-Leder die Unterseite ihrer sommersprossigen Beine emporarbeitete, die sich immer mehr öffneten, bis er an die Stuhlkante stieß. Da schob sie den Körper vor, ohne mich anzusehen, damit der Fuß an den geheimen Gipfel gelangte, und in Erwiderung ihrer Artigkeit schlüpfte ich aus dem Schuh, und mein Fuß mit dem wollenen Strumpf gelangte an das enge Portal zu der notleidenden Stadt, und mehrmals pochte er an, mit den selbstverständlichen Entschuldigungen eines so plumpen Anhängsels, die sie mit einem Lächeln im Mundwinkel akzeptierte, das mich unvermittelt den verschleierten Augen und den rosa angemalten Lippen aussetzte, die eine leicht verruchte Linie beschrieben.

Tage später entdeckte ich, dass sie keine Kontrolle über ihr erotisches oder ihr sexuelles Mienenspiel hatte, obwohl es grausam gewesen wäre, von ihr zu verlangen, sich dessen bewusst zu sein, denn von allen Arten des Mienenspiels ist dies die am wenigsten und unvollkommensten geübte. Silvia

Masdeu verfügte über dasselbe Lächeln für den Flirt wie für den Orgasmus, Beweis genug für eine tief gehende Unschuld, die sie hinter einer zarten Maske der Verderbtheit zu verbergen trachtete. Sie hatte einen festen Körper und ein gymnastisches Becken, wodurch der Beischlaf mit ihr, wie ich fand, etwas von Unterleibsübungen an sich hatte, ihr Schweiß und der meine garantiert, wobei ihrer ein viskoser, sirupartiger Schweiß war, der die Falten ihres Bauches in ein Weizenfeld verwandelte, durch das ein Regen fast wie aus Öl gefahren war, der es hatte feucht werden lassen. Ich nutzte die erste Äußerung ihres Schuldkomplexes, um ihn mir zu Eigen zu machen und mit ihr Einigkeit darüber zu erzielen, dass unrecht war, was wir taten, sie ihrem Mann und ich meiner Frau. Und als sie zu mir sagte: »Manchmal, wenn ich mich im Spiegel sehe, könnte ich ihn zerschlagen«, schloss ich die Augen und flüsterte: »Ich auch.«

Und ich hielt weiter die Augen geschlossen, denn ich wusste, wenn ich sie öffnete, erwarteten mich die ihren, die mich um eine Widerlegung baten, um moralische Entwaffnung. Ich tat es nicht, und die Moral verwandelte sich in eine Zyste im Gehirn, die für den Rest des Abends jede Leidenschaft unmöglich machte, ebenso eine neue Verabredung. Dieser moralischen Zyste verdankten wir es, dass später bei unseren Treffen weder Groll noch Scham zum Ausdruck kamen, sondern im Gegenteil das selbstzufriedene geheime Einverständnis von Menschen, die wir unseren jeweiligen Partnern kompromisslos treu waren.

Nicht immer setzten wir uns in derselben Tischordnung, und zuweilen hatte ich vor mir eine andere Beute, und ich kam sogar so weit, mit dem rechten Fuß aus dem Schuh zu schlüpfen und eine kurze Spähtrupp-Expedition in Marsch zu setzen. Aber die moralischen Unannehmlichkeiten der ersten Erfahrung veranlassten mich zum Rückzug, obwohl ungeschickte Zusammenstöße von Füßen mir zeigten, dass dieser Weg nicht von vorneherein verboten war und dass Männer und Frauen einen Jagdinstinkt nach über und unter Tisch haben; über dem Tisch die Augen und darunter die Füße. Erst als ich sie zum Gegenüber hatte, die Bernsteindame eben, funktionierte die mysteriöse Kommunikation zwischen meinem Kopf und meinem Fuß nicht, auch wenn ich nicht aufgehört hätte, das Warum zu analysieren, um den Grund darin zu finden, dass ihr Körper und ihr Gesicht die Semiotik der Unbestimmtheit und der Unlust selbst waren. Sie hatte den starken Knochenbau einer stattlichen Frau, war aber schlank wie eine Frau ohne jeden Appetit. So weiß, dass die Venen durchschimmerten. Brüste, die bis auf die Taille herabfielen, obwohl man erahnen konnte, dass dies an ihrem tatsächlichen Gewicht lag und nicht an einer Täuschung durch den Stoff. Etwas konturlose Arme, und im Gesicht eine Reihe heller und wenig ausgeprägter Vagheiten, unter Haar, dessen Farbe irgendwo zwischen Blond und Braun lag: Bernstein. Und sie war vollkommen aus Bernstein. Nicht golden wie die Göttin der mythisierten Jugend, nicht braun wie die besten unter den reifen Liebhaberinnen, nicht dunkel wie die Sexualathletinnen der erfreulichsten Träume. Zu ihr gehörte die halbe Farbe, das halbe Lächeln, die halbe Neugierde, und ihre entschieden hellen Augen schweiften über die Tischgefährten, dazu das halbe Lächeln des kleinen Mundes als einzige Sprache einer schweigenden Frau. Wenn meine Kühnheit gegenüber Silvia auf jenem Munde beruhte, der in der Lage war, Verruchtheit zu signalisieren, wurde sie bei der Bernsteindame durch das Übermaß des Eindrucks der Abwesenheit und Tugend gereizt. Entweder ist sie blöde, sagte ich mir, oder sie hat geheime Saugnäpfe, mit denen sie uns in ihren Sog zieht, ohne dass wir es bemerken, und jetzt, gerade jetzt, da sie ihre Augen über meine Gestalt wandern lässt und sie mir aus einer kurzsichtigen Entfernung zulächeln, stellt sie sich vor, wie ich, hart geworden, machtvoll über sie komme, wie der Albtraum eines jungen Mädchens, das davon träumt, wie es überfallen wird. Wir hatten genug getrunken, dass ein Ausflug meines Fußes schlicht ein alkoholischer Ausrutscher sein mochte, der entschuldbar war, und wenn sie gerufen hätte: »Was macht dieser Verrückte denn da!«, hätte sie das mit singender, amüsierter Überraschung getan, an der die anderen ihre Freude gehabt hätten, denn ich hätte meinen Fuß unter der Tischdecke hervorgezogen und ihn als meinen Lieblingsstummel vorgestellt. Schließlich und endlich ist ein Fuß mit Socken nicht viel mehr als ein Stummel.

Aber nichts von alledem geschah. Mein kleiner Spähtrupp traf auf eine taugliche und stramme Wade und fand schnell einen glatten, warmen Schenkel, der Raum ließ, dass der Fuß sich überall auf ihm bewegen konnte, und fast ohne auf dem Stuhl die Sitzposition zu verändern, rutschte der Körper der Bernsteindame nach vorne, und meiner Fußspitze kam ein Geschlecht entgegen, das von einem Höschen bedeckt wurde, dem der duftende Dampf der Begierde entströmte. Während meine Zehenspitzen in einem Morserhythmus, der reiche Ernte verhieß, auf die schwellende Frucht der Vulva einklopften, die immer mehr von der Angegriffenen zur Angreifenden wurde, war mir, als stürzten meine Augen in den abgrundtiefen Schacht zum Wunderland, ohne dass ihr Gesichtsausdruck sich verändert hätte: Sie knabberte an einem trockenen Keks, mit der Unlust, mit der vorsichtige Frauen all das knabbern, was sie dick machen kann. Aber sie bestand aus nichts, und von seinem grundlegenden Material her wurde ihr Körper bisweilen erschüttert, weil mein Fuß sich so nachdrücklich einsetzte, und ihre Pupillen verengten sich bis zur Selbstvergessenheit, wenngleich sie mich nicht ansahen, sondern merkwürdig auf etwas oder jemanden konzentriert waren, das sich auf dem Tisch oder in seiner Umgebung befand. Später nutzte ich die Trennung vom jeweiligen Partner beim Verabschieden und Aufbruch dazu, sie um eine Verabredung zu bitten, was sie nicht zu hören schien, so geistesabwesend oder auf etwas oder jemanden konzentriert war sie, das weder ich war noch mein Vorschlag. Vielleicht auf ihren Mann, der einen Weg zur Wagentür bahnte, wie ein Stempel, der auf eine Bittschrift gedrückt wurde. Als sie ihren Beifahrersitz einnahm, ließ mich die Bernsteindame ein langes Bein sehen, geformt wie die Sichel des Mondes, eines dieser unvergesslichen Beine, die sich zwischen den Laken hervorstehlen und die tiefen Träume unfertiger Frauen verraten. Es war kein Bein aus Fleisch, sondern aus einem erotischen Traum (ein wenig krankhaft durch die spärliche aprioristische Erotik der Frau), das plötzlich offenbart wurde wie eine Seele, deren Sexualität verwunschen war oder aufgespart im Warten auf einen finsteren Piratenfürsten.

Das feuchte Eigenleben ihres verhüllten Geschlechts und jenes zum Träumen verleitende Bein verfolgten mich eine ausreichende Anzahl von Tagen hindurch, dass die Obsession sich verdichtete und in einen Manöverplan verwandelte. Ich verfolgte sie mit Telefonanrufen, die sie ignorierte, und wartete schließlich an der Tür ihres Hauses auf sie, ihres Sportstudios, der Schule ihrer Kinder, ihres Supermarkts, ihrer Masseuse, ihrer Schneiderin, ihres Heilpraktikers, ihres Kammerkonzerts: Bartók, Mompou, César Franck. Und immer war es dieselbe Ausflucht, die alles in der Schwebe ließ, weder ein Ja noch ein Nein, das in ein vages Lächeln gefasste Vielleicht, bis ich sie in ihrem eigenen Zweitwagen in die Enge trieb und in meinen Armen ein Skelett aus Wasser hatte, auf meinen Lippen einen Kuss mit dem Geschmack von Pfefferminzkaugummi ohne Zucker, den sie hinter irgendeinem Weisheitszahn verborgen hatte. Ihre Entschuldigungen waren in Wirklichkeit ein Hin- und Herschwanken zwischen unsinnigen Treueverpflichtungen: ihr Mann, ihre Kinder, meine Frau, unsere Freunde, ihre Mutter, ihre Schneiderin, ihre Masseuse, Béla Bartók, allesamt in Argumente für das Überleben verwandelt, die sich mir aus Gründen, in denen Zeit und Moral sich vermischten, als widrig zeigten. Manchmal sagte sie mir nein, weil sie keine Zeit hatte, andere Male, weil das die Moral von ihr, von uns verlangte. Und wenn es mir gelang, sie mit meinen Fingern oder meiner Zunge zu erotisieren, dauerte die Verzauberung so lange wie ein vergänglicher Sieg, und gleich darauf versteifte sich jenes Skelett aus Wasser wieder und entschlüpfte durch eine Bresche in meiner Umarmung. Bis eines Abends die glückliche Kombination eines trockenen Martinis, mit zu viel Gin für ihren Geschmack, und ein beharrliches Zwirbeln der mädchenhaften linken Brustwarze, das ich mir bei einer der Hin- und Herbewegungen eines übertrieben lachenden Körpers herausgenommen hatte, ihren Widerstand erlahmen ließ und sie in der Milchbar zu einer Statue wurde, die auf den Meißel des Bildhauers wartet und ihm bis in das Schlafzimmer des sagenumwobenen *meublé* folgt, wo es Spiegel in allen Himmelsrichtungen gibt, auch in der fünften, der des Himmels selbst. Ich konnte sie sogar ausziehen, wie jemand, der ein faules kleines Mädchen auszieht, und vor mir kam ein langer, schmaler Körper zum Vorschein, an dem die Brüste wie von einem anderen, runderen Körper dorthin verbannt und über ihre Anmaßung beschämt wirkten. Aber da waren sie, und ich spielte mit ihnen als einer dieser von der Brust Verstoßenen, als die wir Männer die Körper der Frauen suchen, mit dem Risiko, ihre Scham nicht zu sehen, ja sogar nicht einmal sie selbst zu sehen. Aber es genügte, sie zu bedecken, um von der Unschuld jenes unbestimmten Mädchengesichts gefangen genommen zu werden, in dem sogar noch die Ringe um die Augen zarte Pinselstriche waren und der Blick, wenn sie ihn denn zeigte, ein beunruhigender Vorgang überraschten Wiedererkennens. Ich hielt für Stil, was vermutlich bloß Kurzsichtigkeit war, aber was ist der Stil anderes als der Kunstgriff, der andere Möglichkeiten des Seins und Befindens verbirgt?

Beide Male, die wir uns an jenem Abend liebten, stöhnte sie leise, ohne den Ton zu verändern, und nur ein Lächeln, das endlich vollkommen und offen war, zeigte mir den Orgasmus an, der dank meiner Fähigkeit erreicht war, die Lust durch turnerischen Eifer zu ersetzen. Mit der Zeit und dem Abstand habe ich sie der Rasse derjenigen Frauen zugeordnet, die einen langsamen, vaginalen Orgasmus haben und die einleitenden Maßnahmen aus Wohlerzogenheit hinnehmen und den Gebrauch und den Eifer der Zunge und der eigenen wie fremden Hände nicht verschmähen, aber als Ersatz für die grundlegende Wahrheit, und wenn sie ihr gegenübertreten, verlangen sie eine solche Ausdauer, dass nur ein Sexualathlet aus dem philosophischen Abenteuer mit dem verbürgten Lorbeerkranz hervorgeht. Zeit und Abstand verhelfen mir zu dieser Einschätzung, aber damals zog mich ihre Leichtigkeit so an, dass ich auf das Risiko hin, meinen eigenen, geheimen

Rhythmen Gewalt anzutun, mich innerlich auf die Selbstzerstörung und auf das Elend vorbereitete, die dann die Folge sind, wenn die Lust die Potenz überlebt.

Sie zog mich an wie eine Heimat, und ich bat voll Scham bei ihr um Heimatrecht, ich sagte sogar, dass ich sie liebte, und besichtigte mehrere Wohnungen, die zur Vermietung oder zum Verkauf standen, um ein Liebesnest als provisorische Alternative einzurichten. Mein Engagement ging weit, es reichte bis hin zu dem Extrem, dass ich mir eine radikale Änderung meines Lebens vorstellte: Ich würde mir einen Bart wachsen lassen, wir würden in eine andere Stadt ziehen und mit neuem Partner unsere eigene Geschichte neu schreiben. Es gab kein weiteres Schlafzimmertreffen, wohl aber eine Reihe von Verfolgungsszenen und flüchtigen Kontakten, die ihr dazu ausreichten, mein Programm der Veränderung zu zerstören. Sie konnte sich mich nicht mit Bart vorstellen, sie konnte sich keine andere Stadt vorstellen, ohne ihren Mann, ihre Kinder, ihre Masseusen, ihre Kartenlegerinnen, ihre Supermärkte, und sie konnte ihre Geschichte nicht ändern, weil sie sich niemals bewusst gewesen war, dass sie eine eigene Geschichte besaß. Sie war von ihrer Mutter gleich zu ihrem Mann gekommen, und unterwegs hatte sie nicht einmal kurz aufgeschrien. Mit einem Mangel an Scham, der mir die Sprache verschlug, erzählte sie mir, wie sie in jener Hochzeitsnacht in einem Hotel beim Monasterio de Piedra die Jungfräulichkeit verlor. Fast ohne es zu merken. Und wie sie zum ersten Mal das Geschlechtsteil ihres Mannes in den Mund genommen hatte, als wenn sie damit die naive Anmaßung der gesamten männlichen Art bewiese.

»Kaum zu glauben, dass euch Männern so etwas gefällt.«

Obwohl sie es ohne Groll sagte, vielleicht mit einem gewissen Mitgefühl für jene seltsamen Tiere, die vergebens versuchen zu wachsen, aus sich selbst herauszutreten, mit Hilfe derart unzuverlässiger Anhängsel, wie es die Zunge oder der Penis sind. Sooft ich ihr ein intimes Zusammentreffen vorschlug, setzte sie konkrete Ausflüchte dagegen: »Ich habe meine Tage.«

Oder so abstrakte wie: »Mein ältester Sohn ist auf einem Ausflug.«

Sie konnte mit niemandem ins Bett gehen, wenn eines ihrer Kinder fern von zu Hause war, gestand sie mir. Nicht einmal mit meinem Mann, fügte sie hinzu. Und beide Enthüllungen machte sie mir nach einer hartnäckigen logischen Belagerung meinerseits, die sie von der Abstraktion bis zu ihrer Ursache brachte, aber mit so offensichtlichen Ermüdungserscheinungen, dass sie schließlich über sich selbst und über mich verärgert war und die Ausrede, sich frisch machen zu wollen, dazu benutzte, zu verschwinden. Vergeblich versuchte ich, sie zurückzugewinnen, und wenn es nur für ein paar Berührungen in der Milchbar war: Sie entschlüpfte mir durch die Telefonschnur wie der dünnste aller Aale, und schließlich ging sie nicht einmal mehr ans Telefon, in einem vergeblichen Versuch, aus meinem Leben zu verschwinden. Ich wusste, dass sie zu mir zurückkehren würde, und wenn es nur aus Anlass der regelmäßigen Treffen der Ehepaare war: einmal jeden Monat oder alle sechs Wochen, und ihr Charakter einer passiven Frau gestattete mir vorauszusehen, dass sie nicht fähig sein würde, ihren Mann bei einem jener Anlässe im Stich zu lassen, die ihrem gesellschaftlichen Leben eine Daseinsberechtigung gaben. Und so war es. Blass und in Blassrosa, ihre Blondtönung eine Idee heller und ihre feuchten und unsteten Augen noch feuchter und unsteter, der kleine enttäuschte Mund in einem Rot angemalt, das beinahe keines war. Dann, als es Zeit war, sich einen Platz am Tisch zu suchen, machte ich mich bereit, mich in ihre Nähe zu setzen und dafür jede List anzuwenden, die erforderlich sein mochte. Aber es war nichts zu machen. Es war sie, die sich mir gegenüber setzte, in einer eindeutigen Hingabe oder Wiederholung der Anordnung aus der Nacht meiner Zudringlichkeiten, und sobald sie saß, versenkte sie sich mit dem gleichen lustlosen Appetit in das Ritual des Soupers und ließ ab und zu auf mir einen Blick kurzsichtigen Erkennens ruhen. Während der Vorspeise schwankte ich zwischen dem Entschluss, als gegeben anzunehmen, dass wir von einem Grad der Intimität ausgingen, der jegliche heimliche Berührung lächerlich macht, oder aber wieder ganz von vorne zu beginnen, ein weiser Ratschlag, der sich in diesem Falle als rätselhaft erweisen sollte, durch die Entdeckung, dass in eben diesem Anfang das Ende lag. Also streifte ich den Schuh von meinem rechten Fuß und setzte dem Wohl und Wehe unter dem Tisch mein Anhängsel aus, das in einem dünnen Socken aus schwarzem Garn steckte, den ich für alle Fälle in harter Konkurrenz zu einem Wollsocken ausgewählt hatte. Angenommen, es kam zu einer heimlichen Berührung, würde die Wolle von dem anderen Geschlecht dankbar begrüßt, aber sie ist eine Faser, die Tastempfindungen nur schlecht vermittelt, und das Garn dagegen ist wie eine Haut, die so auf der eigenen klebt, dass sie ihnen nicht hinderlich ist. Ich sondierte das Terrain für einen Fehltritt, was nicht unbeachtet blieb. Dann suchte ich die Beine und fand sie geschlossen, aber es genügte, dass die Fußspitze ihre Absicht andeutete, einen Keil dazwischen zu treiben, damit sie sich öffneten und ihr Körper mit Vorbedacht nach vorne rutschte, die Galionsfigur bereit für das

Entermanöver. Und ungezügelte Wollust war es, die mich den Zusammenstoß beschleunigen ließ, und da war mein Abgesandter, klopfte an die Pforte, ließ sie größer werden, bis sie eine Wärme und einen Grad an Schwellung erreicht hatte, die jene durch die Tischbeine begrenzte Unterwelt in einen Tiegel verwandelten, in dem die Dame und ich ein bernsteinfarbenes Feuer entfachten. Erregt, aber betrübt beendete ich die Vorstellung, voll Hoffnung angesichts der Möglichkeit, dass alles von vorne anfangen mochte, ohne mir ein Entgegenkommen vorzumachen, im Gegenteil, ich mutmaßte eine Wiederaufnahme des Spiels von Belagerung und Flucht, bis ich bei dieser unfertigen Frau eine grundlegende Überwindung erreicht hätte.

So kam es nicht. Sie ging nicht ein einziges Mal ans Telefon. Genauso wenig gab sie mir Gelegenheit, ihr zu folgen, indem sie zu Zeiten aus dem Haus ging, von denen sie wusste, dass sie für mich unmöglich waren, woraus ich schloss, dass es grotesk gewesen wäre, die Belagerung fortzusetzen, und den Fall in dem voluminösen geistigen Ordner ablegte, wo all das ruht, was hätte sein können und nicht war. Fast hatte ich mich schon mit diesem Ausgang abgefunden, da ergab sich die Herausforderung des rituellen Treffens, und ich ging dorthin, darauf gefasst, in Gesellschaft eines Kadavers der Gefühle und der Moral zu Abend zu speisen, den ich mit der Bernsteindame teilte. Ich suchte weder ihren Blick noch ihren Körper, aber als ich mich setzte, sah ich überrascht, dass sie wieder direkt vor mir Platz nahm und das Spiel wiederholte, auf meinen Hinterhalt zu warten und auch wieder nicht darauf zu warten. Ich hielt mich während der Vorspeise und einem Gutteil des zweiten Ganges zurück, bis ich sie dabei ertappte, dass sie nervös wurde, verunsichert, mir zweifelnde und bedauernde Blicke zuwarf und schließlich den Körper nach vorne schob, wie um die Attacke herauszufordern, die sie nicht traf. An jenem Abend trug ich Baumwollsocken, die für diese Art Abenteuer weniger empfehlenswert sind, da sie weder den anderen Teil in Wallung bringen wie die Wolle, noch ihn so nahe bringen wie das Garn. Aber es gab keine andere Möglichkeit, und mit blinder Wut stürzte ich mich in den Angriff; mein Fuß verharrte verblüfft für einen Moment ziellos, als er feststellte, dass sie kein Höschen trug, und da war, weicher und faseriger denn je, das frei daliegende Schamhaar fast knisternd, das obskure Objekt meiner Begierde. Sobald sie merkte, dass ich ihre Gabe voll Liebe und Sex ergründet hatte, schenkte sie mir ein verschwörerisches Lächeln wie vom Ende eines Films voller Zärtlichkeit oder einer jugendfreien Geschichte, allem Anschein zum Trotz. Da begriff ich, dass wir so für immer aneinander gekettet waren. Jeden Monat, alle sechs Wochen würde mein Fuß die kürzeste Strecke zwischen zwei Punkten zurücklegen: zwischen ihrer Begierde und meiner, und das würde alles sein, solange das Leben uns gestattete, mit diesen gemeinsamen Essen der Ehepaare fortzufahren, und die Beweglichkeit meiner Gliedmaßen jene komplizierte Untertisch-Gymnastik ermöglichte. Sie würde es immer einfacher haben. Ich dagegen liefe mit den Jahren Gefahr, o ewige Eigenart des Mannes, nicht etwa nicht mehr auf der Höhe, sondern nicht mehr in der erforderlichen Distanz der Ereignisse zu sein.

Deutsch von Petra und René Strien

Juan José Millas
Sie kam zart, frivol und schlank

Der Madrider Journalist und Erzähler Juan José Millas stellt auf zweierlei Weise in seinem luftig geschriebenen Roman *Dein verwirrender Name* (1988) seinen Helden Julio Orgaz auf die Probe. Dieser, ein Verlagslektor für schöngeistige Literatur, möchte selbst Schriftsteller sein. Aber wie? Vielleicht, indem er seine Liebesbeziehungen zu Literatur macht? Millás parodiert und karikiert nicht nur Lebens- und Liebesgewohnheiten der Madrider Mittelschicht; Julios Blick etwa in die reizvollen Dessous von Teresa kann nur ein Madrider Autor so perfekt beschreiben, mit dem Ziel: Die Verführung kommt von innen.

Er war zweiundvierzig und konnte sich nicht erinnern, je angenommen zu haben – vielleicht mit Ausnahme einer kurzen Zeitspanne in der Jugend –, die Menschen hätten mehr als nur eine Existenz, und noch viel weniger, es gebe eine andere als die bekannte Ordnung, von der aus, ob positiv oder negativ, die Taten zu beurteilen seien, zu denen das Leben die Menschenwesen anstiftet.

Bis er vor einiger Zeit eine Frau namens Teresa Zagro kennen lernte, in die er sich mit einer ihm bis dahin unbekannten Intensität verliebt hatte. Mit ihr hatte er ein paar Liebesnachmittage verbracht, in versteckten Bars und Pappmachéhotels, die einzig dazu da waren, in ihren Kulissen die Illusion von Zärtlichkeit zu wecken – alles an ihnen war unecht, von der Rezeption bis zum Kakerlak im Bad.

Es war eine seltsame Zeit, in der sich Glück und Angst miteinander verflochten wie Teile eines Ganzen, das sie Liebe nannten. Beredsamkeit war nie eine von Julios Stärken gewesen, nicht einmal eine seiner Schwächen, und trotzdem erinnerte er sich jetzt, dass er an diesen Nachmittagen, die sein Leben verändern sollten, mit beträchtlichem Erfolg geredet hatte.

Teresas dunkle Erscheinung – sie war eine dunkle Frau, von den Augen bis zu den Haaren, nicht zu vergessen der Streifen dazwischen, durch den die Gedanken strömen – weckte in ihm den Wunsch, logische Zusammenhänge zwischen Dingen herzustellen, die sich ohne die Mitwirkung dieser von den Gefühlen ausgeschiedenen Substanz nur schwer in Einklang bringen lassen.

Kurz, mit Teresa Zagro erwies sich Julio auf etwas überraschende Art als geistreich, zumindest wenn man in Betracht zieht, dass seine schöpferischen Energien bis dahin darauf ausgerichtet waren, den imaginären Schriftsteller (ihn selbst) zu nähren, von dessen Zukunft sein Leben abzuhängen schien. Dieser Witz, den er in den Momenten höchster Begeisterung sogar mit einem gewissen Talent gleichsetzte, war sicherlich eine Gabe Teresas, bei der dieser Witz in unterirdischen, durch die Mechanismen der Liebe bei ihm mündenden Kanälen dahinströmte und an diesen Nachmittagen der Fülle – nicht an allen – zu Tage trat, von denen er den verwirrenden Eindruck zurückbehielt, eine approximative Erfahrung gemacht, eine Vermutung und ein Anzeichen von Verbindung mit dem Absoluten gehabt zu haben.

Sie kam zart, frivol, schlank und zehn Minuten zu spät an den vereinbarten Ort. Aber sie kam voller Bewunderung und Liebe und umarmte ihn so mit ihrem Blick, dass Julio das Interesse an den Dingen verlor und sich an einen unvergleichlich sinnlichen Ort versetzt fühlte, der Zagro, aber auch Teresa hieß und an dem das Alltägliche derart unerheblich wurde, dass er manchmal nicht verstand, wie die Zeit überhaupt ein

Ende nehmen konnte. Die Heimlichkeit und der gelegentliche Geldmangel bereiteten ihnen nie Ungemach; ihre Beziehung wurde nicht von den materiellen, schäbigen Aspekten des Alltags in Mitleidenschaft gezogen.

Für ihre Treffen wählten sie Bars, in denen Rentner und Jugendliche verkehrten, und hier geschahen Wunder; das erste bestand in der unermüdlichen Beredsamkeit Julios, der manchmal ein paar Augenblicke innehielt, um seine Geistesblitze auszukosten, einen Schluck zu nehmen und den Glanz von Teresas gebannten Augen zu genießen. Vor allem aber hob Teresa manchmal ihre bis dahin unter dem Tisch verborgene Hand und bot ihm mit den Fingern das Produkt einer betörenden, in den Tiefen ihres Rocks erfolgten Sekretion an, das Julio in kontemplativer Haltung und einer Art mystischer Verzückung leckte.

Nicht geringer war ihr Glück in den Hotels, wo die Nachmittage die Summe mehrerer aufeinander folgender Ewigkeitsmomente zu bilden schienen. Sprachlos vor Glückseligkeit traten sie in das kleine Zimmer und suchten den entferntesten Platz auf dem Bett aus, wo sie sich verwirrt anschauten, stehend und Auge in Auge, wie erschrocken über die Mächtigkeit des Verlangens, das sie nacheinander spürten. Julio berührte mit den Händen Teresas Hals und zog den Ausschnitt ihres weiten Pullovers etwas zur Seite, um auf ihrer Schulter den Streifen des zarten Wäschestücks zu betrachten, das ihre verängstigten Brüste schützte und zur Geltung brachte. Dann betraten sie gemeinsam einen Bezirk ohne weitere räumliche Bezüge als ihre eigenen Körper. Mit einem Wissen, von dessen Vorhandensein sie nichts geahnt hatten, erneuerten sie jenseits des Denkens alte Liebesfantasien, Halbwüchsigenspiele von ausgelassener Unterwerfung und bemessener

Grausamkeit, in denen jeder einzelne von Teresas Körperteilen zu einem durch ihr Schluchzen und Flehen noch verstärkten Reizzentrum wurde. Und dann überrumpelte sie jeweils die Explosion auf dem Teppich und in unvorhergesehenen Stellungen, welche die Begabung der Körper zeigten, an Orte zu gelangen, wo die Vorstellung nicht mehr hinreicht – eine verwirrende Erfahrung, deren Konsequenzen für Julio in einer Art nostalgischen Haltung gegenüber dem Leben gipfelten, die nur wenige Frauen gelegentlich hatten übersetzen können, und auch sie bloß annähernd.

Es würde jedoch etwas fehlen, spräche man nicht auch vom Vorhandensein der andern Ingredienz, der Angst, die sich mit dem Glück verflocht, um dieses Ganze zu erzeugen, das die beiden mit dem Namen Liebe bezeichneten. Jedenfalls wurden sie weder zu Göttern noch konnten sie einen genügend hermetischen Raum schaffen, um das Eindringen bestimmter Bedürfnisse zu verhindern, denen sie sich nie ganz zu entziehen vermochten. Später dachte Julio, das Seltsame an der Liebe sei, dass sie auf derselben Entbehrung gründe, die sie auch wieder entzweigehen lasse, sobald ihre Zeit abgelaufen sei.

Die Angst, die sich zu Beginn der Beziehung im Reinzustand einstellte, fügte ihren glücklichen Treffen genau das Element von Kummer oder Bruch hinzu, das jede Liebesgeschichte braucht. So war an einem regnerischen Oktobernachmittag, als sie in einer alten Bar Zuflucht gefunden hatten, wo Rentner Milchkaffee mit einem Glas Wasser tranken, die Stimmung so bedrückend, dass das Gespräch nicht in Fluss kommen wollte.

Julios Worte bildeten Klümpchen oder Gerinnsel, die sein Denken nicht zu einem zusammenhängenden Gedanken zu homogenisieren vermochte. Da begann er an einer bestimmten Stelle in der Brust Beklommenheit zu spüren und merkte sogleich, dass es sich um einen Angstanfall handelte, gegen den er sich mit den Mechanismen zu wehren versuchte, die er in solchen Fällen jeweils anwandte. Also fixierte er mit dem Blick einen bestimmten Punkt in der Bar und verhielt sich reglos wie ein Reptil, das seiner Beute auflauert. Dadurch schwächte sich der Anfall ab, breitete sich aber gleichzeitig in konzentrischen Kreisen aus, bis er den Rand seiner Brust erreichte.

Teresa, der das nicht verborgen geblieben war, verharrte einige Sekunden in taktvollem Schweigen und schlug ihm dann vor, die Bar zu verlassen. Es regnete heftig, aber es war ein lauer, nach Frühling riechender Regen, obwohl sich der Oktober schon mit einiger Härte bemerkbar gemacht hatte. Sie liefen zu Julios in der Nähe an einer zentralen Straße geparktem Wagen und stiegen nass und glücklich ein. Das Trommeln des Regens auf der Karosserie verstärkte noch das Gefühl von Zufluchtsort und Einsamkeit, das sie zweifellos suchten. Julios Angst – schon bis zu dem Punkt abgeschwächt, wo sie fast ein angenehmes Gefühl wird – brachte sie einander näher und einte sie, wie das Feuer die Liebenden einander näher bringt und eint.

Nach wenigen Minuten bemerkten sie, dass sich die Wagenfenster, vielleicht durch ihren Atem oder die Wärme ihrer Körper, innen beschlagen hatten. Sie waren vollkommen für sich, und der Regen wurde glücklicherweise immer stärker. Sie begannen sich zu küssen und in der Berührung von Zungen und Lippen wieder zu finden. Teresa trug einen feinen, um den Hals etwas ausgeweiteten Pullover, was Julio erlaubte, den Anblick ihrer durch die zwei schmalen Linien der Unterwäsche geteilten Schultern zu genießen. Seine Hände bewegten sich mit ungeahntem Wissen, während diejenigen Teresas gleichzeitig Kraft verloren, in einem langsamen Prozess, in dessen Verlauf er gierig verfolgte, wie sie in einen Zustand erregter Passivität versank, mit welcher sie die offensichtlich von Julio empfangene Lust tausendfach verstärkt zurückgab. Und dann schauten sie sich genau während einer von Teresas vielen Explosionen in die Augen, und Julio sah in den ihren ein Zeichen von Angst, die er mit seiner eigenen vermischte, um der Situation eben das Maß an Leiden hinzuzufügen, das jeder absolute Genuss verlangt.

An diesem Tag geschah etwas leicht Befremdliches – als sie bereits am Ende ihrer Kräfte waren und Julio den Sitz herunterklappte, um in sie einzudringen, hörte er sie mitten im Stöhnen sagen: »Ich habe einen seltsamen Mann gesehen.«

Sogleich schaute Julio zu den Fenstern, aber durch die beschlagenen Scheiben war nichts anderes zu erkennen als die dicken, mittlerweile verlaufenen Wassertropfen, die dazu beitrugen, sie noch unsichtbarer zu machen. In diesem Moment huschte auf dem Bürgersteig gegenüber ein unter der verschwommenen, riesenhaften Form eines Regenschirms verborgener Schatten vorüber. Also vermutete er, Teresa denke an einen andern Moment dieses Tages oder spreche, entrückt, wie sie war, überhaupt nicht mit ihm. Jedenfalls blieb dieser Satz in Julios Bewusstsein eingeprägt wie der vollkommene Ausdruck dieser unbestimmten Hetze, der alle Ehebrecher ausgesetzt sind.

Die Angst beeinträchtigte also ihr Glück nicht, sondern verstärkte es eher noch oder machte es sogar in einem Grad möglich, dass Julio sich diese Geschichte nur als die Folge einer Entbehrung erklären konnte, deren beredteste Äußerung in diesem kontrollierbaren Maß an Unruhe bestand.

Doch mit der Zeit schlich sich Schuldgefühl in die Angst ein, vermischte sich mit ihr, sie wurden eins, und es setzte eine langsame Erosion ein, die beide wortlos registrierten. Und so sagte sie eines Tages plötzlich, als Julio gerade in der Nähe ihres Halses den Verstand verlieren wollte: »Mach mir bitte keine Flecken.« Die Bemerkung, insofern von Wirkung, als sie seinen Schwung bremste, hatte keinen Sinn, da Julio in diesen Belangen, die für ihn keineswegs eine Einschränkung bedeuteten, sondern seinen Handlungen noch eine Spur zusätzlicher Erregung verliehen, immer sehr vorsichtig gewesen war. Von ihm aus gesehen, war die Liebe die Verkörperung alter Fantasien, und folglich hatte sich die in ihr ausgeübte Gewalt nach denselben Gesetzen zu richten, nach denen auch Schauspieler gelenkt werden müssen. Anderseits dachte er, wer auf der Haut einer verheirateten Frau Spuren hinterlasse, habe es einzig auf einen Affront gegenüber ihrem Mann abgesehen oder wolle mit ihm konkurrieren, eine Haltung, die Julio zuwider war, denn seiner Meinung nach hatte der Geliebte zu wissen, dass er immer einen deutlichen Vorsprung hat und dass es unzulässig ist, dieses Privileg auch noch damit zu krönen, dass er es auf jämmerliche Weise publik macht.

Zu diesem Zeitpunkt, der eine spürbare, wenn auch noch immer leicht zu übersehende Verschlechterung ihrer Beziehung markierte, trug Julio mit seinem Verhalten ebenfalls dazu bei, dass einige Begegnungen unglücklich verliefen. Eines Tages beschlossen sie, zusammen ins Kino zu gehen, in der unausgesprochenen Absicht, etwas frischen Wind in ihre Beziehung zu bringen, die bis dahin keine anderen Kulissen als die der Bars und heimlichen Hotels gesehen hatte. Sie entschieden sich für ein Kino ganz im Zentrum, weil Teresa der Titel des dort gezeigten Films gefiel. Julio übernahm es, zwei Tage vorher die Karten zu besorgen, und schickte Teresa die ihre zu, da sie es aus Sicherheitsgründen nicht für angezeigt hielten, gemeinsam hinzugehen. Sie vereinbarten, sich im Innern des Kinos zu treffen, wenn die Saalbeleuchtung schon ausgegangen wäre.

Julio traf zehn Minuten zu spät ein, und der Platzanweiser führte ihn zu seinem Parkettsitz. Teresa war noch nicht auf ihrem Platz. Er versuchte sich auf den Film zu konzentrieren, aber sogleich kam ihm der Gedanke, sie hätten sich an einem extrem öffentlichen Ort verabredet. Das Kino war ausverkauft, und der einzige freie Sitz in seiner Reihe war derjenige Teresas, zu seiner Linken. Nun begann er verstohlen die Gesichter in seiner Nähe zu mustern, doch er sah nur dunkle Profile, denen er in seiner von Schuldgefühlen beherrschten Einbildung abwechselnd die Züge dieses oder jener Bekannten verlieh. Inzwischen verstrichen die Minuten, ohne dass Teresa erschien, und ihr Fernbleiben nahm allmählich empörende Ausmaße an. In diesen dunklen, lautlosen Momenten glaubte er zu spüren, dass der leere Sitz der handgreiflichste Beweis ihrer Untreue war, und mit zwei, drei abergläubischen Fingerbewegungen bannte er den Irrtum, sich verabredet zu haben. Dann bemerkte er zu seiner Linken eine Unruhe in der Reihe und sah einen Schatten, der sich zwischen der Beinpalisade hindurch mühsam einen Weg zu ihm hin bahnte. Der Schatten setzte sich neben ihn, aber keiner von beiden drehte sich dem andern zu, um ein Zeichen des Erkennens aufzufangen.

Nach einigen Minuten wurde Julio ruhiger und begann, ohne den Blick von der Leinwand zu nehmen, mit dem

Ellenbogen seine Nachbarin zu berühren, die auf die Herausforderung mit viel versprechender Passivität reagierte. Einen Moment lang spielte er mit der Vorstellung, es handle sich vielleicht gar nicht um Teresa, sondern um eine ihrer Freundinnen oder eine andere Frau, die ihm gleichsam als Geschenk geschickt worden sei. Der Gedanke erregte ihn und ließ ihn auf der Stelle alle vorherigen Sorgen vergessen, so dass sich nach kurzem seine geschickt unter dem schweren Regenmantel getarnten Hände zu vergnügen begannen. Dabei dachte er, jeder Ehebruch sei dieser Art von Verdoppelung ausgesetzt, denn wenn sich eine unstatthafte Beziehung langsam institutionalisiere, ergebe sich das krankhafte Bedürfnis, auch gegenüber dieser Beziehung illoyal zu sein. »So ist das Leben«, sagte er, ohne einen Laut von sich zu geben, obwohl er den Mund aufmachte, »ein Wahnsinnslauf auf ein Ziel hin, das immer jenseits bleibt, manchmal sogar jenseits des Todes.«

Inzwischen war es ihm bereits gelungen, ihren Rocksaum bis zu den Hüften zurückzuschieben, während sie ihre rechte Hand auf seine delikateste Körperstelle legte, als ihn ein undefinierbares Vorkommnis (ein Parfümduft, irgendetwas auf der Leinwand, eine Bewegung eines Zuschauers in der Nähe) brüsk in die Realität zurückholte, in seine Angst und das Gefühl, verfolgt zu werden. Er zog langsam seine Hand zurück und nahm Abstand von Teresa, die – vielleicht frustriert über diese plötzliche Veränderung im Verhalten ihres Freundes – aufstand und zu Julios Schmach und Erleichterung wortlos ging.

Deutsch von Peter Schwaar

José María Guelbenzu
Die Erotik erleuchteter Fenster

Ein Mann, der namenlose Held der Geschichte in José María Guelbenzus Kurzroman *Der Blick* (1987), hat sich in seiner Wohnung abgekapselt, nachdem er einen Mord an seiner (?) Freundin begangen hat. Oder hat er ihn nur imaginiert? Was an Realität auf ihn eindringt, wird durch begrenzte Blicke geliefert, die diese ausschnitthaften Bildsequenzen intensivieren: Durch den Fernsehschirm, durch Fenster, Türen, einen Aufzugeingang entsteht eine flirrende Erotik.

Es war ihm, als spüre er auf seinen Schultern das Gewicht des Schweißes, eine geduldige, schmierige Wahrnehmung von Hitze, die das Zimmer auf ihm ablagerte; sie war anders als die, die aus den Poren an Stirn und Schläfen drang. Vielleicht war es der Fernseher, dachte er, der so viel Hitze ausstrahlte; den ganzen Tag über hatte er weder Hitze verspürt, noch konnte er sich erinnern, geschwitzt zu haben. Alles ist sehr seltsam, dachte er und konzentrierte sich wieder auf den Fernseher, ohne einen Muskel zu bewegen. Der Bildschirm leuchtete zwischen den Schatten im Raum mit nervösem weißlichem Licht.

Einige Zeit später, als er einmal schon gegen Mitternacht mit dem Zug nach Hause fuhr, blieb dieser an der Peripherie einer kleinen Stadt stehen. Auf der Fahrt lehnte er am Fenster, mit dem Rücken zu einem Abteil, in dem pausenlos geredet wurde. Er war der einzige Reisende auf dem Wagengang. Er hatte es genossen, während der Fahrt in die Dunkelheit hinauszuspähen, und plötzlich blieb der Wagen vor einem unansehnlichen, schmutzigen Gebäude stehen, bei dem sich zwei – von den wenigen Gaslaternen nur schlecht beleuchtete – Gässchen vereinigten. Der Lauf der Jahre hatte von seiner Fassade das einstige ärmliche Aussehen abgelöst, das jetzt, abgeschält von der Witterung, dem Vergessen der Zeit übergeben schien. Die von zwei weiteren ähnlich aussehenden Häusern oder Lagerschuppen gesäumten Gässchen verleiteten die Straßenhunde zum Streunen. Zwischen den Eisenbahnschienen und dem Rand jenes Viertels lagen eine nackte, mehr als zwei Meter hohe Schotterböschung und dann ein breiter, von bräunlichem Gestrüpp übersäter Strich, in dem sich die Lichter verloren.

Zerstreuung suchend, ließ er seinen Blick über die erleuchteten Fenster wandern und blieb plötzlich an einem von ihnen hängen. Ihm war, als habe er eine Gestalt im Rahmen vorbeigehen sehen, und er verharrte aufmerksam, hingehalten von der Neugier. Ein Schattenspiel auf der Wand vor seinen Augen machte ihn darauf aufmerksam, dass sich jemand in einer Ecke des Zimmers heftig bewegte. Dann verschwanden die Schatten, und er senkte die Augen. Als er den Blick wieder hob, konnte er eine junge, nur mit einem hautfarbenen Unterrock bekleidete Frau sehen, die ihm den Rücken zuwandte.

Die Frau ging ein paar Schritte vor und gab den Rest des Rückens und die Zeichnung des Slips unter dem am Körper klebenden Nylon zu erkennen. Er hatte sich kräftig auf die Sicherheitsstange gestützt, während er gleichzeitig, mit einer einzigen Bewegung, unabsichtlich die Fersen hob. Er strengte seine Augen an, indem er sie verengte, um sich kein Detail entgehen zu lassen, und es schien ihm sogar, einer der Unterrockträger hänge herab, so dass die Schulter nackt war; in dieser Nachlässigkeit rundete sich eine intime, in seinen Augen fast laszive Sinnlichkeit.

Die Frau zog mit einer raschen Bewegung den Unterrock über die Schulter, und gleichzeitig erzitterte der Wagen; im selben Augenblick, in dem er ihren nackten Rücken sah, hörte er ein Quietschen, dem ein Ruck folgte; die Frau begann den Oberkörper zu drehen, und er konnte sehen, wie ihr linker Arm noch die Brust verbarg, kurz bevor auch sie, allerdings schon außerhalb seines Blickfeldes, entblößt sein würde; dann merkte er, dass er mit der Nase an der Scheibe klebte, und dachte, ein anderer Passagier im nachfolgenden Wagen werde sich nun das Mädchen zu Eigen machen.

An diese Szene sollte er sich noch mehrmals und bei ganz verschiedenen Gelegenheiten erinnern. Einige Male rief er sich eine etwas grobschlächtige Frau, andere Male ein seidenweiches Mädchen vor Augen. Bald wurde er sich darüber klar, dass er sich der Wirkung, nicht ihrer Ursache erinnerte, dass jener Körper durch einen beliebigen anderen ersetzt werden könnte, jedoch diese Ergriffenheit oder, genauer gesagt, die Wirkung dieser Ergriffenheit durch keine andere Ergriffenheit – eine Wirkung von einzigartiger Qualität, von flüchtiger und einzigartiger und also unwiderstehlicher Qualität, denn er hatte sie in einem solchen Zustand der Reinheit empfangen, dass keine andere Emotion oder Reflexion Zeit hatte, sie zu beeinträchtigen. Jener Körper war so sehr zum Vergessen verurteilt, dass er ihn in seiner Bildergalerie nie nachzubilden vermochte, doch seine Spur folgte ihm überallhin in seinem Kopf; und so, wie es ihm nie gelänge, ihn wieder zu erkennen, selbst wenn er ihn noch einmal sähe, würde er ohne Zögern die Gebäudefassade, die Gässchen und die Nacht wieder erkennen, die den Rahmen zu jener unabsichtlichen Begegnung bildeten.

Keine Regung scheint über sein Gesicht zu gehen. In seinen Pupillen spiegelt sich das konstante Vibrieren des weißlichen Lichts, zwei winzige, in einem dunklen, melancholischen Blick flimmernde Kästchen. Das Blinzeln ist die einzige Bewegung in einem gleichmütigen Ausdruck, in der Ruhe des Körpers. Dennoch, er denkt, umgeben von den Schatten der Nachtstunden. Er denkt an sie, die geliebte Freundin, und der Verstand weigert sich, einen Schritt weiterzugehen; der Weg ist verschlossen, und in seinem Hirn verbleibt nur ihr lachendes Bild – das Lachen, das er während Jahren kannte und das in ihrem belustigten, für ihn klassischen und anmutigen Ausdruck klang wie eine zerkratzte Schallplatte, das Bild einer Begegnung, die sich in der Zeit dreht und sich in seiner Erinnerung verbirgt. Plötzlich zerstört ein Satz das Bild, das ihn verfolgt: Mein Gott, was soll nun aus mir werden? Ein blitzartiges Frösteln lässt die Schweißtropfen erzittern, die die Haare auf Stirn und Schläfen flankieren. Die Tränen verzeichnen die Spiegelung in den Pupillen und fließen über den äußeren Augenwinkel aus. Er blinzelt nicht, bewegt keinen Gesichtsmuskel; erst als die Reglosigkeit sein Leiden ertränkt, schließt er die Augen und lässt den Kopf fallen, vielleicht gerührt über sein Elend. Die Handbewegung, mit der er die Rinnsale auf den Wangen wegwischt, ist eine Bewegung des Mitleids; sogleich bringt er sein Aussehen wieder in Ordnung, um sich nicht in einem Wasser aufzulösen, das trauriger ist als der Tod, dessen Unheil verkündende Gegenwart er um sich herum in der nächtlichen Dunkelheit spürt, zwischen den düsteren Formen des Raums, auf dieser Leiche, die seinen Willen schwächt.

Viel später erinnerte er sich wieder an jenes Bild, als er in einer Wohnung, nicht in seiner, auf dem Rücken lag. Er hatte mit einem Mädchen geschlafen, das er auf einer Sommerterrasse kennen gelernt hatte, und konstatierte, dass das Schlafzimmerfenster weit offen war und das Licht der großen Papierkugel, die über der gegenüberliegenden Bettseite hing, ihre Körper und Bewegungen in ganzer Schärfe ausgeleuchtet hatte. Kaum von dieser unangenehmen Feststellung erholt, stürzte er sich auf den Rollladengurt, zog mit hastiger Gewalt daran und ließ die Jalousie in einem einzigen Zug herunterrasseln. Das Mädchen tauchte in der Badezimmertür auf. »Was machst du?«, fragte sie halb überrascht, halb gereizt. »Wir haben …«, beinahe lachte er, »wir haben alles vor den Augen der Nachbarschaft getan.« Das Mädchen blickte zum Fenster, dann zu ihm hin und zuckte endlich verdrießlich mit den Schultern: »Schon zu spät!« Dann ging sie wieder ins Bad.

Von diesem Moment an gefiel ihm das Mädchen nicht mehr; es war wie jene Art von Unbehagen, das sich nach und nach in ein zunehmendes Gefühl von Übelkeit verwandelt. Gedrückt betrachtete er die Laken, und das Zimmer erschien ihm klein und ohne jeden Charme. Für einen Augenblick wäre er lieber selbst der Voyeur gewesen und hätte sich das Unwohlsein erspart, das sich in ihm festgesetzt hatte. Dann erinnerte er sich an das Bild, an die nackte Schulter jener Frau, die er vom Fenster eines in der Nacht stillstehenden Zuges aus gesehen hatte, an den in sinnlich-intimer Ohnmacht herunterhängenden Unterrockträger. War es das Bild der Frau? Er vermochte es nicht zu entschlüsseln; in Wirklichkeit reproduzierte er den Körper des Mädchens, das ihm nicht mehr gefiel. Der von seiner Erinnerung gesandte Blitz nahm keine Gestalt an, und das Mädchen musste unter der Dusche stehen, nach dem unregelmäßigen Prasseln des Wassers auf dem Wannenboden zu schließen, auf der andern Seite der halb geöffneten Tür.

Der Eindruck des über die Schulter gleitenden Trägers – das war das Einzige, was er in Erinnerung behielt. Er versuchte, die Bilder des Mädchens, das sich in dieser Nacht ausgezogen hatte, wieder zusammenzufügen, und schaffte es nicht, weil ein vages Desinteresse die Geistesanstrengung wieder zunichte machte; um sich herum nahm er einzig das auf den Zimmergrenzen lastende Morgengrauen und eine gewisse Müdigkeit oder Unlust wahr. Er versuchte sich noch immer das duschende Mädchen vorzustellen, konnte sich aber nur noch an das nicht enden wollende Wassergeprassel erinnern und an die Gereiztheit, die es in ihm hervorrief und die so groß war, dass er aus dem Bett sprang, sich hastig anzog und ohne ein Wort des Abschieds das Appartement verließ. Wer war jenes Mädchen gewesen? Die Abenteuer einer einzigen Nacht machten ihn immer unglücklich, aus diesen oder anderen Gründen; sie sind, sagte er sich, die allerdeprimierendsten Abenteuer, bei denen man sich fühlt, als hätte man etwas so Undefinierbares verloren, dass jeder Versuch, es wieder zu finden, fruchtlos ist, Abenteuer, die man mit allen Mitteln loswerden muss, damit sie einen nicht mit ihrem gespenstischen Unwohlsein wieder heimsuchen und die Lebensabschnitte, in denen Niedergeschlagenheit den Menschen das Herz zusammenzieht, noch unerträglicher machen. Als er blinzelte, entdeckte er, dass der leere Fernsehschirm ein neues Licht ausstrahlte, ein opalartiges Licht, das die Schatten um seinen Schimmer herum leicht blau tönte. […]

Draußen blieben nur Scheinwerferbündel zurück, die den Verlauf der Straße zu erkennen gaben, aber dann schienen ihm die Glühwürmchen oder die Sterne die einzigen lebenden und leuchtenden Wesen von Interesse zu sein, wenn er hinausging, um, allein oder in Begleitung, noch eine Runde im Garten zu machen und an der frischen Luft die letzten Zigaretten zu rauchen.

Er blickte. Blickte träge aus dem Fenster, während er einen Cuba libre genoss, zu einer Stunde, in der das Fernsehen sein Programm beendet hatte und er sich noch nicht schlafen legen mochte. Er blickte aus der Dunkelheit des hinteren Zimmers, das Fenster auf den Nachbarhof offen und den Cuba libre auf dem Fensterbrett. Es war eine Sommernacht und die Stunde, in der die kühle Nachtluft vom Himmel auf die glühende Asche eines heißen Tages niedersteigt.

In einigen Fenstern brannte Licht. Keines von ihnen in seinem Sehbereich außer dem, das in einem unteren Stock leuchtete, in der Wand, die mit der seinen einen rechten Winkel bildete. Es stand offen und ließ das hintere Drittel eines zugedeckten Bettes sehen, das sich, abgeschnitten durch den Fensterrahmen, seinen Augen als unregelmäßiges Viereck darbot. Oben, in einem Ausschnitt dunkelblauen Himmels, leuchteten die Sterne. Von unten stieg angenehme Nachtruhe herauf, und all die Küchengerüche hatten sich vollständig verflüchtigt. Zerstreut überflog er die Fenster im Halbdunkel, als etwas seine Aufmerksamkeit auf sich zog; im erleuchteten Fenster waren auf einmal zwei nackte Beine auf dem Bett erschienen, und die Neugier schärfte seinen Blick. Nach ihrer Lage zu beurteilen, gehörten sie zu einem einzigen Körper, und sosehr er auch versuchte, sich zur Seite zu neigen und den Oberkörper hinauszulehnen, um seinen Blickwinkel zu vergrößern, gelang es ihm nicht, weiter hinauf als bis zu den Kniekehlen zu sehen. Fraglos waren es Frauenbeine. Sie erschienen ihm so attraktiv, dass er nicht zu sagen wusste, ob sie es an sich waren oder wegen der zusätzlichen Lust, aus dem Verborgenen eine vollkommene Intimität zu betrachten, und während einer ganzen Weile unterhielt er sich damit, Vermutungen anzustellen und seine Fantasie zu genießen.

Plötzlich überfiel ihn Erregung, als sich die beiden Beine öffneten, damit sich zwei andere, Männerbeine diesmal, zwischen sie schieben konnten; sogleich verschwanden sie aus seinem Blick. Erst nach ein paar Momenten, als die Fußsohlen und Waden der beiden wieder auftauchten, begriff er, dass sich die Frau aufgerichtet haben musste, damit der Mann in sie eindringe. Schweinisches Fickerpaar, dachte er und spürte noch immer, wie sich sein Glied allmählich aufrichtete. Sogleich wurden die Bewegungen heftiger, und kurz darauf, wahrscheinlich nach einer kleinen Verschnaufpause, wichen die Beine zurück, eine Stellung suchend, und vor seinen Augen erschienen zwei gierig gepaarte Hintern, die sogleich wieder ihr hitziges Auf und Ab aufnahmen. In Wirklichkeit gab der Mann bei jedem Stoß fast den ganzen Oberkörper zu erkennen, sie aber war keusch und nur die untere Hälfte eines weiblichen Körpers, und erst jetzt geriet er in wirkliche Erregung. So wuchs in ihm, ohne andere Übereinstimmung als die mit allen weiblichen Körpern, die genau in diesem Augenblick in irgendeinem Bett auf der Welt vögelten, eine so gebieterische Notwendigkeit, sich zwischen diese Schenkel zu schieben, dass er die Bewegungen des andern nachzuahmen begann, dabei sich selbst vergessend, und dessen Stöße so genau im Takt reproduzierte, dass er, als die beiden andern aus seinem Blick verschwanden und vom Orgasmus überwältigt wurden, gleichzeitig mit ihnen kam.

Danach mochte er nicht wieder hinblicken. Als er sich aufrichtete, suchte er nur nach dem Gurt der Jalousie. Er ließ sie ganz langsam, ganz sorgfältig herunter, was ihm Entspannung verschaffte, und stoppte sie eine knappe Handbreit über dem Fensterbrett. Dann ging er hinein, legte sich im Bett auf den Rücken und hörte im selben Moment, als ihm sein Glas mit Rum und Cola in den Sinn kam, das Geräusch des unten auf dem Hof zerschlagenden Glases.

Er blickte auf die Straße, als er sie kommen sah. Schon eine Weile war er vor dem Fenster auf und ab gegangen, ohne irgendetwas zu tun, und sah die Leute unten auf den Gehsteigen vorbeigehen und die letzten Minuten ausnutzen, die bis zum Ladenschluss noch blieben. Er fragte sich nach ihr, als er sah, wie sie sich durch die Menge schob; sie trug ein Kostüm mit kniefreiem Rock; es waren immer die schönsten Beine der Fakultät gewesen, sie hatte es immer gewusst und wusste es auch jetzt noch. Er beobachtete sie aufmerksam, während sie, ohne Ahnung davon, ihre Tasche mit der andern Hand festhielt, als sie quer durch die Menge auf den Randstein zuging; nie hatte sie gelernt, die Straße auf dem Fußgängerstreifen zu überqueren; dann sah er, wie sie, noch fester an ihre Tasche geklammert, den Autos auswich, ihren Körper vorbeugte und die Fahrbahn wie in alter Gewohnheit betrat. Danach verlor er sie aus den Augen, zweifellos weil sie die andere Seite erreicht hatte und sich anschickte heraufzukommen. Es war das Spiel dieser beiden Beine, das die harmonische Koketterie ihrer Bewegungen ermöglichte, und die beiden Knie, welche, reizend entschlossen, sie auf den Rest des Körpers übertrugen.

Er schaute auf die Uhr und entfernte sich vom Fenster. Während er durch das Wohnzimmer ging, kalkulierte er das Vorangehen ihrer Schritte. Ohne Zweifel würde sie einige Sekunden stehen geblieben sein, um sich das Schaufenster des Juwelierladens im Erdgeschoss anzusehen, nur ein paar Sekunden, gerade so lange, wie sie brauchte, um zwei oder drei

Stücke anzuschauen, die ihr auf den ersten Blick in die Augen stachen. Danach würde sie entschlossen zur Tür gehen, ohne wegen des Stockwerks zu schwanken, und dem Hausmeister ein Lächeln schenken. Er erinnerte sich, dass sie trotz langer Abwesenheiten im Laufe der Jahre nie eine Adresse hatte nachschauen müssen. Der Concierge würde sie beobachten, während sie mit dem Rücken zu ihm vor den Aufzügen wartete, bis einer Anstalten machte, ins Erdgeschoss zu kommen; oder vielleicht hätte er sie, in einer typisch männlichen Reaktion angesichts eines schönen und erfahrenen Körpers, nach dem Stock gefragt, in den sie wollte, nur in der Absicht, einen harmlosen Kontakt zu knüpfen, der auf ihn aufmerksam machen sollte.

Nun musste sie schon im Fahrstuhl sein und heraufkommen. In Erwartung des typischen Geräuschs des in seiner Etage anhaltenden Aufzugs spazierte er durchs Zimmer, aber der Aufzug kam nicht. Nur Geduld. Er hatte einen ruhigen, sich dahinschleppenden Spätnachmittag verbracht, der ihn auf eine ermattende Art befriedigte. Außer einem kurzen Gang auf die Straße, wo er sich zur Begleitung seiner Getränke einen Happen holte, hatte er nichts anderes getan, als unter dem gardinengedämpften Licht die Zeit verstreichen zu lassen und manchmal aus Langeweile in einer Kunstzeitschrift zu blättern.

Endlich hörte er das Geräusch des Aufzugs. Sie war es, und sie stand auf dem Treppenabsatz. In wenigen Augenblicken würde sie die Türklingel drücken. Er wartete stehend, ein Glas Whisky in der einen, die Schachtel Zigaretten und das Feuerzeug in der andern Hand. Das Geräusch des Summers zeigte ihm, dass sie vor der Tür stand und vielleicht noch ein letztes Mal ihre Frisur in Ordnung brachte. Er wandte sich zum Sessel, nahm bedächtig Platz, stellte das Glas auf dem niedrigen Klubtisch neben den Aschenbecher, zog eine Zigarette aus der halb leeren Schachtel, zündete sie an und wartete, sich zurücklehnend und die Arme auf den Sessellehnen ruhen lassend.

Er wartete und wartete, während immer wieder der Summer tönte, bis er schon nicht mehr hätte sagen können, wie oft. Er rauchte langsam und nippte unausgesetzt am Whisky, als müsse er, wenn auch ohne jede Eile, abwechselnd beide Hände beschäftigen, in entspannter, ruhiger Kadenz. Er hatte die Augen auf die Decke gerichtet und wandte sie keinen Moment davon ab, so dass die Asche langsam zu Boden fiel. Er blickte zur Decke und lächelte. Sein Lächeln war selig, und hätte er nicht ab und zu die Lider bewegt, so hätte man glauben können, die Decke habe ihn hypnotisiert, mehr noch, habe sich seines Blicks bemächtigt wie ein Spiegel. Und so verharrte er, ohne einen Muskel zu bewegen, mit einem Gesichtsausdruck, als habe er sich hingesetzt, um den Lauf der Ewigkeit zu betrachten.

Deutsch von Peter Schwaar

Ana Rossetti
Der Zauberring

Laura brachte ihr Haar etwas in Unordnung, rieb sich die Wangen, um ihnen einen Hauch von Röte zu verleihen, und fuhr sich mit der Zunge über die Lippen, damit sie feucht glänzten wie eine Frucht. Trotz der üppigen Aureole ihrer orangeroten Haarpracht, ihrer jadeschimmernden Pupillen, ihrer Lippen, die sich wie ein weinroter Atlasstoff abzeichneten, empfand sie ihr Bild im Spiegel nicht als hübsch: denn sie zählte kaum vierzehn Jahre, und selbst jener bernsteinfarbene Regen von Sommersprossen auf ihrer puderzarten Haut grämte sie. Extremen Gefühlsschwankungen unterworfen, verfiel sie von der niederschmetterndsten Schwermut in die ekstatischste Verzückung, so unvermittelt, dass der Umschwung kaum nachzuvollziehen war. Das Blut begann ihr in den Adern zu pochen, ohne dass sie den Grund für diese Ergriffenheit hätte nennen können: war es nun vor Entsetzen oder aus Liebe. Selbst die Worte glichen einander. Sie fuhr mit der Hand an die Stelle, wo die Pulsschläge sich noch immer zu überschlagen drohten, und da entdeckte sie das Fehlen des Rings. Nun fühlte sie sich ausgeliefert, nackt, und bedauerte, dass sie ihn der alten Cornelia hatte geben müssen.

Alle Welt wusste, dass die alte Cornelia die Leiden junger Mädchen kurierte, und Laura hatte sie aufgesucht, als sie zutiefst verzweifelt war, wie es nur junge Mädchen sind. Am Anfang suchte sie nichts als Linderung für ihre schlaflosen Nächte und Heilung von den Qualen, die sie jedes Mal schmerzlich überkamen, wenn sie an ihn dachte. Ein Ende der unerträglichen Ängste, wenn sie ihn unter den jungen Männern zu entdecken glaubte; der Schmetterlinge, die sich zwischen ihren Schenkeln einen Kampf zu liefern begannen, sobald auch nur sein Name ausgesprochen wurde; der Panik, die sie hochschrecken ließ, das Haar nass an den Schläfen klebend und die Hände wie Spinnen starr auf ihren Brüsten, jedes Mal, wenn er ihr in ihren Träumen erschien.

Dies war es, was sie der alten Cornelia erklärt hatte. Doch die alte Cornelia hatte ihr weder einen unter rätselhaften Zauberformeln gebrauten Trank verabreicht, noch ihr aufgetragen, irgendein magisches Kraut zu suchen, oder sie einen Zauberspruch gelehrt, um den Dämon zu vertreiben, der sie so unerbittlich verfolgte. Die alte Cornelia hatte sie aufmerksam angehört und dann gesagt: »Du liebst ihn.«

Laura war ungläubig zurückgewichen, hatte ihr doch niemand gesagt, dass die Liebe solches Leid zu bereiten vermochte. Alsdann war sie in Weinen ausgebrochen. Als das Schluchzen nachließ, hatte die alte Cornelia wissen wollen: »Wer ist es?« Und sie hatte nur ein Stammeln hervorgebracht: »Der Fremde.«

Der Fremde hieß Fabricio. Er war zur Ernte auf den Hof gekommen. Er hatte breite Schultern, kräftige Arme, einen feurigen Blick, und sein Haar war vielleicht eine Spur zu lang und zu gelockt im Vergleich zu den jungen Männern, die Laura kannte.

Ferner trug er einen Ring mit einem seltsamen Stein. Doch noch seltsamer war es unter Männern seinesgleichen, überhaupt einen Ring zu tragen. Er spielte Mundharmonika, verstand es, lustige Anekdoten zu erzählen, und erwies sich als ein ebenso ausdauernder Tänzer wie Trinker. Keines der Mädchen schlug ihm einen Tanz ab, und keiner der Männer ein Glas Wein. Von dem Augenblick an, als sie begriff, dass sie ihn liebte, erkannte sie ihr Unglück.

Die Anfälle von Eifersucht setzten unverzüglich und mit grausamer Heftigkeit ein. Doch die alte Cornelia hatte ihr einfach gesagt: »Du wirst ihn bekommen.« Als Laura den Namen dieser Anwandlungen, die ihr so zusetzten, erfahren hatte, gab sie ihnen nach und ließ sich widerstandslos mitreißen. Viele Tage lang bestand ihre einzige Sorge und ihre größte Unruhe darin, Fabricios Schritte zu verfolgen. Die alte Cornelia hatte sie aufgefordert: »Erzähle mir alles, was du von ihm weißt«, und ein Ohr zu haben, dem sie ihre Sorgen anvertrauen konnte, war ihr ganzer Trost.

Eines Abends bei Anbruch der Dämmerung überraschte sie ihn, als er aus dem Fluss stieg. Wie stramme Zweige tauchten seine Schlüsselbeine, die Halbkugeln seiner Schultern aus dem Wasser auf. Die breite, kaum behaarte Brust kam zum Vorschein, um sich in ihrer ganzen Pracht zu zeigen, seine Taille, seine schmalen, sich nach unten verjüngenden Hüften. Die silbertropfenden Algen seiner Scham, die dunkelviolette Säule seines Geschlechts, die straffen Hoden, hart wie Nüsse, wurden sichtbar. Schließlich zeigten sich die prächtigen Säulen seiner Schenkel, seine göttlichen Beine. Sein wassertropfender Kopf funkelte. In Lauras Augen sah er so strahlend schön aus, dass es ihr war, als müsste sie vor Liebe sterben, und sie stammelte: »Fabricio.«

Kurze Zeit darauf glaubte sie erneut, sterben zu müssen, aber diesmal vor Qual. Denn ein Mädchen eilte ihm entgegen und schlang die Arme um seine nasse Brust. Durch die Bluse hindurch zeichneten sich die aufgereckten dunklen Brustwarzen ab, nach denen er begierig mit den Zähnen zu schnappen begann. Das Mädchen verteidigte sich jedoch, bis sie ihn schließlich mit ausgestreckten Armen auf eine unüberwindbare Entfernung zu bringen vermochte. Nun begann sie behände mit der anderen Hand ihre Bluse aufzuknöpfen; diese löste sie dann von der Haut, behutsamer als von einer Wunde. Fabricio berührte sie nicht mehr, doch zwischen seinen Schenkeln war die Begierde bereit, ihren Schnee hervorquellen zu lassen. Um Laura herum begann sich der Wald immer schneller zu drehen, bis er unvermittelt stillstand. Alles blieb völlig starr, nichts rührte sich mehr. Nur das Mädchen kniete ganz langsam nieder. Ihre Hände hielten die Bluse geöffnet und ihre bloßen Brüste begannen, an Fabricios Körper herabzugleiten. Er vereinte seine Finger mit dem gemächlich über seinen Bauch streifenden Kopf und zog ihn schließlich mit einer heftigen Gebärde zu sich heran.

Laura konnte nicht mehr sehen, wie das Mädchen ein pralles Lilienbündel in ihren Mund versenkte.

Als sie die Augen endlich wieder öffnete, war es dunkel geworden und niemand zu sehen.

Die alte Cornelia lauschte ihr wie gewöhnlich, doch diesmal blitzte es wie Karfunkel in ihren Augen. Von nun an begleitete sie Laura. Gemeinsam spähten sie durch ein spaltweit geöffnetes Fenster, zwischen quadratisch geschnürten Heubündeln hindurch, aus dem Schatten einsamer Winkel hinaus, durch die Öffnung der Schlüssellöcher und aus der Verborgenheit unter den zitternden Intarsien des Weins hervor.

An Orten, an denen die Männer rar waren, misstrauten die Mädchen einander, bekämpften sich, schmiedeten geheime Pläne, stellten sich nach, um sich gegenseitig zu verraten, um sich Fabricios Gunst streitig zu machen. Jede Einzelne schmückte sich mit neuen Bändern und mit Keckheit, um sich unter den Übrigen hervorzutun. Kein anderes Bestreben kannten sie, als bei Fabricio einen unauslöschlichen Eindruck zu hinterlassen, und die Neugierde ihrer Liebkosungen, die Geschicklichkeit ihrer Küsse waren weit eher dazu bestimmt, Fabricios Anerkennung zu erringen als seine Begierde zu befriedigen. Laura blieb nur eines zu tun: Fabricio auszukundschaften, ihn Schritt für Schritt, Geste für Geste zu erforschen, ihn auswendig zu lernen; denn ihre vierzehn Jahre mussten mit der schwer zu stillenden Gier einsamer Frauen in Wettstreit treten.

Die kleine Laura und die alte Cornelia wohnten vielen dieser Glücks- und Unglückstreffer bei. Sie erfuhren, wie lüsterne Mädchen, die sich vor sich selbst fürchteten, Fabricio anflehten, er möge sich ihnen nicht nähern, sie nicht berühren, während sie ihm gleichzeitig die Hose aufknöpften, mit der Hand hineinlangten, sodann den Mund folgen ließen und ihn schließlich jasminverschmiert zurückzogen wie die Saugmünder der Kälber. Andere, mit umgestülptem Unterrock, der ihre bezopften Köpfe bedeckte, bückten sich, um Fabricio ihr Hinterteil für seine Attacke darzubieten. Oder sie kugelten sich auf dem gelben Heuteppich in einem Wirbel von Fingern, Zungen und verrutschter Kleidung. Doch diejenigen, die keine Schwangerschaft fürchteten oder sie sogar herbeiwünschten, entkleideten sich vollkommen und zogen mit beiden Händen das stramm aufgerichtete Glied Fabricios zu sich heran.

»Sieh hin, sieh nur gut hin«, sagte ihr die alte Cornelia. Laura glaubte, diese Lektionen, die sie nur quälten, würden ihr niemals zugute kommen, und bat die alte Cornelia vergrämt um irgendein Heilmittel.

Hoffentlich, dachte sie bei dem Gefühlssturm, der ihr Herz durchzog, bringen mich diese Höllenqualen, die ich leide, dazu, dass ich ihn verabscheue; denn sie meinte, dieses Leid nicht länger ertragen zu können.

Doch die alte Cornelia hatte nicht vor, sie von dem Dämon der ersten Verliebtheit zu befreien, sondern wollte den abweisenden Geliebten in den hingebungsvollsten Liebhaber verwandeln. »Er wird dein sein, vollkommen dein«, versicherte sie.

Nun begann sie, Laura Anweisungen zu geben. Sie musste Schlangenherzen verbrennen, Vogelzungen essen, in Wasser baden, in das sie hilfreiche Pflanzen gestreut hatte, im Schein des zunehmenden Mondes Zauberformeln aufsagen. Die alte Cornelia veranlasste sie, Gegenstände als Amulett zu sammeln, und Laura schlich ihm nach und belauerte ihn überall, um eine Wimper aufzuspüren, ein Stückchen Fingernagel, eine Faser seines Hemdes, einen Tropfen seines Schweißes oder seiner Tränen, einen Flanellfussel oder ein Tabakstäubchen ...

Eines Sonntags verknotete die alte Cornelia heimlich beim Tanz zwei Seidenfäden mit zwei Wollfasern, wobei sie einen Spruch murmelte, und daraufhin trennte sich Fabricio von seiner Partnerin, um Laura aufzusuchen, der er zum Spaß einen Kuss auf die Lippen hauchte.

In jener Nacht konnten sie, sosehr sie auch hinter ihm herspionierten, ihn mit keiner anderen überraschen. Er zechte bis spät in die Nacht, machte einen ausgiebigen Spaziergang und kehrte dann, fast schon im Morgengrauen, nach Hause zurück. Dort legte er sich alleine schlafen.

Ein scharfes und sehr süßes Messer fuhr in Lauras Lenden. Sie hätte sich gewünscht, diesen Kuss festzuhalten, ihn an sich zu pressen, seinen Mund zu kosten, sich in seinem warmen Speichel zu ertränken, in seinen Lippen festzubeißen, auf ihrer Zunge die Windungen von Fabricios Zunge aalgleich zu spüren. Sie musste sich kundig machen, um ihm zu gehören, sie musste lernen, ihn zu dem Ihren zu machen. Er, sich in ihrem Körper zu bewegen wie an einem vertrauten Ort, sie, ihn in sich zu spüren wie einen geläufigen Gast. Sie mussten sich daran gewöhnen wie an ein feierliches Amt, ein andächtiges Gebet.

Mit Daumen und Mittelfinger formte sie Fabricios Lippen nach, mit dem Zeigefinger die Zunge. Dann schloss sie die Augen und legte die Finger auf ihren Mund. Doch dieses Mal zogen sie sich nicht wieder zurück: Sie drängten hartnäckig, bis es ihnen gelang, den Mund zu öffnen, bis der Zeigefinger den schwachen Widerstand der Zähne überwand und zur Zunge gelangte. Er berührte die Zunge und verfing sich in ihr mit der Heftigkeit eines alles verschlingenden Wirbelwinds, forschend, bis er in die geheimsten und verborgensten, die zartesten und glühendsten Winkel vordrang und sich dort verlor. Als der Kuss schließlich vollzogen war, glitt der nachgemachte Mund an ihrem Hals herab, gelangte bis zum Hemd, stieß durch die Knopfleiste vor und führte dort seine Erkundungen fort. Zart umkreiste er die Brustwarze, verweilte auf dem glatten Hof, bevor er sich darum schloss. Jetzt erst begann der Zeigefinger, die immer noch feuchte Zunge ihrer Hand, sie mit ihrem kühlen Tau zu benetzen, bis sie hart wurde, sich aufreckte wie eine stolze Lanze.

So wie die Braut vor der Hochzeit an ihrer Aussteuer stickt, wob sie auf ihrem Fleisch die Bahnen, die Fabricio zurücklegen sollte; er bezwang sie, zähmte sie. Als ihre Hand sich schließlich zwischen die Leisten flüchtete, fand sie diese feucht, als sei Fabricio wahrhaftig dort, als bahnte er sich mit seinen Lippen den Weg durch das dreieckige Gestrüpp der Scham. Ja, es waren Fabricios Lippen, die sie küssten, seine

Zunge, die sie liebkoste, sein Mund, der an ihr sog. Es war Fabricios Speichel, der sich über ihre Schenkel ergoss. Da presste Laura ihre Knie zusammen und rief ihn, um zur Vollendung zu gelangen.

Ihre Hand wäre imstande gewesen, weiterhin für Fabricio zu stehen, um an der Stelle einzudringen, die ihr selbst fremd war. Doch da die alte Cornelia sie gewarnt hatte, das einzig unlösliche Band der Liebe bestehe aus dem Faden, den die ersten Blutstropfen knüpfen, riss sie sich eben noch auf der Schwelle der Lust zusammen, um die des schlimmsten Albtraums zu überschreiten.

Währenddessen hatte Fabricio begonnen, seine Aufmerksamkeit auf sie zu lenken, ihr ein Lächeln zu schenken, sobald er sie traf. Laura befiel ein derart heftiger Schauder, dass sie zu keiner Reaktion fähig war.

An dem Tag, als die alte Cornelia einen Kupferring zerbrach, steckte Fabricio Laura seinen eigenen Ring an den Finger. Laura musste sich ihn mit einem Stück Kordel anpassen, und nun war bei ihren heimlichen Liebkosungen ihre rechte Hand Fabricios Hand, die ihr über den Körper strich, während sein vermeintlicher Mund sie küsste.

Alles war schon bereit. Die alte Cornelia hatte sie instruiert, was zu tun sei. Gemeinsam probten sie es unzählige Male. Laura fürchtete zu versagen und drängte: »Bitte noch einmal.« Und aufs Neue musste sich die alte Cornelia vor sie stellen, damit sie ihre Bewegungen nachahmen konnte, als sei eine der anderen Spiegel. Am schwierigsten war die Beschwörungsformel, die sie in jedem Moment wiederholen musste, ohne zu stocken, zurückzubleiben oder sich zu verstricken. Laura stammelte, flehte um Aufschub: nur zwei Tage, einen wenigstens. Doch die alte Cornelia entschied: »Am

Freitag muss es geschehen, oder niemals mehr.« Denn die Wirkung des Zauberspruchs gewährleistet nur einen einzigen günstigen Augenblick im Verlauf der Zeit. Laura aber fühlte sich derart unsicher, dass sie am liebsten alles aufgegeben hätte.

Dann dachte sie jedoch daran, wie sich Fabricios Zunge in ihrem Mund anfühlen würde, auf ihren Brüsten, zwischen ihren Schenkeln; wie sie ihre Brustwarzen umkreisen würde, bis sich diese in zwei Kirschkerne verwandelt hätten; wie seine Zunge über die rosige Muschel ihrer Scham fahren, ihre saftigen Wände streicheln würde und wie sie zu ihrem Mund zurückfinden würde, um sie zu lehren, woraus der süße Saft ihrer Höhlung gepresst war. Fabricios Zunge ..., und die Verabredung war für Freitag ..., und Freitag war heute.

Die alte Cornelia geleitete sie zu einem Zimmer mit einem riesigen Bett in der Mitte, fast ein Schiff unter dem Baldachin, fast ein Katafalk auf einem Sockel. An der Mauer zur Rechten befand sich ein grünlicher, unebener Spiegel, ein Tisch mit einem brennenden Leuchter und einem beinernen Kamm, einem Parfümfläschchen mit magischen Kräften, einer Räucherpfanne und einem Amulett. Vor dem Tisch stand ein Stuhl, über dessen Lehne ein Hemd aus weißem Linnen gefaltet lag.

Die alte Cornelia entkleidete sie, rieb ihren Körper mit dem parfümgetränkten Stöpsel ab, zog ihr das Hemd über, glättete ihr das gelöste Haar, und erst dann verlangte sie ihren Lohn. Laura fiel die Trennung von Fabricios Ring schwer, wenn sie auch wusste, dass stattdessen er ganz ihr gehören sollte.

Die alte Cornelia wickelte die Kordel ab und ersetzte sie

durch einige von Lauras Haaren, die sich im Kamm verfangen hatten. Dann steckte sie sich den Ring an den linken Zeigefinger und zog sich zurück.

Laura brachte ihr Haar etwas in Unordnung, rieb sich die Wangen, um ihnen einen Hauch von Röte zu verleihen, und fuhr sich mit der Zunge über die Lippen, damit sie feucht glänzten wie eine Frucht, versuchte, sich in der undurchdringlichen Oberfläche des Spiegels zu erahnen, und tat einen Seufzer. Verzagtheit und Begierde schwenkten zugleich ihre Fahnen. Sie musste sich beruhigen und vergegenwärtigen, dass die alte Cornelia in ihrer Nähe war, in dem Zimmer nebenan.

Mitten im Nebenzimmer stand ein riesiges Bett, fast ein Schiff unter dem Baldachin, fast ein Katafalk auf einem Sockel. An der Mauer zur Rechten befand sich ein grünlicher, unebener Spiegel, ein Tisch mit einem brennenden Leuchter und einem beinernen Kamm, einem Parfümfläschchen mit magischen Kräften, einer Räucherpfanne und einem Amulett. Vor dem Tisch stand ein Stuhl, über dessen Lehne ein Hemd aus weißem Linnen gefaltet lag.

Die alte Cornelia entkleidete sich, rieb sich den Körper mit dem parfümgetränkten Stöpsel ein, zog sich das Hemd über, löste sich das Haar und glättete es mit dem Kamm. Dann hörte man ein Klopfen an der Tür nebenan, und die alte Cornelia sagte ebenfalls: »Tritt ein.«

Fabricio erblickte Laura hinter dem Stuhl stehend. Der Kerzenschein warf einen sanften Schimmer auf Lauras Antlitz und verlieh ihm eine leicht rosige Tönung, wie ein Pfirsich. Und er fand sie unschuldig und rührend, doch vor allem wunderschön. Laura begann die Beschwörungsformel zu murmeln. Indes knöpfte sie sich das Hemd auf, glitt mit der

Hand in die Öffnung und zog sie wie zur Schale gerundet wieder hervor, fest über einem Schatz geschlossen. Doch zwischen ihren Fingern ragte ein rosarotes Häubchen hervor; sie führte es an Fabricio heran mit der zärtlichen Geste einer jungen Mutter. Fabricio setzte sich auf den Stuhl, wo Lauras Arm ihm als Kopfkissen diente, und machte sich begierig daran, sein Werk zu vollbringen und die zarte Blüte in einen Amethyst zu verwandeln. Seine Hände glitten unter das Hemd; sie strichen über lange und feste Schenkel, gelangten zur noch nicht ausgeformten Taille und trennten sich von dort an. Eine Hand hob sich bis zu der vernachlässigten Brustwarze, und seine Finger traten in den Wettstreit mit der Behändigkeit seiner Zunge. Die andere Hand strich liebkosend über den Bauch, immer wieder, immer wieder … Bis Laura schließlich mit einer jähen Gebärde ihren Schamhügel vorschob und die Beine öffnete. Fabricios Hand wagte sich in die dichte Behaarung vor, und seine Finger vergruben sich in einem seidigen Krater und glühten in seiner Lava. Alle anderen Liebkosungen hörten auf.

Laura war ganz feuchte, perlmuttschimmernde Molluske. Fabricio ganz flinke, eifrig arbeitende Finger. Der Raum versank in einem Meer von Keuchen, verschwamm im Flimmern des Kerzenscheins.

Sie hob ein Bein über Fabricios Beine. Fabricio knöpfte seine Hose auf. Laura hielt den Atem an und ließ sich fallen, während sie seinen Mund suchte. Immer weiter ließ sie sich fallen, bis sie spürte, wie er wuchs, anschwoll und in sie eindrang, während ihr Blut aufwallte und beider Zungen miteinander verschmolzen. Nichts weiter.

Die alte Cornelia, rittlings auf dem Stuhl, erstickte einen Schrei. Einen Moment lang verharrte sie zuckend, den Kopf nach hinten über die Lehne gelehnt, mit schlaff herabhängenden Armen, die auf der Erde schleiften. Dann fuhr wieder Leben in sie, und sie begab sich, so weit die schmerzenden Lenden es zuließen, daran, die Räucherpfanne zu entzünden.

Laura deckte die Räucherpfanne auf. Sie griff eine der Kerzen des Leuchters, und es gelang ihr, das Räucherwerk zu entzünden. Fabricio, bereits nackt, entkleidet, umschlang sie und versuchte, über Lauras Schulter hinweg in ihrer beider Gesichter zu blicken, die sehr nahe beieinander waren.

»Ich begehre dich«, sagte er ihr. Laura spürte, wie die Kraft seiner noch nicht ermatteten Männlichkeit sich gegen ihre Gesäßbacken presste; sie hätte ihm antworten wollen, dass sie ihn liebe, ihn fragen wollen, ob auch er sie liebte, ihm schwören wollen, dass sie auf immer ihm gehören werde … und ihn bitten wollen, sich hinzuknien, damit sie spüren könne, wie sein Atem ihr die Scham verbrannte und seine Zunge in jede einzelne ihrer Falten eindringe, sich dort wand, erregt wie eine Schlange. Doch sie musste weiter die Beschwörungsformel aufsagen.

Die alte Cornelia hatte soeben die Räucherpfanne entzündet. Sie hatte bis dreiundneunzig gezählt und begab sich nun zu dem Bett, wobei sie die Fußbodenfliesen diagonal durchquerte.

Laura und Fabricio gelangten eng umschlungen an das Bett. Eng umschlungen ließen sie sich auf die Kissen nieder. Laura öffnete die Beine, hob sie an und legte sie um Fabricios Taille.

Das Räucherwerk legte sich wie dichte Watte über das Zimmer, und die Träger des Baldachins bebten.

In Schweiß gebadet, unterdrückte die alte Cornelia mit Mühe ihren stoßweisen Atem; ihre Brüste schwankten heftig hin und her, geschüttelt von den Blitzen, die ihren Leib durchzuckten; ein noch ungezähmtes Fohlen schien ihr zwischen den Beinen entlangzugaloppieren, und ihre zusammengekrümmten Hände umklammerten das Kissen. Der letzte zuckende Krampf würde sie ergreifen, wenn sie von den eigenen Sporen angetrieben, außer sich vor Erregung, in den Abgrund stürzen, abspringen, ein Ende machen würde. In Lauras Eingeweiden brannte die Wucht von Fabricios Samen. Ihr entfuhr ein schwacher Seufzer, bevor sie in Ohnmacht fiel.

Fabricio wich zurück und betrachtete sie erstaunt. Lauras rot erhitztes Gesicht war bleich geworden wie durchscheinendes Wachs; unter den Wimpern löste sich eine Träne, und ihre Nase ragte spitz und gerade hervor wie ein Dolch. Sie war so schön, dass es schien, sie sei ein Engel. Sie war so reglos, dass es schien, sie sei tot.

Im Zimmer nebenan lag die alte Cornelia, eine leblose Puppe, eine Medusa aus zerknittertem Organza, eine schlaffe, stillstehende Uhr.

Fabricio beugte sich über ihre Brust auf der Suche nach einem Lebenszeichen, und eine Brustwarze streifte seine Lippen. Sie drang ein, und seine Zunge vermochte dem Geschmack dieses Eindringlings nicht zu widerstehen. Er saugte mit der Wildheit eines hungrigen Säuglings. Seine Hand presste das angeschwollene Gefäß, als wollte er es in seinen Mund entleeren, der Druck der den Hof umkreisenden Zähne übersäte sie mit winzigen roten Rubinen.

Da schauderte Laura und öffnete die Augen. Sie setzte sich auf und blickte Fabricio an, als sähe sie ihn zum ersten Mal. Sie betastete ihn, als wollte sie sich überzeugen, dann warf sie sich in seine Arme, als kehrte sie von sehr weit heim, und küsste ihn, wie um sich einer Trophäe zu bemächtigen, eine Beute abzuschleppen.

Fabricio spürte sie gegen sein Fleisch pochen und erkannte, dass zwischen dem Adernetzwerk eines Kindes flinke Echsen erwachten, die Schwaden aufsteigender Raupen und Vögel.

Lauras Mund hatte aufgehört zu rezitieren: Er erkundete Fabricios Körper, umwob ihn mit dem glänzenden Netz ihres Speichels und schloss sich schließlich um seine funkelnde Eichel mit der Gier einer Fleisch fressenden Pflanze.

Eine Hand verschwand unter Fabricios zusammengepressten Gesäßbacken, und ihre Finger bahnten sich den Weg durch ihre Mitte, teilten sie und glitten sanft vorwärts, mit behutsamem Druck, unter Liebkosungen, bis sie, von einem engen und tiefen Tunnel angesaugt, sich schließlich in ihm vergruben.

Sie hatte aufgehört, eine kindliche Jungfrau zu sein, die streng nach Vorschrift die Zeremonie erfüllt; die gelehrige Schülerin. Fabricio spürte auf seinen Schenkeln das Stechen von Lauras Brustwarzen, auf seinen Lenden das Lodern ihrer Zunge und ihre plötzlich höchst erfahrenen Finger, die seine geheimen Gänge erkundeten, da erkannte er, dass er bei keinem Mädchen eine derartige Präzision, eine derartige Wildheit kennen gelernt hatte. Keine hatte ihn je so begehrt. Keine hatte ihn je so geliebkost. Keine hatte je so von ihm Besitz ergriffen.

Laura fuhr an seiner Brust hoch, auf der sie mit der Zunge eine feuchte Spur hinterließ: ihr Mund auf seinem Hals; ihre Hände, die sich in seinen Locken verfingen, ihr Leib, der über seinen glitt, bis er sich auf ihm festhakte, bis er sein Geschlecht einließ … und die Vorhänge des Baldachins sich lösten.

Im Nebenzimmer verharrte die alte Cornelia weiterhin reglos und kalt wie das silberne Herz eines Fisches. Die Räucherpfanne hatte ihren wohlriechenden Inhalt abgebrannt. Selbst die Wachskugel, die jene als Amulett wirkenden Gegenstände Cornelias bedeckte, alles war zu Asche verbrannt.

Laura saß rittlings auf Fabricio. Auf seiner Schamgegend, ihr zartes kakaofarbenes Vlies auf dem schwarzen Gestrüpp des jungen Mannes, und ließ ihre Brüste wie harte Pampelmusen tanzen.

Fabricio zündete sein weiß leuchtendes, bengalisches Licht in Lauras samtener Höhle, während diese ihn mit den Stacheln ihrer Nägel in seinen Flanken anspornte.

Ihre Schreie lösten sich gleichzeitig wie zwei verknotete Bänder, wie die Enden einer Kordel. Beide rollten über die verknitterte Landschaft der Laken, geschlagen und siegreich zugleich.

In diesem Moment, mitten im Nebel, der sich seines Willens bemächtigte, gewahrte Fabricio, dass Laura den Ring trug, den er ihr gegeben hatte. Doch nicht dort, wo er ihn ihr an jenem Tag angesteckt hatte. Er befand sich an ihrer linken Hand, mit lockig zarten Haarsträhnen befestigt.

Im Nebenzimmer lag die alte Cornelia, die Lenden von einem Film trockenen Blutes bedeckt und auf dem Gesicht den pathetischen Ausdruck eines Mädchens, dem Gewalt angetan wurde. Ihre Finger waren bloß.

Lauras Schenkel bedeckte eine Hand voll dunkler Blüten, auf dem Gesicht zeichnete sich das Lächeln einer alten Dirne ab. Einen Augenblick lang dachte Fabricio, dass Laura diesen Ring die ganze Nacht lang nicht getragen hatte. Dann vergaß er es jedoch und ließ sich von einem lauen und zuckersüßen Schlaf übermannen.

»Laura«, murmelte er zwischen den Spiralen der aufsteigenden Träume hindurch.

»Laura ist nicht hier«, erwiderte sie aus dem Laura entrissenen Körper heraus, »Laura wird niemals mehr hier sein.«

Fabricio hörte sie nicht mehr. Er streckte den Arm aus und presste jene weise und blutjunge Taille gegen seine.

Fabricio schlief. So sah er in jenen jadegrünen Augen nicht das seltsame, siegesbewusste Karfunkelblitzen. Sonst hätte er sich gefürchtet.

Deutsch von Petra und René Strien

Julián Ríos

M

Muy bien gracias y usted, sie versuchte, ihr spärliches Spanisch und ihre vielen Reize mit mir zu praktizieren, meine schöne andalusische Primadonna mit den dunklen Riesenaugen und dem schwarzen Haarbüschel und dem Mordskörper voll gewichtiger Anmut wie ihre Mutter, olé la Laredo!, so als befänden wir uns im Spanien der Operette, und brachte mir das Frühstück ans Bett, *dos huevos estrellados señor*, und legte sich lachend auf mich in dem alten wackeligen Bett, das abermals unter dem Gewicht unseres Kusses quietschte und klingelte mit diesen losen Blechringen an den Pfosten, tam-tam und klingeling bei jedem venerischen Auf und Ab ihres rundweg kategorischen Bauches und Hinterteils, obwohl sie zwecks Vermeidung von so viel Radau den wohlerprobten Kniff kannte, die Bettdecke bewusst auf den Boden zu werfen und sich das Kissen unter den aberwitzigen Arsch zu klemmen, uff, um ihre dienstbaren Öffnungen anzubieten, offen und dunkel wie das Maul der Wölfin, damit ich dich besser packen kann, und sie flehte bei Gott und der Jungfrau Maria von Gounod, ich möge es mir langsam stückchenweise pian piano vornehmen, eins von beiden oder beide von einer, von hinten wie die Hunde und wie die Regeln es gebieten (und sie beherzigte herzlich, dass ihr Mann sie *embarazada* gemacht hatte – noch ein spanisches Wort, an das sie sich erinnerte – und kräftig geschwängert zum ersten Mal, gleich nachdem sie vom Fenster aus zugesehen hatte, wie sich ein Straßenhund und eine Straßenhündin paarten oder hündisch gebärdeten), und von vorne vorwärts wie ihr sieghafter Liebhaber aus

Playboylandia, Hugh getauft im heiligen Land von Hibernia, obwohl er seinen nie der Hibernation überließ, der sie fast zur Stunde des Stierkampfs verunzüchtigte, *bravo toro*, etwa Punkt vier Uhr nachmittags auf dem Nullmeridian, und es ihr wenigstens drei- oder viermal besorgte (mit einem Zwischenspiel im Bett oder Zwischengericht auf der Grundlage von Konservenfleisch und ein paar Schlucken Port zur Stärkung) oder vier- oder fünfmal in ihrem Zimmer, wenn es nicht schon sieben waren zur Stunde der Siesta, knapp gerechnet bei diesem Tenor, und sie hätten sogar Zeit gehabt, zusammen das nächste Konzert in Belfast zu proben, *Lacci d'harem*, bevor ihr Gatte, der Señor de la Flora, nach Hause käme, der großherzige Gehörnte, der trotz seiner nächtlichen Auslassungen mehr Saft in sich hatte und mehr Verstand im Gehirn als der mit allen Säften gewaschene Hugh, so die Vermesserin, aber trotz dieser einst gegebenen Gelegenheiten, die sich bei keinem Schopf mehr fassen lassen, bereitete der Gatte ihr kein Vergnügen mehr im ehelichen Spiel, und sie hatte jetzt genug zum Schein herumgeseufzt, bis er ejakulierte, par derrière et par decevant, erfüllte und erschöpfte er sie doch nicht wie ihr feuriger Rohdiamant und Bevollmächtiger, so!, wer kann, der will, der sich ihrer ganz und gar bemächtigt hatte mit seinem wenig kommunen und auch kommunen Glied, soweit es öffentliches Eigentum war (größer und röter als das jenes plumpen rothaarigen Exhibitionisten, der tat, als wär er am Pissen hinter einem Baum, Myrobalane?, und ihr es plötzlich zeigte, während er es schüttelte, als sie vorbeiging und tat, als merkte sie nichts), mit seiner ständig brünstigen Zuchthengstrute, der eurotomane Stier und Kleiderklauer, der sie entkleidete und bestialisch bestürmte (sie, die sich stundenlang sorgfältig herausgeputzt, gekämmt und parfümiert hatte ...) oder sie mehr als drängte, wenn sie sich hinter den Vorhängen auszog, um sie nackt zu besteigen und aufzuspießen und ihr gar den Gnadenstoß zu versetzen (sie mit zerzaustem Haar und heraushängender Zunge, nach Luft schnappend, auf allen vieren), wie bei jenem Stierkampf in La Linea de la Concepción, an den sie sich noch voll Schrecken erinnerte, als der wilde Stier anzugreifen begann und diesen armen Pferden die Innereien rausriss und in den Eingeweiden wühlte wie Hugh es mit ihr tat, Hugh, der sie fast in zwei Hälften teilte, ungehobelt war er auch mit diesen Klapsern auf die prallen Pausbacken ihres Hinterns, Hugh!, und fast hätte er ihr eine Brustwarze abgerissen, der Oberrohling (Spuren seiner Zähne noch in der geschwollenen Weiße ihrer rechten Brust), klar, diese schwellenden, festen, milch- oder marmorweißen Brüste mit den feinen Lapislazuli-Äderungen an der sanften Wölbung ihres Ansatzes brachten den Gefühllosesten um den Verstand; deshalb hatte der Señor de la Flora vor Zeiten stundenlang heftig an ihnen gesaugt, wie ein saugender Salomo den Zitzensaft, denn der Weise versüßte sich die Lippen und das Leben mit dem mütterlichen Saft, als sie ihr so angeschwollen waren und spannten wie bei einer Ziege, und dann wollte er sie sogar still in die Teetasse melken, ein Abstillen war das, mit all diesen Sachen, die ich erzählt habe, könnte man ein ganzes Buch schreiben, versicherte sie, und was sie ohne Punkt oder Komma im Bett redete, das übersetz ich dir genauso flüssig jetzt in unserem Pub am Hammersmith Broadway, noch ein *The Swan*-Gesang, während diese vier Söhne Erins heiser misstönen hier neben dem Spiegel von Charrington mit erhobenen Gläsern, *The Swan* way, auf ihre Art und mit schlechten Manieren wie jeden Freitag kurz vor dem Schließen, und wir waren gerade dabei, dass man einen ganzen Band schreiben könnte, versicherte sie, einen wie die von Leopold de Kock mit Kokotten, die ihr Mann für sie entlieh oder antiquarisch kaufte, um die bestürzendsten Fantasien zu stimulieren, mit Sachen reinstecken, war es nicht so?, obwohl sie es nur mit der Banane versucht hatte und in heller Aufregung beim Genuss war, weil sie dachte, sie könnte abbrechen in ihr drin, man findet ja alles Mögliche in diesen Fundbüros der Frauen, aber auch die verliebten Episteln ihres Bräutigams blieben vor Zeiten nicht ohne Wirkung auf sie, all diese Nettigkeiten, dass einem etwas Hübsches auf ewig gefällt, ja, ja, und sie wusste sie auswendig, all diese lyrischen Ergüsse, denn manchmal streichelte sie sich vier- und fünfmal am Tag, so groß war ihr Feuer und ihre Fingerfertigkeit, und sie würde sich außerdem an das erste Mund-zu-Mund erinnern, ein langer Kuss, der sich reinschraubt, bis sich dir der Kopf dreht, und die ersten Fummeleien am Kanalufer, dort, wo der Rücken seinen anständigen Namen verliert, die sie schnurstracks zum Beichtstuhl führten, und sie hatte auch schlechte Gedanken im Bett, wenn die Laken an ihr klebten, Weichheit entartet zu Wollust, meine Tochter, und sie hätte gern, dass einer so prächtig mit der Soutane und diesem Weihrauch- und Kerzengeruch sie umarmte, oder so ein verdorbener Seminarist, aber in ihren Bovarismen und Wahnidealismen von Tausendundeiner Nacht auf Nacht sah sie sich auch beim Einbruch der Dämmerung hinter dem Custom House und auf den Kais auf der Suche nach einem gerade eingelaufenen Sindbad, um es egal wo zu machen, im Stehen gegen einen Torbogen, oder ging zu einem dieser Zigeuner von den grünen Dünen in Rathfarn mit Gaunergesicht und spanisch geschnittenen Augen, der sie im Dunkeln überfiel und gegen eine Mauer bestieg, stocktaub für ihre Seufzer und ohne piep zu sagen, wie ihr Hugh, oder war in einer Gasse Opfer eines eleganten Jack the Ripper, der sie aufschlitzte, ohne sich auch nur den Hut abzunehmen, was für Einfälle, mein Gott, und sie betastete sich den glänzenden Bierbauch, der zum Glück noch nicht die Ausmaße von dem ihres Freundes Ben erreichte, der Bass-»Baritonne«, wie sie sagte, oder stellte sich vor, ein unheimlicher Vagabund bräche bei ihr ein, wenn sie allein zu Hause war (töten hat seine Zeit: Ekklesiastes sieben?), obwohl sie sich an wonnevolleren Gedanken zu ergötzen gewohnt war, neuen Wonnen der Sünde, wie und wodurch sie etwa einen unschuldigen kleinen Jungen verführen würde, die neuen Strumpfbänder würde sie ihm zeigen, und sie schob ihr enges Kleid hoch, um mir die violetten zu zeigen, und danach würde sie anfangen, ihm die Wangen zu streicheln, er schon tomatenrot, sie war sogar bereit, einen hübschen Jungen zu bezahlen, einen anderen Boy aus Playboylandia, oder einen Gigolo aus Paris, dem würde sie *déshabillé* ihr *embonpoint* zeigen, alles für ihn, für Raoul!, oder einen dieser kleinen Götter, die nackt in der Sonne lagen am Strand von Margate, und ihn überall küssen, das ist nun wirklich eine schöne Sache, was, all diese kniffligen Sachen, die sie sagte, um vor zehn Jahren ihren Mann zu erregen (die letzte eheliche Pflicht wurde am siebenundzwanzigsten November erfüllt, als sie schon einen Bauch von fast acht Monaten hatte und ein kleiner rüder Fötus ihr von innen Fußtrittchen versetzte), oder sie zog sich langsam die Strümpfe aus im Schein des brennenden Kamins, auf dem Teppich ausgestreckt, oder sie zog sich ein Paar kotbeschmierte Stiefel an, wenn ihr hübscher Fuß oder das letzte Paar fleckiger Unterhosen versagten, um seinem Fetischismus Genüge zu tun, und natürlich war sie auch bereit, es mit einem Kohlenmann und mit einem Bischof aus Rom und sogar mit einem unbeschnittenen Ewigen Juden zu machen, machen wir noch einen Einschub, sie brauchte wenigstens einen neuen Mann jedes Jahr, sie übertrieb, und sie würde sich an das Organ des italienischen Organisten erinnern, *La ci darem*, und sie wollte das von einem Neger ausprobieren, Altsaxophon eines anderen Tenors, womöglich um zu sehen, ob seines so schwärzlich und lang war wie ihrem Hugh seine glühende Eisenstange, wie ein Hund, der es nicht lassen kann, und beim zweiten Mal klappt sie schon, und beinahe von Sinnen ließ er sie ficken, keuchen oder Scheiße murmeln, fuck up, love!, fuck up, love! schreien, gratuliere, und er gab ihr Lust, dass es eine Lust war, lückenlos fünf interne Minuten lang, tick-tack taktil, während er sie hinten mit dem Kitzelfinger kitzelte, Däumling, süßer Däumling, und im Ringmuskel mit dem Ringfinger, bis sie nicht mehr konnte, abgehalftert oder kurz vor der Ohnmacht, o Lord, und sie umarmte ihn erschöpft, o Lord, und wenn sie daran dachte, geriet sie wieder in Brand, ihr Kohlenbecken glühte, und es brannte ihr sogar angenehm, wenn sie an ihn dachte, Sir Hugh der Große Kitzler, der erst nächsten Montag wiederkommen würde, versicherte sie mir, und wegen ihm war sie ihr zu früh gekommen, du gehörst bestimmt zu denen, die gern das Rote Meer befahren, und ihre Rede floss weiter in der Nacht, als gelte es, im eigenen Hause Ekklesiastes sieben anzurufen, doch wird das Meer nicht voller, lieben hat seine Zeit in anderer Zeit, schau, wie weiß und glatt, mein Schatz, bestimmt hast du nie glänzendere Schenkel befummelt, ja, öffne die Beine und schließe die Augen, und die Blumen der Tapete in ihrem Schlafzimmer leuchteten schon wie Sterne, im dunstigen Schimmer, und sie würde sich nur für mich daran erinnern, dass sie spät in der Nacht im Halbschlaf aufgestanden war und genau von dort aus, neben der Lampe stehend, ihren Mann und einen sehr viel jüngeren Saufkumpan gesehen hatte (zehn oder zwölf Jahre jünger als sie), die ausdauernd gegenüber ihrem Fenster pinkelten, das ist vielleicht ein Ding, war das vielleicht der junge Mann ihres Lebens, den ihr die Karten versprochen hatten, abwarten und morgen beim Teetrinken noch mal auflegen, dann ist auch noch ein Tag, und sie ging wieder ins Bett, um von der Silhouette des Gibraltarfelsens zu träumen, der wie ein Gigant aufstieg, wenn der nachtschwarze Wind aus der Levante kam, und sie bekam wieder Sehnsucht nach dem Süden, nach einer weiteren Nacht in Ronda und nach den Posadas und nach den Kastagnetten, nach dem Ersten, der ihr die Zunge in den Mund gesteckt und sie saumselig am Fuß der maurischen Mauer geküsst hatte, und sie hatte ihn mit ihrem durchtränkten Taschentuch verabschiedet, tief bewegt, am Tag vor seiner Abreise, an einem Tag im wunderschönen, blühenden Mai, am Steilhang, wo die spanischen Tannen wuchsen, und sie würde sich wieder die Rose ins Haar stecken wie die andalusischen Mädchen und im Bett ihre tiefe Nachtmelodie vor sich hin summen, *anda jaleo*, gesungen von einer anderen molligen Brünetten, ebenfalls Sängerin, wenn auch Irin von Geburt und mit zehn Jahren weniger und zwanzig Kilo weniger, wenigstens, wenn auch mit einem Körper, der ebenso entwickelt war wie ihre Stimme, die in einem Pub in Kilbury Balladen sang, als ich sie kennen lernte, in einer anderen Juninacht, und über Nacht sollte sie in meinem Bett wiederholen *como este usted* und sich neben der Vamp-Lampe mit der Perücke als Lampenschirm, ein Fundstück vom Flohmarkt in Islington, entblößen und ihre nachtschwarze Mähne fließen lassen, hell glänzend und weit offen ihre Augen, die blau waren, blauer als der Aquamarin, den ihr Hugh ihr schenken würde, go to blazes!, und bis zum Überschmutz sämtliche obszönen Tiraden dieses unaufführbaren Stückes wiederholen, das nie inszeniert werden sollte, meine szenische Version oder Perversion einer Sommernachtsillusion in Dublin tendre, aber sie weigerte sich rundweg, die Szene mit dem Nachttopf zu proben, bei der sie in Schwällen redete, dieser Alltagsstrom, und mit ihrem irischen Akzent sagen sollte: L'odore, L'eau d'or, je suis ravie, glücklich unter dem Goldregen, die Wasser von Lahore oder des Orinoko jetzt, geh zum Teufel!, und sagte nein, ich will nicht. Nein.

Deutsch von Elke Wehr

Javier Marías
Ende einer Hochzeitsreise

In Javier Marías' Roman *Mein Herz so weiß* (1992) macht sich Juan, Dolmetscher von Beruf, Gedanken über seine jüngst vollzogene Heirat mit Luisa. Schon auf der Hochzeitsreise, die ihn zunächst nach Miami führt, wachsen wegen dieser »Personenstandsänderung« in ihm ein »Vorgefühl (für) alle möglichen Katastrophen« und die Frage »Was jetzt?«.
Es fällt ihm schwer, an Luisa zu denken und überhaupt an die gemeinsame Zukunft. In Havanna angelangt, bekommt Luisa Schüttelfrost und muss sich ins Bett legen. In Juan steigert sich die Katastrophenstimmung und stiftet ihn nun zu einer Beobachtung an, deren Folgen er sich wohl nicht zugestehen will.

Das Vorgefühl der Katastrophe, das mich seit der Hochzeitszeremonie stillschweigend begleitet hatte, nahm im Laufe der Zeit verschiedene Formen an, und eine davon war diese (die am wenigsten stumme, oder sie war nicht stillschweigend), die Gefahr der Krankheit oder des plötzlichen Todes der Person, die mit mir das Leben und die konkrete Zukunft und die abstrakte Zukunft teilen sollte, obwohl ich den Eindruck hatte, dass Letztere beendet und mein Leben bereits zur Hälfte abgelaufen war; vielleicht unser beider Leben, die wir vereint waren. Wir wollten nicht gleich einen Arzt rufen, vielleicht ginge es ja vorüber, und ich brachte sie ins Bett (unser Hotelbett und unser Ehebett) und ließ sie schlafen, als könnte sie dadurch geheilt werden. Sie schien einzuschlafen, und ich verharrte still, damit sie sich ausruhen konnte, und die beste Art, still zu sein, ohne mich zu langweilen oder versucht zu fühlen, Lärm zu machen oder mit ihr zu sprechen, war, auf den Balkon hinauszutreten und nach draußen zu sehen, die

Leute aus Havanna vorbeigehen zu sehen, zu beobachten, wie sie sich bewegten und wie sie gekleidet waren, und ihre Stimmen, ein Gemurmel, aus der Ferne zu hören. Ich schaute hinaus, aber ich war mit den Gedanken drinnen, bei dem Bett in meinem Rücken, in dem Luisa diagonal, quer lag, weshalb nichts Äußeres wirklich meine Aufmerksamkeit auf sich lenken konnte. Ich schaute nach draußen wie jemand, der zu einem Fest kommt und weiß, dass die einzige Person, die ihn interessiert, nicht dort sein wird, dass sie zu Hause bei ihrem Mann geblieben ist. Diese einzige Person lag auf dem Bett, krank, bewacht von ihrem Ehemann und in meinem Rücken.

Nach einigen Minuten, in denen ich schaute, ohne zu sehen, machte ich jedoch eine einzelne Person aus. Ich machte sie aus, weil sie sich im Unterschied zu den anderen während dieser ganzen Minuten nicht bewegt hatte, weil sie nicht aus meinem Gesichtsfeld geraten oder verschwunden, sondern die ganze Zeit ruhig am selben Ort geblieben war, eine Frau von etwa dreißig Jahren, aus der Ferne gesehen, mit einer gelben, rund ausgeschnittenen Bluse und einem weißen Rock und hohen, ebenfalls weißen Schuhen, über dem Arm eine große schwarze Tasche, wie sie in Madrid die Frauen in meiner Kindheit trugen, große Taschen, die über dem Arm getragen wurden und nicht über der Schulter, wie jetzt. Sie wartete auf jemanden, ihre Haltung drückte eindeutig Warten aus, denn ab und zu tat sie zwei oder drei Schritte in die eine oder andere Richtung und ließ beim letzten Schritt leicht und rasch den Absatz über den Boden schleifen, eine Bewegung verhaltener Ungeduld. Sie hielt sich nicht an der Hausmauer, wie es Wartende gewöhnlich tun, um die nicht Wartenden und Vorbeigehenden nicht zu stören; sie blieb in der Mitte des Bürgersteigs, ohne sich über die drei abgemessenen Schritte hinauszubewegen, die sie immer wieder an dieselbe Stelle zurückbrachten, und deshalb hatte sie Schwierigkeiten, den Passanten auszuweichen, jemand sagte etwas zu ihr, und sie antwortete zornig und drohte mit der auffälligen Tasche. Ab und zu blickte sie hinten an sich herunter, ein Bein angewinkelt, und strich mit der Hand den engen Rock glatt, als fürchtete sie eine Falte, die ihren Hintern entstellen könnte, oder vielleicht zupfte sie durch den Stoff hindurch, der ihn bedeckte, ihren rebellischen Slip zurecht. Sie schaute nicht auf die Uhr, sie trug keine Uhr, vielleicht orientierte sie sich mit raschen Blicken, die ich nicht gewahrte, an der des Hotels, die sich, unsichtbar für mich, über meinem Kopf befinden musste. Möglicherweise bot das Hotel aber der Straße keine Uhr, und sie wusste in keinem Augenblick, wie spät es war. Ich hielt sie für eine Mulattin, aber ich konnte es nicht mit Sicherheit sagen von der Stelle aus, an der ich mich befand.

Plötzlich brach die Dunkelheit herein, fast ohne sich anzukündigen, wie immer in den Tropen, und obwohl die Zahl der Passanten sich nicht sogleich verringerte, erschien mir ihre Gestalt im schwindenden Licht einsamer, isolierter, noch mehr dazu verurteilt, vergeblich zu warten. Ihre Verabredung würde nicht kommen. Sie hatte die Arme verschränkt und stützte die Ellenbogen in die Hände, als würden die Arme ihr schwerer in jeder Sekunde, die verging, oder vielleicht war es die Tasche, deren Gewicht zunahm. Sie hatte kräftige, zum Warten geeignete Beine, die sich auf ihren dünnen und hohen Absätzen oder Stöckelschuhen in das Pflaster rammten, aber die Beine waren so kraftvoll und auffallend, dass sie sich diese Absätze einverleibten und sich gleichsam selbst fest in den Boden rammten – wie ein Messer in nasses Holz –, wenn sie nach der winzigen Entfernung nach rechts oder links wieder an dem erwählten Punkt stehen blieben. Ihre Fersen ragten über die Schuhe hinaus. Ich vernahm ein leises Murmeln, oder war es ein Klagen, das von dem Bett in meinem Rücken kam, von der kranken Luisa, von meiner frisch angetrauten Frau, die mich so sehr interessierte, sie war meine Aufgabe. Aber ich wandte den Kopf nicht, denn es war ein Klagen, das aus dem Schlaf kam, man lernt sofort, den Schlafton der Person zu erkennen, mit der man das Bett teilt. In diesem Augenblick hob die Frau auf der Straße die Augen zum dritten Stock, wo ich mich befand, und ich glaubte, dass sie zum ersten Mal den Blick auf mich richtete. Sie blickte angestrengt, als wäre sie kurzsichtig oder trüge schmutzige Haftschalen, und schaute verwirrt, sie richtete den Blick auf mich und wandte ihn leicht ab und blinzelte, um besser sehen zu können, und richtete ihn abermals auf mich und wandte ihn ab. Dann hob sie einen Arm, den Arm ohne Tasche, in einer Gebärde, die weder Gruß noch Annäherung war, ich meine Annäherung an einen Fremden, sondern Aneignung und Erkennen, gekrönt von einem raschen Wirbeln der Finger: Es war, als wollte sie mich packen mit dieser Armbewegung und dem Geflatter der schnellen Finger, es war mehr ein Packen als ein zu sich Heranziehen. Sie rief etwas, das ich aufgrund der Entfernung nicht verstehen konnte, und ich war sicher, dass sie es mir zurief. Anhand der Bewegung ihrer erahnten Lippen konnte ich nur das erste Wort verstehen, und dieses Wort war »He!«, mit Empörung ausgesprochen, wie der Rest des Satzes, der mich nicht erreichte. Noch während sie sprach, ging sie los, um näher heranzukommen, sie musste die Straße überqueren und über die weite Esplanade gehen, die auf unserer Seite das Hotel von der Straße trennte, so dass es ein wenig vom Verkehr entfernt und geschützt lag. Jetzt, da sie mehr Schritte tat als die wenigen, die sie immer wieder während ihres Wartens getan hatte, sah ich, dass sie mühsam und langsam ging, als wäre sie nicht an die Absätze gewöhnt oder als wären ihre kräftigen Beine nicht dafür gemacht oder als brächte die Tasche sie aus dem Gleichgewicht oder als wäre ihr schwindlig. Sie ging ein wenig so, wie Luisa gegangen war, nachdem ihr schlecht geworden war, als sie ins Zimmer trat, um sich auf das Bett fallen zu lassen, wo ich sie halb entkleidet und dann hineingelegt hatte (ich hatte sie trotz der Hitze zugedeckt). Aber in dieser verdrießlichen Art zu gehen ließ sich auch eine Anmut erahnen, die ihr in diesem Augenblick genommen war: wäre sie barfuß, dann würde diese Mulattin mit Anmut gehen, ihr Rock würde Wellen schlagen und sich rhythmisch an ihren Schenkeln brechen. Mein Zimmer lag im Dunkeln, niemand hatte bei Einbruch der Nacht das Licht angemacht, Luisa schlief unwohl, ich hatte mich nicht von jenem Balkon fortgerührt, schaute auf die Bewohner Havannas und dann auf jene Frau, die weiter mit stolpernden Schritten näher kam und mir weiter etwas zurief, was ich jetzt verstehen konnte:

»He! Du, was machst du denn da?«

Ich erschrak, als ich hörte, was sie sagte, aber nicht so sehr, weil sie es zu mir sagte, sondern wegen der Art, in der sie es tat, vertraulich, wütend, wie jemand, der sich anschickt, eine Rechnung mit der Person zu begleichen, die ihm am nächsten steht oder die er liebt und die ihn ständig ärgert. Es war nicht so, dass sie sich von einem Unbekannten beobachtet gefühlt hätte, der auf dem Balkon eines für Ausländer reservierten Hotels stand, und nun gekommen wäre, um mir meine straflose Betrachtung ihrer Gestalt und ihres linkischen

Wartens vorzuwerfen, sondern dass sie plötzlich, als sie den Blick hob, in mir die Person erkannt hatte, auf die sie seit wer weiß wie langer Zeit wartete, bestimmt sehr viel länger als seit dem Augenblick, da ich sie ausgemacht hatte. Sie befand sich noch in einiger Entfernung, sie hatte die Straße überquert, wobei sie keine Ampel gesucht hatte, sondern den wenigen Autos ausgewichen war, sie befand sich am Anfang der Esplanade, wo sie stehen geblieben war, vielleicht, um die Füße und die so außergewöhnlichen Beine auszuruhen oder um sich abermals den Rock glatt zu streichen, jetzt mit größerem Eifer, da sie sich endlich dem gegenübersah, der den Fall, den des Rockes, bewerten oder schätzen sollte. Noch immer schaute sie mich an und wandte ein wenig den Blick ab, als machte ihr ein leichtes Schielen zu schaffen, ihr verrutschten einen Moment lang die Augen zu meiner Linken hin. Vielleicht war sie in einiger Entfernung stehen geblieben, um ihren Ärger zu zeigen und dass sie nicht bereit war, ohne weiteres die Verabredung einzuhalten, nachdem sie mich erblickt hatte, so als hätte sie bis vor zwei Minuten nicht gelitten oder keine Beleidigung erfahren. In diesem Augenblick sagte sie weitere Sätze, alle begleitet von der anfänglichen Bewegung des Armes und der gelenkigen Finger, der Gebärde des Packens, als wollte sie damit sagen: »Du, komm her« oder »Du gehörst mir«. Aber mit der Stimme, einer vibrierenden, verstellten und unangenehmen Stimme, wie ein Fernsehansager oder ein Politiker bei einer Rede oder ein Lehrer im Unterricht (aber sie wirkte ungebildet), sagte sie:

»Du, was machst du denn da? Hast denn du nicht gesehen, dass ich seit einer Stunde auf dich warte? Warum hast du mir nicht gesagt, dass du schon raufgegangen bist?«

Ich glaube, dass sie es so sagte, mit dieser leichten Veränderung in der Reihenfolge der Wörter und der übermäßigen Verwendung der Pronomen verglichen mit dem, was ich oder jeder andere aus meinem Land gesagt hätte, nehme ich an. Obwohl ich noch immer erschrocken war und außerdem zu fürchten begann, das Geschrei dieser Mulattin könnte Luisa in meinem Rücken aufwecken, konnte ich genauer auf das Gesicht achten, das in der Tat das einer sehr hellen Mulattin war, vielleicht war sie zu einem Viertel schwarz, sichtbarer in den dicken Lippen und in der leicht stumpfen Nase als in der Farbe, die nicht sehr verschieden war von der Farbe der im Bett liegenden Luisa, welche sich seit mehreren Tagen an den Stränden für Frischverheiratete bräunte. Die blinzelnden Augen der Frau erschienen mir hell, grau oder grün oder zumindest pflaumenfarben, aber vielleicht, dachte ich, hatte sie sich gefärbte Haftschalen schenken lassen, ihres mangelhaften Sehvermögens wegen. Ihre Nasenflügel bebten heftig, sie waren geweitet vor Zorn (deshalb lag fliegende Eile in ihrem Gesicht), und sie bewegte übertrieben den Mund (jetzt hätte ich ohne Schwierigkeit von ihren Lippen ablesen können), verzog ihn ähnlich wie die Frauen meines Landes, das heißt in angeborener Verachtung. Sie kam noch immer auf mich zu, mit wachsender Empörung, da sie keine Antwort erhielt, während sie ständig die gleiche Armbewegung wiederholte, als stünde ihr kein anderes Ausdrucksmittel zur Verfügung, ein langer nackter Arm, der einen raschen, heftigen Schlag in die Luft tat, während gleichzeitig die Finger einen Augenblick lang tänzelten, als wollten sie mich greifen und dann fortschleppen, eine Klaue. »Du gehörst mir« oder »Ich bring dich um«.

»Bist du blöd oder was? Hast du auch noch die Stimme verloren? Du, warum antwortest du mir denn nicht?«

Sie war schon recht nahe, sie war zehn oder zwölf Schritte über die Esplanade gegangen, weit genug, dass ihre schrille Stimme jetzt nicht nur zu hören war, sondern auch das Zimmer auszufüllen begann; weit genug auch, glaubte ich, dass sie mich mit Bestimmtheit sehen konnte, so kurzsichtig sie auch sein mochte, und deshalb schien kein Zweifel daran zu bestehen, dass ich die Person war, mit der sie eine wichtige Verabredung getroffen hatte, dass ich sie mit meiner Verspätung verängstigt und mit meiner stummen Beobachtung vom Balkon aus beleidigt hatte, noch immer beleidigte. Aber ich kannte niemanden in Havanna, mehr noch, es war das erste Mal, dass ich mich in Havanna befand, auf meiner Hochzeitsreise mit der, die erst so kurze Zeit meine Frau war. Ich wandte mich schließlich um und sah Luisa, die sich im Bett aufgerichtet hatte, die Augen starr auf mich geheftet, aber noch ohne mich zu erkennen oder wieder zu erkennen, wo sie sich befand, die fiebrigen Augen des Kranken, der erschrocken aufwacht, ohne dass ihm im Schlaf zuvor sein Erwachen angekündigt worden wäre. Sie saß aufrecht, ihr Büstenhalter hatte sich verschoben, während sie schlief, oder bei der heftigen Bewegung, mit der sie sich soeben aufgerichtet hatte: Er saß schief, eine Schulter und fast eine Brust waren entblößt, er musste in ihre Haut schneiden, sie hatte ihn wohl durch die Bewegungen des eigenen, des im schläfrigen Unwohlsein vergessenen Körpers hinuntergestreift.

»Was ist?«, sagte sie furchtsam.

»Nichts«, sagte ich. »Schlaf weiter.«

Ich wagte jedoch nicht, zu ihr zu gehen und ihr über das Haar zu streichen, um sie wirklich zu beruhigen und damit sie in ihren tiefen Schlaf zurückfände, wie ich es in jeder anderen Situation getan hätte, denn ich wagte in jenem Augenblick nicht, meinen Posten auf dem Balkon zu verlassen, noch den Blick auch nur kurz von jener Frau zu wenden, die überzeugt war, sich mit mir verabredet zu haben, noch länger dem unvermittelten Dialog auszuweichen, der mir von der Straße her aufgezwungen wurde. Es war schade, dass wir dieselbe Sprache sprachen und dass ich sie verstand, denn das, was noch nicht Dialog war, wurde bereits heftig, vielleicht weil es keiner war, weil es kein Dialog war.

»Ich bring dich um, du Mistkerl! Ich schwör dir, ich bring dich an Ort und Stelle um!«, rief die Frau von der Straße.

Sie rief es vom Erdboden aus und ohne mich ansehen zu können, denn genau in dem Augenblick, da ich mich umgewandt hatte, um ein paar Worte zu Luisa zu sagen, hatte die Mulattin einen Schuh verloren und war hingefallen, wobei sie zwar keinen Schaden nahm, sich aber sogleich den weißen Rock beschmutzte. Sie rief »Ich bring dich um«, und als sie sich aufrichten wollte, rutschte sie aus, die Tasche stets am Arm, sie hatte sie nicht losgelassen, diese Tasche würde sie nicht loslassen, auch wenn man ihr das Fell gerben würde, sie versuchte, mit einer Hand den Rock abzuklopfen oder zu säubern, und ein Fuß, ohne Schuh, schwebte in der Luft, als wollte sie ihn auf keinen Fall auf den Boden setzen und sich auch noch die Sohle oder auch nur die Spitzen der Fußzchen beflecken, der Fuß, den der Mann sehen könnte, den sie bereits gefunden hatte, aus der Nähe sehen würde, oben, und anfassen, später. Ich fühlte mich schuldig ihr gegenüber, für das Warten und für ihren Sturz und für mein Schweigen, und auch schuldig Luisa gegenüber, meiner frisch angetrauten Frau, die mich zum ersten Mal seit der Zeremonie brauchte, und sei es auch nur eine Sekunde, genug, um ihr den Schweiß abzuwischen, der ihre Stirn und ihre Schultern bedeckte, und ihr den Büstenhalter gerade zu richten oder auszuziehen, damit er nicht in ihre Haut schnitt, und sie mit Worten wieder in den Schlaf zu wiegen, der sie heilen würde. Diese Sekunde konnte ich ihr in diesem Augenblick nicht geben, wie war das möglich, ich spürte mit Macht beider Anwesenheit, die mich beinahe lähmte und zum Verstummen brachte, die eine draußen und die andere drinnen, vor meinen Augen und in meinem Rücken, wie war das möglich, ich fühlte mich beiden gegenüber verpflichtet, da musste ein Irrtum vorliegen, ich konnte mich meiner Frau gegenüber doch nicht wegen einer Nichtigkeit schuldig fühlen, wegen einer minimalen Verzögerung in einem Augenblick, da es galt, ihr zu helfen und sie zu beruhigen, und weniger noch gegenüber einer beleidigten Unbekannten, sosehr sie auch glauben mochte, dass sie mich kannte und dass ich es war, der sie beleidigte. Sie balancierte, um sich den Schuh wieder anzuziehen, ohne mit dem bloßen Fuß den Boden zu berühren. Der Rock war ein wenig zu eng, um diese Prozedur erfolgreich durchführen zu können, ihre Füße hatten zu lange Knochen, und während sie es versuchte, rief sie nicht, sondern murmelte vor sich hin, wir können den anderen nicht unsere volle Aufmerksamkeit schenken, während wir versuchen, die Haltung zurückzugewinnen. Ihr blieb nichts anderes übrig, als den Fuß aufzusetzen, der sofort schmutzig wurde. Sie hob ihn wieder hoch, als hätte der Boden sie besudelt oder verbrannt, schüttelte den Staub ab, wie Luisa sich den trockenen Sand abschüttelte an den Stränden, kurz bevor sie ging, bisweilen bei Einbruch der Dunkelheit; sie schlüpfte mit den Zehen in den Schuh, mit dem Spann; dann rückte sie mit dem Zeigefinger einer Hand (der Hand ohne Tasche) den Riemen der Ferse zurecht, die unter jenem Riemen herausragte (der

Träger von Luisas Büstenhalter dürfte noch immer heruntergerutscht sein, aber ich sah ihn jetzt nicht). Ihre kräftigen Beine traten abermals fest auf, stampften auf das Pflaster, als wären sie Hufe. Sie machte drei Schritte, noch ohne den Blick zu heben, und als sie ihn hob, als sie den Mund öffnete, um mich zu beschimpfen oder zu bedrohen und zum x-ten Male zu der Gebärde des Greifens, der Löwenkralle ansetzte, der Gebärde, die zupackte und bedeutete »Du entkommst mir nicht« oder »Du gehörst mir« oder »Mit mir in die Hölle«, hielt sie inne, den nackten Arm starr in die Luft gestreckt, wie ein Athlet. Ich sah ihre frisch rasierte Achselhöhle, sie hatte sich von Kopf bis Fuß verschönert für ihre Verabredung. Sie schaute abermals links neben mich und schaute mich an und schaute links neben mich und auf mich.

»Aber was ist denn los?«, fragte Luisa erneut von ihrem Bett her. Ihre Stimme war furchtsam, sie drückte eine halb innere, halb äußere Furcht aus, sie hatte Angst vor dem, was in ihrem Körper geschah, so weit von zu Hause entfernt, und vor dem, was sie nicht wusste und was hier auf dem Balkon und auf der Straße geschah, oder mir geschah und nicht ihr, Ehepaare gewöhnen sich sofort daran, dass alles beiden widerfährt. Es war Nacht, und unser Zimmer lag noch immer im Dunkeln, sie musste sich so benommen fühlen, dass sie nicht einmal die Lampe auf dem Nachttisch neben ihr einschaltete. Wir befanden uns auf einer Insel.

Die Frau auf der Straße stand mit offenem Mund da, ohne etwas zu sagen, und legte die Hand an die Wange, die Hand, die enttäuscht und beschämt und zahm aus der Höhe herabsank. Es gab kein Missverständnis mehr.

»Oh, entschuldigen Sie«, sagte sie nach einigen Sekunden zu mir. »Ich habe Sie verwechselt.«

In Sekundenschnelle war ihre Wut verraucht, und sie hatte begriffen – das war das Schlimmste –, dass sie weiter warten musste, vielleicht dort, wo sie zu Beginn gestanden hatte, und nicht unter den Balkonen, sie würde an die ursprünglich gewählte Stelle zurückkehren müssen, auf die andere Seite der Straße, jenseits der Esplanade, um dort schnell und voll Groll ihren spitzen Absatz bei ihren zwei oder drei Schritten schleifen zu lassen, drei Hiebe mit der Axt und dem Sporn oder erst Sporn, dann Axt. Sie war plötzlich wehrlos geworden, fügsam, sie hatte all ihren Zorn und ihre Energie verloren, und ich glaube, es machte ihr weniger aus, was ich – letztlich ein Unbekannter in ihren grünen Augen – von ihrem Irrtum und ihrem Jähzorn halten mochte, als zu begreifen, dass noch immer die Gefahr bestand, ihre Verabredung könnte nicht stattfinden. Sie schaute mich mit ihrem plötzlich abwesenden grauen Blick an, in dem eine Spur von Entschuldigung und eine Spur von Gleichgültigkeit lag, an Entschuldigung gerade so viel wie nötig, denn die Bitterkeit überwog. Gehen oder abermals warten, nachdem das Warten ein Ende gefunden hatte.

»Macht nichts«, sagte ich.

»Mit wem sprichst du?«, fragte Luisa, die ohne meine Hilfe allmählich aus ihrer Benommenheit auftauchte, wenn auch nicht aus der Dunkelheit (die Stimme war etwas weniger rau und ihre Frage konkreter; vielleicht konnte sie sich nicht erklären, weshalb es Nacht war).

Aber ich antwortete ihr noch immer nicht und trat auch nicht an das Bett, um sie zu besänftigen und die Laken glatt zu ziehen, denn in diesem Augenblick gingen geräuschvoll die Türflügel des Balkons zu meiner Linken auf, und ich sah zwei Männerarme auftauchen, die sich auf das eiserne Geländer stützten oder nach ihm griffen, als wäre es eine bewegliche Stange, und dann riefen:

»Miriam!«

Die Mulattin, unschlüssig und verwirrt, schaute erneut nach oben, jetzt ohne Zweifel links neben mich, ohne Zweifel zu der Balkontür, die aufgegangen war, und zu den starken Armen, die alles waren, was ich sah, die langen Arme des Mannes in Hemdsärmeln, mit hochgekrempelten weißen Ärmeln, die Arme behaart, genau wie meine oder stärker als meine. Ich hatte aufgehört zu existieren, ich war verschwunden, auch meine Ärmel waren hochgekrempelt, ich hatte sie zurückgeschoben, als ich auf den Balkon hinausgetreten war, um mich, vor einer Weile, mit dem Ellenbogen aufzustützen, aber jetzt war ich verschwunden, weil ich abermals ich war, das heißt, weil ich für sie niemand war. Am Ringfinger seiner rechten Hand trug der Mann einen Ehering wie den meinen, nur dass ich ihn an der linken Hand trug, seit zwei Wochen, kurze Zeit, ich hatte mich noch nicht daran gewöhnt. Auch die Uhr, schwarz und groß, trug dieser Mann am Handgelenk desselben Armes, ich hingegen am anderen. Vermutlich war er Linkshänder. Die Mulattin trug weder eine Uhr noch Ringe. Ich dachte, dass die Gestalt dieser Person ihr während dieser ganzen Minuten halbwegs sichtbar gewesen sein musste, im Unterschied zu meiner, die voll und ganz sichtbar war, weil sie auf dem Balkon stand und die Ellenbogen auf das unbewegliche Geländer gestützt hatte. Jetzt verhielt es sich umgekehrt, meine war plötzlich ausgelöscht und unsichtbar, wohingegen ich den Mann nicht sah, ebenso wenig wie Luisa, ich wandte ihr noch immer den Rücken zu. Vielleicht war dieser Mensch die ganze Zeit vor- und zurückgetreten, ohne die Türflügel zu öffnen, je nachdem, ob er sich im Visier der pflaumenfarbenen Augen der Frau auf der Straße, ihres kurzsichtigen und unschuldigen Blickes, gesehen hatte oder nicht. Er hatte, im Vorteil, wie er war, den Sichtbaren und den Unsichtbaren gespielt, beides nicht ganz, und deshalb hatte sie Recht, ihre Verabredung hatte sich nicht die Mühe gemacht, ihr Bescheid zu sagen, und war bereits ins Hotel gegangen, um sie gegenüber und in der Entfernung warten zu lassen, um ihr zuzusehen bei ihrem kurzen, beleidigten Hin und Her und dann bei ihrem stolpernden Näherkommen und ihrem Sturz und wie sie sich den Schuh anzog, so wie auch ich die Gelegenheit gehabt hatte, sie zu beobachten.

Merkwürdig war, dass Miriams Reaktion ganz anders ausfiel als mir gegenüber in dem Moment, da sie mich für einen anderen gehalten hatte, für jenen Mann mit starken und behaarten und langen Armen und der Uhr und dem Ring eines Linkshänders. Als sie ihn nun mit Gewissheit sah, als sie denjenigen sah, auf den sie so lange gewartet hatte, und hörte, wie er ihren Namen sagte, machte sie keine Bewegung und rief auch nichts. Sie beschimpfte ihn nicht, noch bedrohte sie ihn, noch sagte sie zu ihm »Hab ich dich jetzt« oder »Ich bring dich um« mit nacktem Arm und ungestümen Fingern, vielleicht weil er im Unterschied zu mir, als ich er für sie war, zu ihr gesprochen oder ihren Namen gesagt hatte. Das änderte den Gesichtsausdruck der Frau: Er zeigte Erleichterung, einen Augenblick lang, und dann eilte sie – fast mit einer Dankbarkeit, die keinen Adressaten hatte –, anmutiger in ihren Schritten als zuvor (als ginge sie plötzlich barfuß und als wären ihre Beine nicht so kräftig), die ihr noch verbleibenden Meter auf das Hotel zu und ging mit ihrer großen schwarzen, jetzt leicht gewordenen Tasche hinein, womit sie aus meinem Gesichtsfeld verschwand, ohne mehr Worte an mich zu richten, versöhnt mit der Welt, während sie diese Schritte tat. Die Balkontür zu meiner Linken wurde wieder geschlossen und danach wieder geöffnet und blieb angelehnt, als hätte der Luftzug sie aufgestoßen oder der Mann es sich eine Sekunde, nachdem er diese Tür geschlossen hatte, anders überlegt (denn es gab keinen Luftzug) und wüsste nicht so genau, wie er sie gern haben wollte, wenn die Frau bei ihm oben wäre, gleich darauf (die Frau dürfte jetzt die Treppen hochsteigen). Und in diesem Augenblick verließ ich endlich meinen Posten (aber es war sehr wenig Zeit vergangen, so dass Luisa noch das Gefühl haben musste, gerade aufgewacht zu sein) und machte die Lampe auf dem Nachttisch an und näherte mich bereitwillig dem Kopfende unseres Bettes, bereitwillig, aber mit Verspätung.

Deutsch von Elke Wehr

Nachwort

Himmelsstürze und befreite Magnolien

Wer erinnert sich nicht an die Kutschenfahrt in Gustave Flauberts Roman *Madame Bovary*? Es ist der Triumph des Erotischen: Léon fordert Emma Bovary in Rouen zu einer Fahrt in einer geschlossenen Kutsche auf. Als sie sich noch ziert, sagt er bestimmt: »In Paris macht man's so.« Das ist das Signal für die Fantasie des Lesers. Geschildert werden auf dieser schier endlosen Fahrt Straßen und Plätze der Stadt, aber keinerlei Hinweise auf das, was sich in der Kutsche abspielt!

Wo finden sich in der spanischen Literatur wenn nicht vergleichbare, so doch andere kongeniale Passagen erotischer Literatur?

Das Ergebnis ist eine sehr persönliche, den eigenen Vorlieben gerecht werdende Auswahl, die bei dieser genussvollen Suche keinen Anspruch auf Repräsentativität erheben kann – was bei dieser inhaltlichen Festlegung wohl auch verfehlt wäre.

Bei den ausgewählten Romanpassagen rücken freilich einige Werke in den Blick, die zum Kanon der spanischen und katalanischen Literatur zählen. Ich nenne der Entstehung nach zuerst drei überragende Romane des ausgehenden Mittelalters: *Der Roman vom Weißen Ritter. Tirant lo Blanc* des Katalanen Joanot Martorell erschien 1490, Fernando de Rojas' *La Celestina* 1502, und Francisco Delgados *Die schöne Andalusierin* 1528. Es sind Romane, deren erotische Offenheit vielleicht den heutigen Leser überrascht – den zeitgenössischen des Mittelalters freilich weniger.

Die gewiss grandios fabulierten Taten des märchenhaften Superritters Tirant lo Blanc würden uns wohl irgendwann langweilen, gäbe es nicht als Kontrastprogramm zur Rittertüchtigung und zum Kriegsgetümmel das Liebegewähren; es ist hier das Liebeswerben – anders als in deutscher Minnedichtung – immer auch mit einem Sich-Schenken, mit einer totalen materiellen und körperlichen Übergabe verbunden. Aber zu dieser Inbesitznahme gehört auch das über Hunderte von Seiten sich hinziehende Minnespiel Tirants.

Mit Celestina wurde von Fernando de Rojas die berühmteste Kupplerin der spanischen Literatur geschaffen. Die eigentliche *Tragikomödie von Calisto und Melibea*, in der der stürmische Liebhaber sich schließlich den Hals bricht, weil er in der körperlichen Liebe das alleinige Glück sucht, und die alle Tugenden preisgebende Melibea sich daraufhin vom Turm stürzt, würde wegen der weit verzweigten Handlungsanlage diese Sammlung sprengen. Aber – angezettelt hat das alles Celestina, die bei einem von ihr provozierten Streit ermordet wird. Durch das scheinbar frivole Spiel dieser genialen Kupplerin, bei dem auch alle anderen umkommen, entlarvt der Autor mit seiner deftigen Erotik die alten gesellschaftlichen Werte wie Stellung, Herkunft, Ehre; alles ist Maskerade. Die Welt der »Katholischen Könige«, Ferdinand und Isabella, die mit Inquisition und Vertreibung drohen, ist nach Auffassung des Dichters nicht mehr im sittlich-moralischen Gleichgewicht.

Und dann ein Priester als Autor eines erotischen Romans. Francisco Delgado hat mit Lozana, der schönen Andalusierin, einen Roman aggressiver, weil gesellschaftlich bestimmter Erotik geschrieben. Die aus Córdoba stammende Lozana, eine getaufte Jüdin, ist die schöne, lebenskluge und souveräne, wenn's darauf ankommt in Alltagsdingen vielfältig geschickte

Dirne der spanischen Literatur; ihr Schicksal verschlägt sie wie das ihres Schöpfers nach Rom. Sie ist den Männern, wenn es um ihre Vorteile geht, überlegen. Sie weiß zu verführen und sich verführen zu lassen. Als Liebhaber hat sie ihren Zuhälter und den feinen Herrn, um sich aushalten zu lassen. Hier finden Sex und Ökonomie, wie es zum »ältesten Gewerbe« gehört, zu höchst nutzvoll praktischer Verschwisterung, bei der fast immer Lozana die Überlegene ist. In dieser Literatur des Mittelalters wird um die »schönste Sache« nicht herumgeredet; den Autoren gelingt die Kunst der Integration in ein geschichtliches wie gesellschaftliches emanzipatorisches Erzählmodell, die der Erotik eine unverblümt offene Wirkung im Roman verschafft.

Claríns Roman *Die Präsidentin* (1884) erfüllt dann das, was der moderne Roman seit Flaubert leisten soll: Gesellschafts-, Ehe- und Liebesroman in einem zu sein. Entlarvt wird die Scheinheiligkeit des Klerus (nicht nur die des Generalvikars Don Fermín) und die Heuchelei der Gesellschaft von Vetusta, die ganz Spanien trifft – dies vor allem war in Spanien Grund genug, Claríns Roman lange zu verteufeln, ja zu vergessen. Ana Ozores, Claríns Schöpfung, ist eine frustrierte Ehefrau und Träumerin, die glaubt, ihre romantische Sehnsucht schließlich bei dem doch sehr materialistisch eingestellten Mesía erfüllt zu finden. Aber sie ist am Ende die Betrogene, denn ihr Don Juan flieht nach dem Ehebruch und nachdem er den Ehemann, den einstigen Gerichtspräsidenten, im Duell getötet hat. Die eigentlichen Liebes- bzw. Verführungsszenen, auf die man bei der Lektüre gespannt wartet, geschehen erst nach über siebenhundert Seiten und sind von Clarín als filigran erotisches Spiel der Andeutungen raffiniert in den Handlungskontext verwoben.

Zu modernen Klassikern gehören auch so unterschiedliche Romane wie die von Max Aub und Julio Llamazares, die das Thema des Spanischen Bürgerkriegs verbindet. Aub, der ihn erlebt hat, konterkariert die Liebesnacht mit fernem Geschützdonner und Todesahnung. Llamazares, Autor des demokratischen Spaniens, schildert eine verzweifelte Situation, in der Liebe und Tod zueinander gehören. Auch in Juan Goytisolos Roman hat die Erotik eine existenzielle Funktion; sie führt mit zur Identitätsfindung des jungen Fremden in Paris.

Überrascht hat mich beim Aufspüren der Texte, dass sich ein halbes Dutzend Teresas einfanden (drei sind sogar Titelheldinnen; Chacel: *Teresa*, Gómez de la Serna: *Leopoldo und Teresa*; Marsé, *Letzte Tage mit Teresa*), die zu verführerischen oder auch tragischen Protagonistinnen avancierten. In Mercè Rodoredas Roman *Der zerbrochene Spiegel* ist Teresa die Frau, die über zwei Männer von der Fischverkäuferin zur Dame der Gesellschaft aufsteigt, wohingegen der Bräutigam ihrer Tochter Sofia sich durch ihre Heirat gesellschaftlich eine »gute Partie« erhofft.

Javier Marías beginnt seinen Roman *Mein Herz so weiß* mit dem Selbstmord einer jungen Frau, die gerade von einer Hochzeitsreise zurückkehrt; im zweiten Kapitel erfährt der Leser, dass es sich dabei um Teresa, die Tante des Erzählers und frisch Verheirateten gehandelt hat.

Teresa, offenbar ein in der spanischen Literatur bevorzugter Name von erotischer Symbolkraft (eines der Theaterstücke Claríns heißt ebenfalls *Teresa*), der die Zeiten überdauert? Offensichtlich, wenn zwischen Clarín, Rosa Chacel und Mercè Rodoreda sowie Marsé, Marías und Millás sechzig Jahre (zu Clarín über hundert Jahre) Distanz liegen. Vielleicht spiegelt sich in den fiktiven Teresas die Mystikerin und spanische Nationalheilige Teresa von Avila bzw. etwas von deren ferner Sehnsucht. Die Mystikerin schildert in ihrer Dichtung die Erleuchtung und die Kämpfe um Vollkommenheit. Die literarischen Teresas wollen entweder die Liebe absolut oder etwa wie im Falle der Teresa von Juan Marsé Liebe ganz praktisch – und scheitern an ihr.

Als Rodolphe hinter Emma (in Flauberts *Madame Bovary*) im Wald herlief, »schaute er unverwandt auf das zwischen dem Schwarz von Kleid und Schuh zart hervorleuchtende Weiß ihres Strumpfes, das ihm wie ein Stück ihrer Nacktheit erschien«. Die erzählerische Kunst des Pars pro Toto ist in der Moderne die Erotik des fast Verhüllten, das erst eigentlich die Nacktheit intensiviert.

Martín-Santos' Pedro ist plötzlich hingerissen vom Alabasterweiß des Halses (von Dorita) oder der Feststellung, »dass der Rock der Kleinen ein wenig höher gerutscht war als gewöhnlich und ein kleines Stück eines glatten Muskels zeigte, den das Fett noch nicht entstellt hatte«.

J. V. Foix beschreibt die Reisende im Bus »in einem Kleid so durchsichtig wie das Wasser in den Buchten«. Und Goytisolos Schilderung der sich Liebenden erreicht die erotische Intensität durch die Verdoppelung des venezianischen Spiegels: »Du verfolgtest die synchronisierte Bewegung eurer einander liebenden Körper.« Bei Guelbenzu ist es geradezu das Torsohafte, das die Erotik steigert: indem das Fenster als Ausschnittbild Teile des weiblichen Körpers zeigt. Die Zerstückelung hat bereits davor (durch den imaginierten Mord?) stattgefunden und löst erst die verführerischen Fragment-Bilder aus.

»Ist Liebe überhaupt möglich?«, fragt sich verzweifelt nicht nur Rosa Chacels Teresa. »Ist das die Liebe?«, sagt sich unsicher Pedro, als er vor seiner »Göttin« steht.

In Gómez de la Sernas Erzählung *Leopoldo und Teresa* changiert die Liebesbegegnung ins Boheme-Märchenhafte, nur dort ist sie ganz Erfüllung. Bei Ana Rossetti – übrigens eine glänzende Dichterin erotischer Lyrik – erreichen Laura und Fabricio nur mit Hilfe einer Kräuterhexe das, was sie schon immer wollten – absolute Hingabe.

Anders Muñoz Molinas Erzählung *Eine unmögliche Liebe*: Hier wird die Begegnung zwischen Mann und Frau nicht nur völlig ritualisiert, sondern der Mann übernimmt auch die der Frau zukommende Rolle der Pseudoverführung.

Zum Doppelspiel wird die Verführung in Esther Tusquets' *Giselle*. Die junge vom Ballett und ihrer Tänzerin Giselle begeisterte Sara erliegt schließlich einer »klassischen« Verführung. Und der Held und Icherzähler in *Lili Barcelona* lässt sich von jener Lili täuschen, die nur ein Phantom Lilis ist, ein männliches Double.

Bei Cristina Peri Rossi erfasst der weiblich-männliche Blick die Spannung zwischen den Geschlechtern, die Geliebte löst sich auf im Netzwerk einer sinnlichen Körperlichkeit, in einer lustvollen erotischen Sprache. Das wird in Julián Ríos' Text *M* in Anspielung auf den Sex-Monolog der Molly Bloom in James Joyce' *Ulysses* sprachexperimentell weitergetrieben. Die Sprachkunst beider (Peri Rossis wie die von Ríos) sprengt bereits die Gattung; der nächste Schritt wäre das erotische Gedicht – denken wir an die homoerotischen Gasele und Sonette in *Diwan des Tamarit* bzw. an die *Sonette der dunklen Liebe* von Federico García Lorca, etwa an die ersten Verse *Von der unerwarteten Liebe*: »Niemand erkannte den Duft / der dunklen Magnolie deines Leibes. / Niemand wusste, dass zwischen den Zähnen / du einen Liebes-Kolibri quältest.«

Wenn denn die Liebe unmöglich ist, so jedoch nicht die, die Liebe vorgibt, vorspielt, vorspiegelt, vortäuscht und Erotik erst eigentlich schafft; darin liegt alles und vor allem auch in der Verführung durch schöne Brüste.

Tirant, dem hehren Ritter, kommt der Gedanke, dass es neben dem unermüdlichen Kämpfen auch noch die Minne gibt, erst, als er bei einem offiziellen Anlass die Brüste der Kaiserstochter Karmesina erblickt, »zwei Paradiesäpfel, glänzend, als wären sie aus Kristall«, ein Anblick, der Tirant nicht mehr loslässt – bis zum nächtlichen Hochzeitsfest.

Miguel Delibes' Held Cipriano, der künftige Ketzer, kost die Brüste Minervinas, an denen er als Kind gesaugt hat: »Minervina erschauderte, als sie ihre Brüste in seinen hohlen Händen spürte, seine heißen Lippen, die leidenschaftlich über den Ausschnitt ihres Kleides wanderten.«

Muñoz Molinas Sich-zur-Schau-Stellender beobachtet das Gegenbild: »Wenn ihre Brüste nackt und frei sind, erheben sie sich wie unter einem Schauer, und sie nimmt sie in beide Hände, hebt sie an und streckt sich langsam auf dem roten Laken aus.« Dorita, »die dritte Generation« in Martín Santos' Roman, erhält sich ihre scheinbare Kindlichkeit, indem sie etwa »am Kopf eines sitzenden Mannes [nämlich Pedro] vorbeilaufen konnte, als wisse sie überhaupt nichts vom Vorhandensein ihrer Brüste«.

Auch Cristina Peri Rossis männlicher, so begehrender Held der Erzählung beschäftigt sich zuerst mit dem »weißen zweigeteilten Mond der Brust«, er leckt und zieht mit den

Zähnen den schwarzen Träger von Aidas Büstenhalter hin und her.

Julio, der draufgängerische Abenteurer in Juan José Millas' Roman, agiert als versierter Madrilene: »Julio berührte mit den Händen Teresas Hals und zog den Ausschnitt ihres weiten Pullovers etwas zur Seite, um auf ihrer Schulter den Streifen des zarten Wäschestücks zu betrachten, das ihre verängstigten Brüste schützte und zur Geltung brachte.« Ganz abwehrend aus besonderem Grunde verhält sich Marías' Hochzeiter Juan am Bett seiner etwas kränkelnden Luisa in Havanna, weil er eine ganz andere Blickrichtung vorzieht; darum registriert er wie nebenbei: »Der Träger von Luisas Büstenhalter dürfte noch immer heruntergerutscht sein, aber ich sah ihn jetzt nicht.« Wie stark muss es erotisch dort knistern, während Juan aus dem Fenster sieht.

Wenn man die Viten der hier versammelten Autoren überblickt, wird man sofort auf Spaniens große Tragik aufmerksam. Mehr als die Hälfte der hier versammelten Schriftsteller hatte unter Repression, Vertreibung und Exil zu leiden; ihre Werke wurden durch die Inquisition verboten oder durch die Zensur unter Franco verstümmelt bzw. im Ausland gedruckt.

Eine besondere Rolle spielte dabei die Kirche in Spanien als Staatskirche, die übrigens nach der Entdeckung Amerikas verbot, Romane wegen ihrer »Gefährlichkeit« in die eroberten Länder zu schicken. Nicht zu Unrecht polemisiert darum der Lyriker Leopoldo María Panero gegen die klerikale Macht und Heuchelei mit der Feststellung: »Spanien ist nicht ein Land, das Gott geschaffen hat, sondern ein Pfaffe.«

Aber darum wohl waren es doch zwei Priester, die kühne, einmalige Werke über Liebe und Erotik in Spanien schrieben. In fast 7000 Versen verfasste der Erzpriester von Hita, Juan Ruiz, 1343 sein Buch *Libro de buen amor* (»Buch von der wahren Liebe«; er warnt mit dem Bericht von seinen zahlreichen Liebschaften vor der verrückten Liebe, um so für die Gott gefällige, wahre Liebe zu werben). Anonym und nur in Italien kam *Die schöne Andalusierin* heraus, ebenfalls von einem Priester verfasst. Anonym erschien auch *La Celestina* und blieb es einige Jahrhunderte lang. Claríns *Die Präsidentin*, Spaniens bester Roman des 19. Jahrhunderts, in einem anderen Land geschrieben, gehört zum Kanon der Weltliteratur; aber in Spanien hat man sich erst Ende der sechziger Jahre des 20. Jahrhunderts wieder für den Roman interessiert. Die vernichtenden Urteile kamen von höchster Warte. Goytisolos Romantrilogie, zu der der Band *Identitätszeichen* gehört, wurde sofort von Francos Zensur verboten. Über den Umweg Mexikos und Argentiniens konnten Titel von Goytisolo, Rosa Chacel oder Juan Marsé publiziert werden. Ganz zu schweigen von Max Aub, der in Mexiko sein Werk schrieb und in Spanien vergessen war. Esther Tusquets begann gar erst nach der Franco-Zeit zu publizieren, ob der subkutanen Verklemmungen der kirchlichen und staatlichen Obrigkeit. Wenn Max Aub im letzten Band seines Bürgerkriegszyklus *Das magische Labyrinth* schreibt: »Den Spaniern ist es nie gelungen, Liebe und Sünde auf iberische Art in Einklang zu bringen«, wird klar, warum man in Spanien bei der Liebe »in den Himmel stürzt«. Gerade darum aber liefert die spanische Literatur in ihren besten Werken einen wunderbaren Spannungsbogen als Gegenbeweis: von Lozanas gesellschaftlicher Aggressivität im Mittelalter über Ana Ozores' Fall bis zu den von Gómez de la Serna erzählten Verführungskünsten durch märchenhaft schöne Magnolien, die gleich mit den ersten Sätzen ihre erotische Ausstrahlung genießen lassen: »An diesem Junitag hatten die Magnolien ihre Blusen geöffnet. Schon seit Tagen fühlten sie sich beengt und warteten sehnsüchtig auf Befreiung …«

Hans-Jürgen Schmitt
Torre Simona, Juni/Juli 2003

Bibliographische Angaben und Quellenverzeichnis

Max Aub (1903 Paris – 1972 Mexiko-Stadt); Erzähler, Theaterautor, Essayist. War als Schriftsteller vielfach im Spanischen Bürgerkrieg engagiert; 1937 Kulturattaché der spanischen Republik in Paris; gab Picasso den Auftrag, für die Weltausstellung in Paris das Gemälde »Guernica« zu schaffen; drehte mit André Malraux mitten im Bürgerkrieg den Film *Sierra de Teruel*, nach dessen Roman *Die Hoffnung*. Nach Gefangenschaft in Konzentrationslagern in Frankreich und Nordafrika konnte er 1942 nach Mexiko emigrieren. Dort entstand sein sechsbändiges Hauptwerk über den Spanischen Bürgerkrieg *Das Magische Labyrinth* (1999–2003).
Weitere Werke: *Die besten Absichten* (Roman 1996); *Jusep Torres Campalans* (fiktive Malerbiografie 1997).

Ein Bombardement erlaubt kein Mittelmaß
Max Aub: *Blutiges Spiel*. Übersetzung: Albrecht Buschmann/Stefanie Gerhold.
 S. 165–172.

Rosa Chacel (1889 Valladolid – 1994 Madrid); eine der großen spanischen Autorinnen des Exils, die Romane und Novellen in einer hochpoetischen Sprache schrieb. Heute ist sie in Spanien leider kaum präsent; gehörte zum Kreis um den Philosophen Ortega y Gasset. 1934 mit Rafael Alberti einige Monate in Berlin. Im Bürgerkrieg 1937 Mitarbeit an der republikanischen Zeitschrift *Hora de España*; zunächst Exil in Paris, dann in Lateinamerika. 1974 Rückkehr nach Spanien.
1987 *Premio Nacional* für Literatur. Der Roman *Teresa* (dt. erstmals 1996; 2002) erschien durch ihre Flucht ins argentinische Exil 1941 in Buenos Aires und erst 1963 in Spanien; begonnen hatte sie ihn bereits 1930.
Weitere Werke: *In der Oase* (1994/2002); *Leticia Valle. Memoiren einer Elfjährigen* (Roman 1991/2002).

Erwiderte Blicke
Rosa Chacel: *Teresa*. Übersetzung: Michael von Killisch-Horn. © P. Kirchheim Verlag, München, 1996; I S. 15–17, 28–30 / II S. 270–273, 276–279 (Vorlage: Berliner Taschenbuch Verlag, Berlin, 2001).

Clarín, eigentlich Leopoldo Alas (1852 Zamora, nahe Portugal – 1901 Oviedo); abgelehnt als Dozent in Madrid, wurde Professor für Jurisprudenz und Naturrecht in Oviedo. Umfassende polemische, literarkritische Tätigkeit für liberale Madrider Blätter. Begann mit Theaterstücken. Sein Roman *Die Präsidentin*, der große Klassiker der spanischen Literatur, erschien 1884; gegen ihn wurde bei Erscheinen heftigst zu Felde gezogen. Der Roman war vor allem wegen seiner Entlarvung des Klerus lange verfemt und erlangte seine volle Anerkennung erst nach der Franco-Diktatur. Auf Deutsch erschien ferner der satirische Roman *Sein einziger Sohn* (2002).

Ein Sturz in den Himmel
Clarín: *Die Präsidentin*. Übersetzung: Egon Hartmann. © Morgenbuch Verlag, Berlin, 1971; S. 735–739, 746, 748 (Vorlage: Insel Verlag, Frankfurt am Main, 1985/87).

Francisco Delgado; er war Priester und stammte aus Córdoba; weder Geburts- noch Todesdatum sind bekannt. Sein Lehrer war der Grammatiker Antonio de Nebrija. Man weiß, dass Delgado nach Italien ging und von 1523–1527 in Rom lebte; er war Zeuge der Belagerung und Einnahme Roms durch den Connénable von Bourbon; da er sich nicht mehr sicher fühlte, ging er nach Venedig, wo er seinen erotischen Roman *Die schöne Andalusierin* 1528 anonym drucken ließ. Verdrängt und vergessen über die Jahrhunderte, wurde nur ein einziges Exemplar gerettet, das in der kaiserlichen Bibliothek in Wien erhalten ist.

Was zwischen Lozana und ihrem künftigen Diener im Bett vorgegangen
Francisco Delgado: *Die schöne Andalusierin*. Übersetzung: Alfred Semerau; Lichtenberg 1965, 14. Heft, S. 65–73.

Miguel Delibes, geboren 1920 in Valladolid; ging 1938 freiwillig zur Marine auf den Kreuzer ›Canaria‹; Ausbildung zum Skulpteur; Professor für Wirtschaftsrecht. *Premio Cervantes* 1993; Mitglied der Königlichen Akademie; hat ein der realistischen Tradition verpflichtetes, umfangreiches erzählerisches Werk geschaffen, das in mehr als zwanzig Sprachen übersetzt wurde; neben dem Roman *Der Ketzer* (2000) wurde in Deutschland vor allem bekannt: *Fünf Stunden mit Mario* (1976 bzw. 1997); *Die heiligen Narren* (1987); *Die Ratten* (1992).

Geliebte Amme
Miguel Delibes: *Der Ketzer*. Übersetzung: Lisa Grüneisen. © Ammann Verlag & Co., Zürich, 2000; S. 164–168.

J. V. Foix (d. i. Josep Vincenç Foix; 1893 Sarrià – 1987 ebendort). Sarrià ist heute ein Stadtteil von Barcelona; Pläne für ein Jurastudium gab Foix auf und trat in die Konditorei seines Vaters ein, die sich am Marktplatz von Sarrià befand. Nach dem Tod des Vaters übernahm er die Leitung. Foix war mehr bekannt durch seine Artikel über Politik, Kultur und Literatur, weil er mit seinen Prosapoemen, Sonetten und Gedichten lieber im Hintergrund bleiben wollte. 1984 erhielt er den *Premio Nacional*. Neben Salvador Espriu ist er der bedeutendste katalanische Dichter des 20. Jahrhunderts; stand dem Surrealismus von Breton und Eluard nahe, von denen er Texte übersetzte.
Foix' Auswahlband *KRTU und andere Prosadichtung* zeigt auf intensive Weise die Weite und Vielfalt dieses bedeutenden katalanischen Dichters.

Sie stand allein im Bus
J. V. Foix: *KRTU und andere Prosadichtung*. Übersetzung: Eberhard Geisler. © Vervuert Verlagsgesellschaft, Frankfurt am Main, 1988; S. 135.

Ramón Gómez de la Serna, geboren 1888 in Madrid, starb verarmt 1963 im Exil in Buenos Aires. Er galt als herausragender avantgardistischer Autor der spanischen Literatur. Veranstaltete surrealistische Happenings; Gründer des berühmten literarischen Stammtischs »Pombo« in

Madrid. In allen Gattungen zu Hause; schrieb über 90 Werke. Am bekanntesten bei uns wurden seine *Greguerías*, witzig absurde Aphorismen.
Werke: *Der Traum ist ein Depot für verlegte Gegenstände. Greguerías* (1989); *Die Wahrheit über Picasso und den Kubismus* (1990); *Torero Caracho* (1991); *Der Circus* (2000).

Leopoldo und Teresa
In: *Spanien erzählt.* Hrsg. von Hilde Domin. Übersetzung: Marlene Trier. S. Fischer Verlag, Frankfurt am Main, 1963. © Gómez de la Serna Erben; S. 87–101.

Juan Goytisolo, geboren 1931 in Barcelona; lebte ab Mitte der fünfziger Jahre lange in Paris, weil er sich in Francos Staat zum Schweigen verurteilt sah und darum die Sprache allein sein Vaterland nannte. Heute lebt Goytisolo in Marrakesch. In Spanien wird er abschätzig ›afrancesado‹, »französisch gesinnt«, genannt – wegen seiner Essays und Artikel in *El País*, in denen er den Spaniern immer sehr kritisch begegnet. Gilt in Barcelona als spanischer Autor, weil er Spanisch schreibt, in Madrid als Katalane, weil aus Barcelona stammend. International der renommierteste Autor. Verfasser sprachinnovativer Romane, glänzender kulturkritischer Essays und politischer Reportagen (über Sarajewo, Tschetschenien).
Werke: Romantrilogie *Identitätszeichen* (1978), *Rückforderung des Conde Don Julián* (1976), *Johann ohne Land* (1981); *Landschaft nach der Schlacht* (1993); *Das Manuskript von Sarajewo* (1999) sowie die beiden autobiografischen Bände *Jagdverbot. Eine spanische Jugend* (1994), *Die Häutung der Schlange* (1995).

Dolores. Eine Rettung in Paris
Juan Goytisolo: *Identitätszeichen.* Übersetzung: Joachim A. Frank. © Suhrkamp Verlag, Frankfurt am Main, 1978; S. 387–394.

José María Guelbenzu, geboren 1944 in Madrid; war Verlagslektor, leitete den einflussreichen Madrider Filmclub *Imagen*; freier Autor in

Madrid. Von seinen zahlreichen Romanen liegt auf Deutsch der Kurzroman *Der Blick* (1990) vor; unter seiner Herausgeberschaft die *Spanischen Hunger- und Zaubermärchen* (2000).

Die Erotik erleuchteter Fenster
José María Guelbenzu: *Der Blick*. Übersetzung: Peter Schwaar. © Suhrkamp Verlag, Frankfurt am Main, 1990; I S. 38–44 / II S. 130–135.

Julio Llamazares, geboren 1955 in Vegamián (Provinz León); aufgewachsen in einem asturianischen Bergarbeiterdorf; studierte Jura, war Journalist. Ins Deutsche sind seine drei kleinen, überaus nuancierten Romane übersetzt worden, die alle auf dem Land situiert sind. Dabei spielt die Erinnerung (nicht im historischen Sinn) eine wichtige Rolle. »Die Erinnerung ist die Quelle der Fiktion … Ich habe die Erinnerung einem Mechanismus ähnlich wie dem einer Zeitlupenkamera benutzt; sie ist eine Maschine, um zu träumen.«
Werke: *Wolfsmond* (1991); *Der gelbe Regen* (1991); *Stummfilmszenen* (1998).

Im magischen Gegenlicht des Feuers
Julio Llamazares: *Wolfsmond*. Übersetzung: Wilfried Böhringer. © Suhrkamp Verlag, Frankfurt am Main, 1991; S. 133–141.

Javier Marías, geboren 1951 in Madrid; war Dozent in England; wurde seit dem Roman *Mein Herz so weiß* (1992) durch hohe Auflagen und viele Preise zum erfolgreichsten spanischen Autor im Ausland; u. a. *Premio Rómulo Gallegos* (1995), *Nelly Sachs-Preis* 1997; *Ennio-Flaiano- und Alberto-Moravia-Preis* 2000.
Werke: *Alle Seelen oder die Irren von Oxford* (1991); *Mein Herz so weiß* (1996); *Morgen in der Schlacht denk an mich* (1998); *Schwarzer Rücken der Zeit* (2000).

Ende einer Hochzeitsreise
Javier Marías: *Mein Herz so weiß*. Übersetzung: Elke Wehr. © 1992 Javier Marías. Klett-Cotta, Stuttgart, 1996; S. 21–34 (Vorlage: dtv, München, 1998).

Juan Marsé, geboren 1933 in Barcelona (nach anderen Quellen in Tarragona); Arbeiterkind andalusischer Abstammung; besuchte nie regelmäßig eine Schule; mit 13 Jahren kam er in eine Goldschmiedelehre; arbeitete als Laborgehilfe in Paris; war Sprachlehrer, Übersetzer, Drehbuchautor. Erhielt 1978 den *Planeta-Preis*, 1997 in Guadalajara/Mexiko den *Juan-Rulfo-Preis*. Zur Zeit des Franco-Regimes mehrmals Probleme mit der Zensur. Zu den herausragenden Romanen, die fast alle in Barcelona spielen, zählt *Letzte Tage mit Teresa* (1965; deutsch 1988), eine kritische Geschichte über das Barcelona der fünfziger Jahre. Werke: *Wenn man dir sagt ich sei gefallen* (1986); *Der zweisprachige Liebhaber* (1995); *Stimmen in der Schlucht* (2002).

Klassenliebe
Juan Marsé: *Letzte Tage mit Teresa*. Übersetzung: Andrea Rössler. © Juan Marsé, 1966; S. 254–273.

Luis Martín-Santos (1924 in Larache/Marokko – 1964 Madrid); entstammte einer Offiziersfamilie, kam bei einem Autounfall in Madrid ums Leben. Er studierte Medizin und Psychologie; war zunächst Chirurg und von 1951 an bis zu seinem Tode Direktor des psychiatrischen Krankenhauses in San Sebastián. Als Franco-Gegner mehrmals verhaftet. Gehört zu der Reihe von jungen Naturwissenschaftlern, die aus ihrer Berufung zum Schriftsteller keinen Beruf gemacht haben.
Als *Schweigen über Madrid* (*Tiempo de silencio,* eigentlich *Zeit der Stille*) 1961 trotz Verstümmelung durch die Zensur erschien, war die Geschichte um Don Pedro, dem die Mäuse zur Erforschung von Krebserregern ausgegangen waren, ein Skandal.

Goldene Reflexe im Schaukelstuhl
Luis Martín-Santos: *Schweigen über Madrid*. Übersetzung: Eugen Helmlé. © Eichborn AG, Frankfurt am Main, 1991; S. 44–53, 126–129.

Joanot Martorell, geboren um 1415, katalanischer Schriftsteller; veröffentlichte sein gigantisches Epos *Tirant lo Blanc* 1490 als Programm- und Erbauungswerk des Ritterstands in einer Zeit, da mit dem Fall

Konstantinopels 1453 und dem Tod des letzten oströmischen Kaisers das moslemische Heer bereits zur Adria vorgestoßen war und Unteritalien bedrohte. Adel und Rittertum waren zerstritten, da blieb Martorell nur, sich in seinem Roman weidlich ritterlich auszutoben. Der Leser wird bei der Stange gehalten durch Hochzeitsschilderungen, Turniere, Fehden, Schlachten, Liebeshändel, Liebeswerbungen in überbordenden Darstellungen.
Tirant lo Blanc, der Weiße Ritter, verkörpert namentlich das Urbild des tapferen, christlichen Ritters. Wie der moderne Comic-Held Superman übersteht er unendlich viele Kämpfe selbst mit grässlichsten Wunden.

Der Traum von Wonnemeineslebens
Joanot Martorell: *Der Roman vom Weißen Ritter.* Übersetzung: Fritz Vogelgsang. © S. Fischer Verlag GmbH, Frankfurt am Main, 1990; S. 671–679.

Juan José Millas, geboren 1946 in Valencia; als er sechs Jahre alt war, zog die Familie nach Madrid. Er studierte Philosophie und Literaturwissenschaften; war Marionettenspieler, Lehrer und zwischenzeitlich Postsparkassenangestellter; hat zahlreiche Romane veröffentlicht; lebt als Erzähler und Journalist in Madrid. Mit *Dein verwirrender Name* (1988; dt. 1990) wurde er bei uns bekannt.
Weitere Werke: *Das war die Einsamkeit* (1991); *Die alphabetische Ordnung* (2003).

Sie kam zart, frivol und schlank
Juan José Millas: *Dein verwirrender Name.* Übersetzung: Peter Schwaar. © Suhrkamp Verlag, Frankfurt am Main, 1990; S. 21–34, 65–75.

Terenci Moix (1943 Barcelona – 2003 ebendort); veröffentlichte Romane, Erzählungen, Reisebücher (darunter in deutscher Übersetzung *Der Traum der Kleopatra* und *Kleopatras Tochter* (beide 2001). Johannes Hösle schrieb über Moix in seiner Sammlung katalanischer Erzähler: »Er fühlte sich bei den Hippies in Amsterdam, London und Rom in gleicher Weise zu Hause wie in Nightclubs von Barcelona und

Madrid. Aus seinen homoerotischen Neigungen macht er kein Hehl. Moix ist ein literarischer Transvestit. Seine Authentizität ist die Verkleidung, sein Original das Zitat.«

Lili Barcelona
In: *Katalanische Erzähler.* Hrsg. und übersetzt von Johannes Hösle. © Manesse Verlag, Zürich, 1978; S. 280–304.

Antonio Muñoz Molina, geboren 1956 in der kleinen andalusischen Stadt Úbeda (Jaén). Sohn eines Gärtners; war Beamter der Stadtverwaltung in Granada. Heute ein erfolgreicher Autor mit einem thematisch weit gespannten Romanwerk; auch als Essayist und Artikelschreiber in *El País* bekannt; jüngstes Mitglied der Königlichen Akademie; begann Ende der achtziger Jahre mit dem hochgelobten Erzählband *Die anderen Leben*; darin auch die erotische Geschichte *Eine unmögliche Liebe.*
Werke: *Der Winter in Lissabon* (1991); *Deckname Beltenebros* (1989); *Der polnische Reiter* (1995); *Sefarad* (2004).

Eine unmögliche Liebe
In: *Die anderen Leben.* Übersetzung: Willi Zurbrüggen. © Rowohlt Verlag GmbH, Reinbek bei Hamburg, 1991; S. 115–122.

Cristina Peri Rossi, geboren 1941 in Uruguay; emigrierte 1972 nach Barcelona; ihre Gedichte, Essays und Prosawerke spiegeln einen dezidiert weiblichen Standpunkt – ohne feministischen Anstrich. Sie begann mit Gedichten und hat sich auch in Erzählungen, Romanen und glänzenden Essays, wie etwa in *Fantasías Eróticas*, mit den Funktionen der erotischen Fantasie und den Spielarten der Erotik bzw. Sexualität befasst. *La rebelión de los niños*, *Die Rebellion der Kinder*, sind Erzählungen (keine Analysen) über die Sexualität der Kinder. »Ich kam zum Schreiben, als ich mich in der Kindheit verliebte. Seitdem bin ich eifersüchtig und seitdem betrachtete ich das wunderbare Gemälde von Courbet (*Der Ursprung der Welt*) und fühlte mich verwirrt, aufgeregt und voller Fragen.«

Werke: *Der Abend des Dinosauriers* (1982); *Iks* (eigentlich *Das Narrenschiff*, 1988); *Einsiedler der Liebe* (dt. 1989 und nochmals als *Einzelgänger der Liebe*, 1995); *Fantasías Eróticas* (1993); *Die letzte Nacht Dostojewskis* (1994).

Ich liebkose mit dem Mund deine Kleidung
Cristina Peri Rossi: *Einzelgänger der Liebe.* Übersetzung: Petra Strien. © Peter Hammer Verlag, Wuppertal, 1995; S. 69–78.

Julián Ríos, geboren 1941 in Vigo, Galicien. Studierte Jura. Längere Englandaufenthalte. Herausgeber der Werke Derridas, Limas, Fouriers, Bretons, Kristevas und Arno Schmidts. Berühmt wurde sein Hauptwerk *Larva. Babel de una noche de San Juan* (1983). Gilt in Spanien wegen seiner experimentellen Texte als Außenseiter. Sein hier abgedruckter Text *M* ist eine Hommage an Molly Blooms Monolog in James Joyce' *Ulysses.*
Weiteres Werk: *Hüte für Alice* (1994).

M
In: *Eine Ansicht spanischer Literatur.* Hrsg. von Hans-Jürgen Schmitt. Schreibheft Nr. 38, 1991. Übersetzung: Elke Wehr. © Julían Ríos, 1995; S. 92–95.

Mercè Rodoreda (1906 Barcelona – 1963 Girona). Sie begann als Journalistin; ließ sich mit zwanzig vom bohemehaften, 14 Jahre älteren Bruder ihrer Mutter verführen; aus dieser inzestuösen Ehe ging ein gestörtes Kind hervor. Bei Ausbruch des Bürgerkriegs 1936 lebte die Autorin längst wieder getrennt. Der erste Satz aus dem Roman *Aloma* »Wie mich die Liebe ekelt« meint so nicht nur die Romansymbolik.
Mit ihren magisch suggestiven Romanen ist Mercè Rodoreda die herausragende Schriftstellerin der modernen katalanischen Literatur; lebte während des Bürgerkriegs in Paris, Bordeaux und Genf. Rodoredas Frauengestalten sind oft unterdrückte, ausgebeutete Frauen, an deren Schicksal die Unmöglichkeit, je zu lieben, evident wird. Berühmt in vielen Ländern wurde ihr Barcelona-Roman *Auf der Plaça*

del Diamant. Es ist bedauerlich, dass, wie García Márquez in seinem Nachruf schrieb, viel zu wenige Leser diese einzigartige Prosaautorin kennen.
Werke: *Reise ins Land der verlorenen Mädchen* (1981); *Der zerbrochene Spiegel* (1982); *Auf der Plaça del Diamant* (1984); *Aloma* (1991); *Der Tod und der Frühling* (1996).

Sofias Hochzeitsnacht
Mercè Rodoreda: *Der zerbrochene Spiegel.* Übersetzung: Angelika Maas. © Suhrkamp Verlag, Frankfurt am Main, 1982; S. 110–112.

Fernando de Rojas (um 1475 in Talavera – 1541 Ort unbekannt). De Rojas war etwa 25 Jahre alt, als er anonym 1499/1501 seine Tragikomödie *La Celestina*, sein einziges Werk, veröffentlichte. Erst als die durch Jahrhunderte streng verschlossenen Gerichtsakten der Inquisition, die den Schwiegervater des Autors betrafen, ans Licht kamen, fand man heraus, dass dieser den Juristen Fernando de Rojas, Verfasser der *Melibea*, als Anwalt gewünscht hatte; das Gesuch wurde vom Richter abgelehnt; de Rojas durfte dem Vater seiner Frau keinen anwaltlichen Beistand geben, da ein »Converso«, ein getaufter Jude, der Inquisition nicht vertrauenswürdig war.

Celestina, die geniale Kupplerin
Fernando de Rojas/Pablo Picasso: *La Celestina oder Tragikomödie von Calisto und Melibea.* Aus dem Spanischen von Fritz Vogelgsang. 66 Radierungen und Aquatinten. © Insel Verlag, Frankfurt am Main, 1989. Ausgabe ohne Radierungen 1990; S. 184–196.

Ana Rossetti, geboren 1950 in San Fernando bei Cádiz. Bekannt geworden als Autorin von erotischer Literatur; mit den Gedichtbänden *Los desavonos de Erato* (*Die Liebeleien der Erato*, 1980), *Indicios vehementes* (*Stürmische Zeichen*, 1985). Für ihren Erzählband *Alevosías* (*Treulosigkeiten*, 1999 im Konkursbuchverlag) erhielt sie 1991 den Literatur-Preis der erotischen Reihe des Verlags Tusquets *La sonrisa vertical* (*Das vertikale Lächeln*).

Der Zauberring
In: *Unmögliche Lieben.* Hrsg. von Laura Freixas. Übersetzung: Petra und René Strien (Original: Cuentos eróticos, Ediciones Grijalbo, Barcelona, 1988). © Ana Rossetti, 1988; S. 83–97.

Esther Tusquets, geboren 1936 in Barcelona, entstammt einer bekannten katalanischen Schriftsteller- und Verlegerfamilie; 1960 Mitbegründerin des literarischen Verlages Lumen; begann selbst erst nach Francos Tod in der zweiten Hälfte der siebziger Jahre zu publizieren. Ihr Werk wäre von der franquistischen Zensur nicht akzeptiert worden. Sie gehört zu den ersten Schriftstellerinnen der neuen Generation, die die Liebe emanzipatorisch zum allumfassenden Thema in ihren Büchern machte. Ihre erotischen Imaginationen, zumal auch die Darstellung der lesbischen Liebe, hatten zu heftigen Debatten im noch rigiden postfranquistischen Spanien geführt.
Werke: *Aller Sommer Meer* (1981); *Die Liebe ist ein einsames Spiel* (1982).

Giselle
In: *Meine Schwester Elba: neue spanische Erzählerinnen.* Hrsg. und übersetzt von Margarete Born. © Suhrkamp Verlag, Frankfurt am Main, 1988; S. 207–224.

Manuel Vázquez Montalbán, (1939 Barcelona – 2003 Bangkok), studierte Geisteswissenschaften und Publizistik. Der Vater wurde nach dem Bürgerkrieg zum Tode verurteilt. Wegen »heimlicher Umtriebe« wird Vázquez Montalbán mehrmals inhaftiert. Von einem Militärgericht zu drei Jahren Gefängnis verurteilt. Durch Amnestie, aus Anlass des Todes von Papst Johannes XXIII., nach einem Jahr wieder frei. Mitglied der PSC (Sozialistische Einheitspartei Kataloniens). Seine scharfsinnigen Glossen in *El País* und anderen Blättern waren gefürchtet; der produktivste, vielseitigste Autor Spaniens; Verfasser von Gedichtbänden, Romanen, Reportagen, Kochbüchern; 1992 Literaturpreis der Europäischen Gemeinschaft für den Roman *Galíndez* (dt. *Das Spiel der Macht*); schrieb sowohl über Franco (*Autobiografía del General Franco*, 1992) wie über die einstige Kommunistenführerin Dolores Ibárruri, *Pasionaria y los siete enanitos*, *Die Pasionaria und die sieben Zwerglein*, 1995.

In Deutschland bekannt geworden vor allem mit seinen Kriminalromanen um den Detektiv Carvalho.
Werke: *Die Barcelonas* (1992); *Das Quartett* (1998); *Kaiser oder Nichts* (1999), ein Roman über die Borgias; *Marcos, Herr der Spiegel* (2001).

Liebesgeschichte der Bernsteindame
In: *Unmögliche Lieben*. Hrsg. von Laura Freixas. Übersetzung: Petra und René Strien. (Original: Cuentos eróticos, Ediciones Grijalbo, Barcelona, 1988). © Manuel Vázquez Montalbán Erben, 1988; S. 183–191.

Der Herausgeber
Hans-Jürgen Schmitt, geboren 1938 in Bamberg. Dr. phil. War Verlagslektor und Rundfunkredakteur; lebt als freier Publizist in Frankfurt am Main und Mont-ras (Girona, Spanien). Überblicke über spanische Literatur in Rowohlt Literaturmagazin 23, 1989, und Schreibheft 38, 1991. Gab heraus u. a.: Jaime Sabines: *Dein Körper neben mir. Gedichte.* Aus dem mexikanischen Spanisch/Auswahl (1987); *Mexiko*. dtv/merian-Reiseführer (1991); Leopoldo Lugones: *Die Augen der Pharaonin* (1996); José Revueltas: *Die schwarze Katze der Verfassung im dunklen Zimmer der mexikanischen Politik* (1997); *Wie mit gezücktem Messer in der Nacht. Leben und Sterben dreier lateinamerikanischer Lyrikerinnen* (2000).